普通高等院校船舶与海洋工程“十三五”规划教材

槽道气垫船运动特性浅析

郭志群　马庆位　著

哈尔滨工程大学出版社
Harbin Engineering University Press

内容简介

本书论述了槽道气垫船运动特性的简要分析方法，主要由以下内容组成：槽道气垫船的发展历史及相关船型运动预报方法的发展现状、可计及空间非均匀分布的气垫气动力模型、准黏性二维半理论、混合边值和狄里克莱边值二维半理论、气垫船水动力的多域二维半理论、槽道气垫船的运动预报与结果分析。

本书可供船舶与海洋工程专业的研究生、教师或从事气垫船性能研究工作的相关科研人员参考。

图书在版编目(CIP)数据

槽道气垫船运动特性浅析/郭志群，马庆位著. —哈尔滨：哈尔滨工程大学出版社，2018.4
ISBN 978-7-5661-1871-4

Ⅰ. ①槽… Ⅱ. ①郭… ②马… Ⅲ. ①气垫船—运动—特性—研究 Ⅳ. ①U674.943

中国版本图书馆 CIP 数据核字(2018)第 062823 号

策划编辑 史大伟
责任编辑 张忠远 张如意
封面设计 刘长友

出版发行 哈尔滨工程大学出版社
社　　址 哈尔滨市南岗区南通大街 145 号
邮政编码 150001
发行电话 0451-82519328
传　　真 0451-82519699
经　　销 新华书店
印　　刷 北京中石油彩色印刷有限责任公司
开　　本 787 mm×1 092 mm 1/16
印　　张 9.75
字　　数 248 千字
版　　次 2018 年 4 月第 1 版
印　　次 2018 年 4 月第 1 次印刷
定　　价 34.80 元
http://www.hrbeupress.com
E-mail:heupress@hrbeu.edu.cn

前　言

槽道气垫船是近年来发展起来的一种高航速、浅吃水、具有滑行艇型侧体的侧壁式气垫船，其在波浪中运动的数值方法研究对这类船型乃至常规侧壁式气垫船的耐波性能预报和船型、垫升系统的优化设计都有重要意义。目前，几乎没有直接针对槽道气垫船运动特性进行研究的工作，既有的研究大多围绕全垫升式或侧壁式气垫船开展。这些研究所采用的理论方法可分为势流理论方法和黏流理论方法。近年来随着计算机软硬件的发展，已出现了不少基于黏流理论方法（CFD 方法）的研究工作，但这类方法除了计算效率较低外，还存在一些亟待克服的难点，包括艏艉柔性气封的建模及其与波浪相互作用的模拟等。传统上，气垫船在波浪中运动的预报方法大多基于势流理论方法。这类方法根据侧重点的不同均做出了不同程度的简化，例如：Faltinsen、Xie 等忽略了侧壁式气垫船的侧体水动力，仅考虑气垫气动力对船体运动的影响；恽良、Sørensen and Egelands、Ohba 等采用切片法计算侧体的水动力。但是根据相关研究成果，切片法并不适用于预报片体间存在水动力干扰的高速双体船的运动。在现有的高速船舶耐波性运动预报方法中，二维半理论兼具计算精度和计算效率的优点，采取潜质发展为高精度高效率的槽道气垫船水动力计算方法。然而，既有的二维半理论是针对排水型船舶的纽曼边值二维半问题发展而成的，还不能直接用于解决槽道气垫船的由侧体和气垫组成的混合边值水动力问题。

本书的主要工作是：一方面对既有的基于二维时域自由面格林函数法的二维半理论进行黏性修正，提高其数值稳定性，再将其推广成可以解决混合边值问题的二维半理论；另一方面建立起可以完整考虑气垫边界条件并能评估气动压力在空间非均匀分布状态的气垫气动力模型，然后把所发展的二维半理论和气垫气动力模型结合，形成高精度高效率的气垫船运动分析模型，最后将该模型应用于预报槽道气垫船的耐波性运动响应。预报结果表明，本书所发展的模型的预报精度高于现有的具有同等计算效率的气垫船运动分析模型。本书具体在以下几个方面开展了研究工作：

（1）基于波动方程建立了适用于槽道气垫船的单气室气动力模型，该模型可以完整计入气垫泄流、风机打气、船体运动和内自由面非定常兴波等气垫边界条件，也可以近似考虑压力沿船长方向的非均匀分布特征。在此基础上，发展了双气室气垫的气动力模型，并以一条双气室气垫船为例，对所建立的气动力模型进行验证，同时还考察了气垫泄流线性化对气垫气动力的影响，验证了气垫泄流线性化的可行性。

（2）提出了黏性修正的二维时域自由面格林函数，建立了准黏性二维时域自由面格林函数法和准黏性二维半理论。以具有强数值奇异性的二维大外飘角楔形体在自由面上的垂荡运动为算例,验证了准黏性二维时域自由面格林函数法在求解这类问题时的数值稳定性和计算精度。

(3)建立了带侧体气垫的混合边值二维半理论,可以精确求解侧体影响下的内自由面非定常兴波及其对侧体的作用力。建立了不带侧体的纯气垫的狄里克莱边值二维半理论,研究移动脉动压力面的非定常兴波,通过与三维势流理论的计算结果进行对比,探讨了采用二维半理论解决这类问题时应满足的前提条件。

(4)在单域二维半理论的基础上,建立了可计及定常气垫压力影响(即气垫船内外自由面高度差对水动力性能影响)的多域二维半理论。给出了把气垫气动力从气垫水动力问题中解耦出来的数值方法,使基于二维半理论的气垫船水动力问题可以独立求解。以高速双体船为算例,对多域二维半理论中的域间分割线形状进行探讨。

(5)基于所发展的气垫气动力模型和二维半理论,建立起完整的槽道气垫船耐波性运动求解模型。基于该模型,分析了侧体、内自由面高度对气垫气动力辐射兴波的影响,对比了不同内自由面高度下侧体的水动力系数和波浪力的计算结果,研究了黏性系数取值、内自由面非定常兴波、气动力模型等对船体运动预报结果的影响,还探讨了气垫对船体运动性能的影响。

本书中新发展的研究成果主要是作者在国家自然科学基金(NO. 51509053, NO. 51579056)资助下取得的,在此深表谢意。此外,感谢李平、邹劲、杨静雷为本书提供的槽道气垫船船型参数和模型试验数据,同时也感谢段文洋在本书的理论研究工作中所给予的指导和帮助。

著　者

2018 年 1 月

目录

第1章 绪　　论

1.1 本书的目的和意义

我国南海拥有大量的岛礁,这些岛礁之间的距离、岛礁与大陆之间的距离都十分遥远,且岛礁周边水域的水深从小于1米到数千米不等。随着南海岛礁的观光旅游或其他资源的开发,迫切需要开发一种具有浅吃水(可登陆)、高航速、良好操纵性能和耐波性能的海上运输平台,以便在各岛礁之间完成人员快速运输、物资快速补给等任务。

传统上,浅水运输船舶一般采用平底驳船或全垫升气垫船等船型。然而,平底驳船的航速过低,难以满足人员、物资快速运输的需求;全垫升气垫船虽然航速高,但运输效率低、燃油消耗高、噪声大、续航力不足,且在高海况下失速明显、操纵性能差,这些因素使得全垫升气垫船也无法满足浅水运输的任务需求。

近年来,我国成功开发了一款具有浅吃水、低阻力、良好耐波性能和操纵性能的槽道气垫双体船(Partial Air Cushion Supported CATamaran,PACSCAT,简称槽道气垫船)。槽道气垫船是一种杂交了气垫船和槽道滑行艇的高性能船型,其侧体比一般的侧壁式气垫船的侧体宽,侧体底部扁平,便于冲滩、退滩和坐滩;气垫位于两侧体和首尾密封装置之间的槽道内,由船上的升力风扇供气,气垫排水量占全船排水量的30%左右。借助宽大的滑行艇侧体和气垫的垫升作用,槽道气垫船可拥有较大的排水量并保持较浅的吃水,在高速航行时进入半滑行状态,具有较低的航行阻力,而且气垫的缓冲作用也减缓了船体在波浪中的运动,带来了耐波性能的提升。同时,两个宽大的侧体使得槽道气垫船具有与普通排水型船舶相近的操纵性能。

与全垫升气垫船相比,槽道气垫船仅需在艏艉部布置气封装置,使得柔性气封等易损材料的使用量远少于全垫升气垫船,所以槽道气垫船的维护成本远低于全垫升气垫船。此外,即便艏艉气封完全损坏,槽道气垫船也能依靠两侧体吃水的增加来维持基本浮态和航行功能,但全垫升气垫船在柔性气封失效后则较难保持正常的航行功能。因此,槽道气垫船在冲滩登陆、浅水运输方面具有独特的船型优势,尤其适用于南海海域岛礁的人员运输和物资补给等任务。

由于槽道气垫船吃水较浅,在中高海况下的运动性能将直接影响到乘员的舒适度和气垫的密封性,进而关系到船型的适航性和营运安全,因此开展槽道气垫船的船体兴波及运动性能研究对于该船的船型设计和运营条件制订具有重要意义。与常规的侧壁式气垫船(或气垫双体船)相比,槽道气垫船的侧体较宽、吃水较浅,气垫的排水比例较低,因此其水、气动力性能具有如下特征。

(1)侧体的水动力性能与气垫的气动力性能对船体的运动性能都有重要影响,两者需要同时考虑。

(2)侧体与气垫在槽道内自由面上都会产生不可忽略的非定常兴波,其中气垫的非定常兴波还受到侧体干扰；内自由面上的非定常兴波对气垫的气动力有显著的影响。

(3)气垫的艏艉封相对较小，其水气动力及非定常兴波分别比侧体、气垫的水气动力和非定常兴波小一个量级，在近似条件下可以忽略。

目前国内外研究槽道气垫船耐波性运动的工作还很少见，而对常规侧壁式气垫船运动的研究比较多。传统上对侧壁式气垫船运动进行预报的方法是分别计算气垫的气动力和侧体的水动力，再在船体运动方程中叠加气、水动力系数，求解运动方程。但把这些运动预报方法直接用于预报槽道气垫船的水气动力时面临的主要问题有以下几点：

(1)侧体水动力系数的传统计算方法是切片法，切片法具有计算效率高、对船型适用性好的优点，然而由于没有考虑自由面边界条件的航速效应，不能处理侧体之间兴波沿纵向传播的问题，使得切片法对高速气垫船侧体水动力的预报结果不甚理想，尤其不适用于侧体宽大、侧体间距较小的槽道气垫船。

(2)气垫内自由面的非定常兴波往往基于 Froude – Krylov 假设，即只考虑入射波，而不考虑气垫气动力和船体摇荡引起的内自由面兴波；或者即便考虑了气垫气动力引起的内自由面兴波但也没有涉及侧体的干扰影响。对于槽道气垫船，这种简化模型忽略了宽大侧体在内自由面产生的辐射波和绕射波及侧体对气垫气动力兴波的影响，可能会对气垫的气动力造成影响，降低槽道气垫船的运动预报精度。

近年来，随着计算机软硬件性能的快速提升，三维数值方法在气垫船的运动分析中开始得到应用，如基于 Rankine 源的三维面元法、基于 RANS 方程的 CFD 计算方法等。三维数值方法不仅能考虑流动的三维效应和航速效应，还可以模拟气垫与侧体的非定常兴波并计及侧体对兴波的干扰，因而适用于槽道气垫船的水动力分析。然而，在目前的计算机硬件条件下，使用完全三维的数值方法来预报气垫船的水动力性能仍需耗费大量的计算资源，短期内仍难以完全替代诸如切片理论等高效的计算方法而在工程中大规模应用。

高速细长体理论，也称二维半理论，是近年来出现的一种势流理论，在该理论中，控制方程和物面条件是二维的，而自由面条件是三维的，可以考虑流场沿船长方向的变化，因而可以解决船舶的航速效应和多体船各船体之间兴波沿船长方向传播的问题。二维半理论最早由 Chapman 提出，被 Faltinsen and Zhao 推广用于预报船舶耐波性，之后段文洋、马山等采用二维时域格林函数法来求解二维半理论，并成功用于高速单体船和多体船的运动响应和波浪载荷预报。由于二维半理论只需在船体剖面内求解二维拉普拉斯方程，计算量远小于三维有航速格林函数法，而计算精度却可以同三维格林函数法相媲美，因此二维半理论是一种在工程应用领域备受推崇的高精度、高效率的船舶水动力分析预报方法。

不过，目前已发展的二维半理论只能处理纽曼边值问题，即只能解决排水型船舶的水动力问题，无法解决包括槽道气垫船在内的侧壁式气垫船的水动力问题(混合边值问题)。另外，基于二维时域自由面格林函数法的二维半理论中，当用于具有大外飘角的船体时，容易产生数值奇异性。具体来说，现有的(基于二维时域自由面格林函数的)二维半理论：

(1)不适用于解决气垫的水动力问题(包括全垫升气垫船水动力的狄里克莱边值问题和侧壁式气垫船水动力的混合边值问题)。

(2)无法直接处理气垫船内外自由面平均高度不同的水动力问题(气垫船的内自由面平均高度低于外自由面)。

(3)在计算大外飘角高速船的水动力时(如滑行艇)容易产生数值奇异性。尽管段文洋提出了把水线单元上的源强密度清零的解决方法，但这种方法仅适用于解决弱奇异性问题。在强奇异性问题中,往往需要把临近水线的多个单元上的源强密度清零才能消除奇异性,源强密度清零的办法可能会导致流场内的部分信息丢失。

因此,现有的二维半理论仍有不完善之处,也无法直接用于解决槽道气垫船的水动力问题。本书的主要目的是把现有的无黏性二维半理论发展为计及黏性影响的二维半理论(简称准黏性二维半理论),以更好地解决大外飘角高速船的水动力问题;然后把它推广成可处理(侧壁式气垫船特有的)混合边值问题的二维半理论;再借鉴多域边界元法的思想,提出多域二维半理论,用于解决气垫船内外自由面高度差的问题,从而获得高速槽道气垫船水动力问题的解决方法;最后,结合本书所发展的气垫气动力分析模型,形成一种高精度高效率的槽道气垫船运动分析模型,并通过与现有理论方法和模型试验结果进行对比来验证该模型的有效性。需要指出的是,在适当考虑柔性气封的流体动力后,本书所发展的多域二维半理论与运动分析模型不仅适用于槽道气垫船,而且适用于全垫升气垫船或其他常规侧壁式气垫船的水动力性能预报及运动分析。

1.2 局部气垫船和槽道气垫船发展综述

从 1959 年世界上第一艘实用化的气垫船在英国问世至今,气垫船技术在世界范围内得到大力发展,目前已演化出全垫升气垫船(完全由气垫排水支撑船重)和部分垫升气垫船(气垫排水支撑部分船重)两大类船型。依据侧体的形状特征,部分垫升气垫船还可以进一步细分为侧壁式气垫船(表面效应船)、气垫双体船(双体气垫船)、局部气垫船和槽道气垫船等。不过根据传统叫法,侧壁式气垫船(表面效应船)也可以泛指任一种带侧体的部分垫升气垫船。

表 1.1 简要归纳了几种典型气垫船的类型、特征和用途,其中气垫排水比例是指该气垫船的气垫排水量占船重的平均比例,对于部分垫升气垫船,该比例可能会根据船型用途的不同而上下浮动。表 1.1 中所述的局部气垫船,是国外研制的一种扁平侧体的气垫船,因与国内研制的槽道气垫船的基本特征和用途相似而被归为同一类气垫船。下文将简要回顾局部气垫船和槽道气垫船的发展历史并对两种船型进行对比。

(1)局部气垫船的发展

相对于其他几种气垫船,局部气垫船船型出现得比较晚,其设计理念是 20 世纪末在英国提出的,希望通过浅吃水局部气垫船在欧洲内河开展货物运输,以满足欧洲海/河高速货运潜在的市场需求。图 1.1 展示了局部气垫型集装箱运输船的概念方案,其在内河水域的航速为 18 ~ 20 kn,满载情况下吃水只有 1.5 m,可以常年在水深小于 2 m 的多瑙河和莱茵河水域运营。不过由于牵涉到诸多悬而未决的经济和技术问题,局部气垫船的欧洲内河货运船型的开发工作在 2005 年后暂时告一段落。

另外,局部气垫船的军事应用潜力也得到了发掘。英国提出的快速登陆艇计划也采用了局部气垫船船型方案,图 1.2 展示的是局部气垫登陆艇的 1/3 缩尺中试艇。不过后期由于经费紧张,英国国防部原本打算批量采购局部气垫快速登陆艇逐步替换现役驳船型登陆艇的计划也被搁置了。

表 1.1　气垫船的类型、特征和用途

船型分类	全垫升气垫船	部分垫升气垫船		
		侧壁式气垫船/表面效应船	双体气垫船	局部/槽道气垫船
侧体特征	无侧体,依靠柔性围裙密封气垫	侧体较薄,底部斜升角大	侧体较厚,与双体船的片体类似	侧体厚,侧体底部平坦,吃水较浅,可坐滩
气垫排水比例	100%	70% ~100%	50% ~70%	0 ~50%
用途	登陆、反潜、猎扫雷、勘探、运输、救援、起重和游乐等	运输、反潜、护卫舰等	运输、反潜、护卫舰等	登陆、浅水运输等

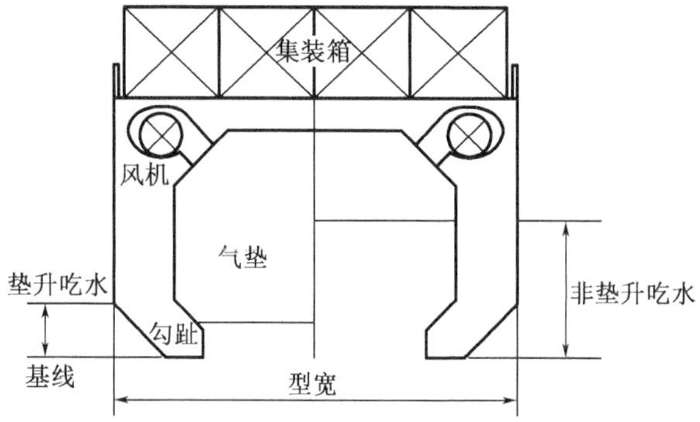

图 1.1　局部气垫集装箱船横剖面示意图

图 1.2　局部气垫快速登陆艇的 1/3 缩尺中试艇

除此之外，美国海军的“未来海上预置部队”（Maritime Prepositioned Forces – Future，MPF – F）也曾开展局部气垫船型的驳船（Lighter）、铺道渡船（Causeway Ferry）、高速连接船（High – Speed Connector Ship）和通用登陆艇（Landing Craft Utility）的概念设计工作。

（2）槽道气垫船的发展

哈尔滨工程大学从 2011 年开始研究设计新一代气垫登陆艇——槽道气垫船（Partial Air Cushion Supported CATamaran，PACSCAT），在完成概念设计工作并通过数值仿真初步验证了其水动力性能后，于 2012 年在中航工业 605 所的水池内开展一系列模型试验，试验内容包括槽道气垫船在静水和波浪中的越峰性能、阻力性能，排水量、风机流量、气垫压力、船体重心位置等关键参数对阻力性能的影响，槽道气垫船在设计航速和最高航速下的耐波性能等。经过数次船型优化、数值仿真和水池模型试验，获得了水动力性能相当优异的槽道气垫船方案。图 1.3 展示了该槽道气垫船的横剖面示意图。此后，在海军 4810 厂建造了一条 1∶2.5 缩尺的槽道气垫中试艇，并于 2013 年开展了中试艇的海上试验（如图 1.4 所示），测试了中试艇的快速性、耐波性、操纵性和冲滩登陆等性能。海试结果表明，槽道气垫船的航行阻力较常规排水式登陆艇小，同时又具有优良的耐波性和操纵性，在波浪中运行非常平稳，不会出现高速滑行艇经常发生的拍击现象，气垫的存在使得登陆艇冲滩、退滩非常便捷。海试结果证明了槽道气垫船作为新一代气垫登陆艇或浅水运输船的可行性。

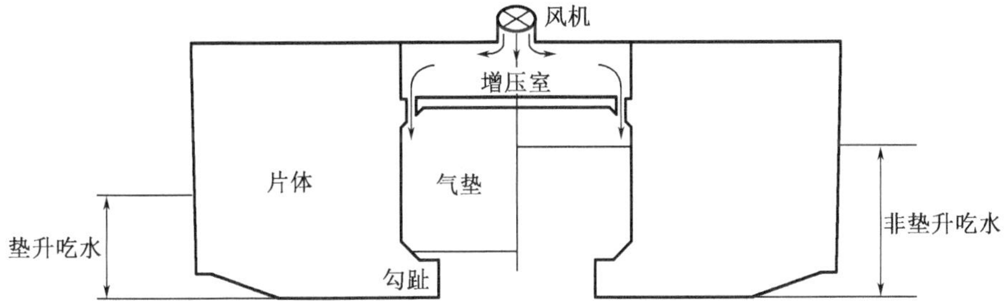

图 1.3 槽道气垫船横剖面图

图 1.4 国内的 1∶2.5 缩尺的槽道气垫中试艇

1.3 气垫船耐波性运动问题研究综述

由于船型较新、问世时间较短，目前国内外公开发表的研究槽道气垫船耐波性运动性能的文献还极少。不过，槽道气垫船本质上也是一种气垫船，其耐波性运动的求解思路与常规气垫船特别是侧壁式气垫船运动的求解思路一致，即先预报作用在气垫船上的水、气动力，再根据牛顿第二定律获得气垫船的运动。

为了更清晰地展示气垫船的受力与运动的关系，下面通过简洁的示意图和运动方程来描述。图 1.5 显示的是气垫船的两个坐标系：大地坐标系 $O-XYZ$ 固定在水平面上；伴随坐标系 $o-xyz$。$o-xyz$ 平行于 $O-XYZ$，在船体处于平衡状态时，x 轴平行于船体并指向船首，z 轴竖直向上穿过船体重心（近似位于舯部位置）。两个坐标系的原点都位于静水面上，在初始时刻（$t=0$）重合，但伴随坐标系 $o-xyz$ 与气垫船一起以平均速度 U 沿 x 轴正方向平移。

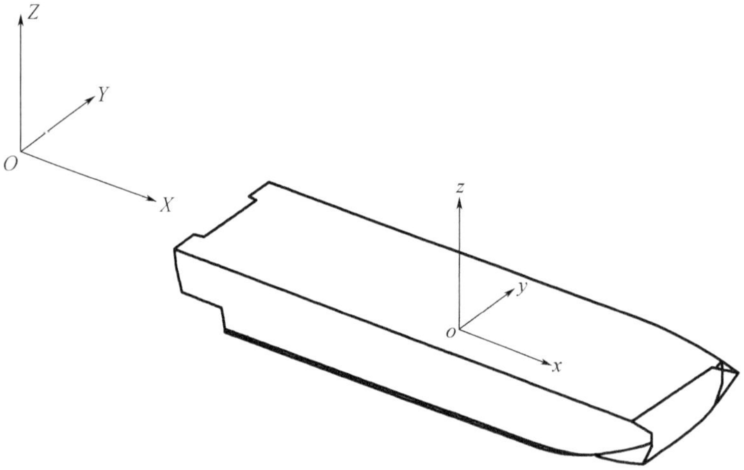

图 1.5 气垫船的参考坐标系

假设气垫船的运动是微幅（线性）的，由于船体左右对称，其纵向运动（垂荡和纵摇）与横向运动（横荡、横摇和艏摇）是解耦的。以气垫船的纵向运动为例，根据牛顿第二定律，垂荡和纵摇运动方程可写成

$$
\left\{
\begin{aligned}
&M\ddot{\eta}_3 = \underbrace{\int_{-\frac{l}{2}}^{\frac{l}{2}}\int_{-\frac{b}{2}}^{\frac{b}{2}} \left.(p-p_0)\right|_{z=h}\mathrm{d}A}_{\text{气垫气动力}} + \underbrace{F_3^R + F_3^W + F_3^P}_{\text{侧体水动力}} \quad \text{(a)} \\
&I_{55}\ddot{\eta}_5 = \underbrace{-\int_{-l/2}^{l/2}\int_{-b/2}^{b/2} x\left.(p-p_0)\right|_{z=h}\mathrm{d}A}_{\text{气垫气动力}} + \underbrace{F_5^R + F_5^W + F_5^P}_{\text{侧体水动力}} \quad \text{(b)}
\end{aligned}
\right. \tag{1-1}
$$

式中 l、b 和 h——气垫的长、宽、高；

p、p_0——气垫内的瞬时压力和平均压力（相对于大气压）；

$\tilde{\eta}_3$、$\tilde{\eta}_5$——船体的垂荡和纵摇运动；

M、I_{55}——气垫船的质量和绕 y 轴的转动惯量；

F_3^R、F_5^R——侧体受到的垂向辐射力和绕 y 轴的辐射力矩；

F_3^W、F_5^W——侧体受到的垂向波浪力和绕 y 轴的波浪力矩（包括 $F-K$ 力和侧体绕射力）；

F_3^P、F_5^P——气垫气动力辐射波对侧体的垂向作用力和绕 y 轴的作用力矩，它们是气垫船特有的作用力，是排水型船舶中没有的。

公式（1－1）中的积分沿着气垫湿甲板开展，且允许湿甲板上存在注气或排气孔。

从公式（1－1）中可以清晰地看出，气垫船的垂荡和纵摇运动直接取决于气垫湿甲板上受到的气动力和侧体上受到的水动力。实际上气垫船首尾封的气、水动力也会对船体运动响应产生影响，不过本书所研究的槽道气垫船首尾封相对较小，暂不考虑它们受到的流体作用力及其对船体运动的影响。

图1.6展示的是气垫船的运动、受力及影响受力的因素之间的主要相互关系。图中展示了气垫船运动、侧体湿表面上的水动力、气垫湿甲板的气动力（艏艉封的流体动力用虚方框和虚箭头标出，表示本书暂时不考虑）及它们之间的影响因素。其中，作用在气垫湿甲板的气动力影响因素较多，其工作机制可大致描述如下：

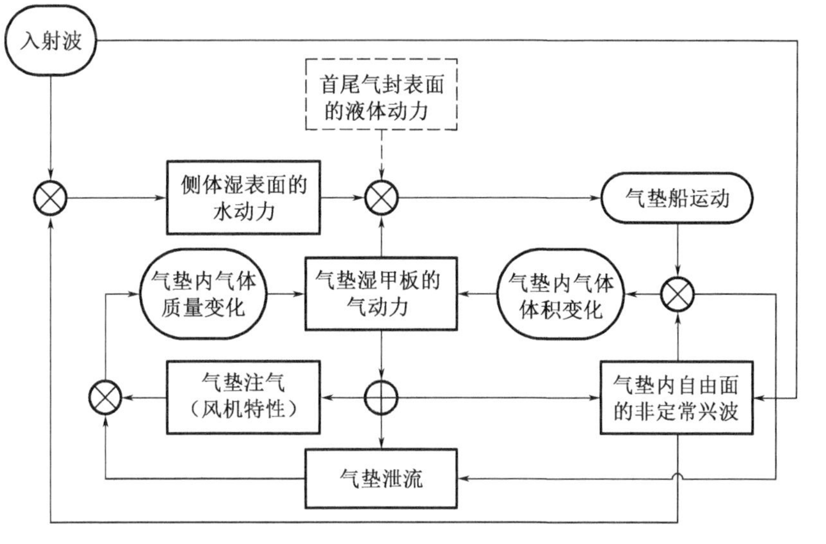

图1.6　引起气垫船运动的各因素之间的相互关系

（1）在平衡状态下，气垫船上的风机（或通过增压室）向气垫内注气（注气流量与气垫气压相关，两者的关系式称作风机特性方程），同时气垫内的部分气体又通过围裙或艏艉封下方的缝隙泄流到大气中（泄流量同泄流口面积、气垫压力有关），在注气和泄流平衡时气垫内会保持恒定的气垫压力以完全或部分支撑船重。此时，气垫内的气动力为零，只有静态的气垫压力。

（2）在波浪中，由于气垫内自由面的起伏和船体运动引起的湿甲板垂荡，气垫体积和泄流口面积(泄流量)都产生相应的变化,引起气垫内气体的动力响应,使得气垫内气体的压力产生动态变化,其动态变化量即称作气动力。与此同时,气动力反过来作用在湿甲板上将影响船体的运动,作用在气垫内自由面上将引起非定常兴波(船体的运动也会在内自由面上形成辐射波和绕射波),作用在气垫的注气孔和泄流口上将引起注气流量和泄流量的非定常变化。上述各因素之间的相互作用关系如图 1.6 所示。

综上分析,作用在气垫湿甲板上的气动力与船体运动、内自由面非定常兴波、气垫注气(风机特性)、气垫泄流等因素密切相关。因此,在预报包括槽道气垫船在内的气垫船的耐波性运动时,核心工作就是构建气垫气动力、风机特性方程、气垫泄流、侧体水动力和内自由面非定常兴波等力学模型(如图 1.6 中实线方框所示)。这些力学模型中,气垫气动力、风机特性方程和气垫泄流构成了气垫船的气动力模型,侧体水动力和内自由面非定常兴波构成了气垫船的水动力模型。下面对这些力学模型和气垫船的运动模型的研究进展做简要回顾。

1.3.1 气垫船气动力研究现状

1. 气垫气动力研究现状

气垫是气垫船区别于其他船舶的主要特征,气垫气动力对气垫船的运动性能有着至关重要的影响。气垫气动力的分析模型可分为势流模型和黏流模型两大类。多相流 CFD 软件一般采用基于 RANS 方程的可压缩黏流模型来计算气垫气动力,而单相(水相)流的 CFD 软件(如 CFDShip - Iowa)仍采用势流模型来估算气垫气动力。气垫气动力的势流分析模型涉及气垫的可压缩性、气动力的空间分布形式、气垫边条件对气动力的影响等问题。下面根据这些问题,对基于势流理论的气垫气动力模型的研究进展做简要回顾。

(1)气垫的可压缩性

除极个别简化的气垫船运动分析模型忽略了气垫可压缩性外,几乎所有文献都认为气垫是可压缩的,且压缩或膨胀过程是绝热的。Lavis、Doctors、周伟麟和诸葛凌波等发表的一些文献中,专门针对气垫的可压缩性对耐波性运动的影响做了研究,得出的结论是气垫的可压缩性对气垫船运动有重要影响。

气垫的可压缩性引出了一个至关重要的问题,那就是船模试验与实船耐波性的相似性问题(气垫的尺度效应)。Lavis 认为通过气垫船的船模拖曳试验结果预报实船的运动将会产生畸变,该畸变由船模与实船的气垫压缩性不相似引起。然而,该论断并没有影响后人开展气垫船模型试验的工作热情。一般认为,只要缩尺比不是太大、实船航速和遭遇频率不是特别高,船模试验就有一定的参考价值。

(2)气动力的空间分布形式

目前文献中关于气垫气动力的空间分布形式有以下 3 种:

①空间均匀分布

在传统的气垫气动力研究工作中,气动力被认为是在气垫空间内均匀分布的。在这种假设下,气动力仅与时间相关,其数学模型大为简化。不过对于带气室分割的气垫,由于注气流量和泄流量的差异,不同气室内的平均气垫压力和气动力一般是不同的。气动力空间均匀分布的假设在船模/小尺寸气垫船上且波浪遭遇频率不是太高时是适用的,因为气体压力脉动在小尺度范围内能迅速传遍全流场,使得气垫内的气动力近似是空间均匀的。

②沿船长方向非均匀分布

对于大长宽比的气垫船,当气垫长度较长或波浪遭遇频率较高时,气垫内的压力脉动短时间内来不及沿船长方向传遍全流场,这时气动力在船长方向上的空间非均匀性就产生了(在垂直于船长的横剖面内仍是均匀的)。在线性条件下,这种空间非均匀的气垫气动力可以通过一维波动方程来描述,该波动方程在气垫艏艉封边条件的约束下的解可以用傅里叶级数表示,即可以写成一个空间均匀项与一系列不同波长的正弦波项的叠加(正弦波满足如下条件:气垫长度为半波长的整数倍)。通常情况下,取基频项(半波长等于气垫长度的正弦波)即可近似表达出气动力沿船长方向的非均匀性(Faltinsen、Dhanak),也有文献如Sørensen、Egelands 取前若干项以期获得更精确的表达式。由于气动力的傅里叶级数表达式中的正弦波波长特征使得气动力的空间非均匀项在湿甲板上的积分恒为零,因而气动力空间非均匀项只对气垫船的纵摇运动产生影响,对垂荡运动没有影响。

③三维空间非均匀压力分布

对于长宽比比较小的大型全垫升或侧壁式气垫船,气垫气动力在纵剖面和横剖面上都可能出现非均匀分布的现象。为了获得气动力在三维空间内的分布特征,气垫船水动力分析软件 ACVSIM 把三维波动方程作为气垫气流场的控制方程,并采用浸入式边界元法(IBM)进行数值求解。浸入式边界元法适用于有航速、形状任意的气垫,并允许气垫边界变形。而气垫平台水动力分析软件 WAMIT 则把三维波动方程转化为亥姆赫兹方程后(假设气动力作简谐脉动)作为气流场控制方程,再采用适用于长方体气垫的傅里叶级数解法(Lee、Neumann)获得气流场速度势。空间非均匀压力分布模型可以实现任意浪向下大型气垫船/气垫平台的气动力精确模拟。

上述三种气动力空间分布形式,实际上与气动力所满足的控制方程密切相关。气动力空间均匀分布与连续性方程对应,气动力沿船长方向非均匀分布与一维波动方程对应,气动力三维空间非均匀压力分布与三维波动方程对应。显而易见,后两种分布形式对气垫气动力的空间非均匀压力分布特征的描述更为精确,可以用于求解气垫船的垂荡、纵摇等运动,也有助于解释气垫船的“鹅卵石(Cobblestone)”效应或声波共振现象等气垫船特有的共振问题。

(3)气垫边界条件的利用情况

完整的气垫气动力模型(边值问题)除了要考虑气动力满足的控制方程外,还需要考虑气垫的边界条件。气垫的边界条件组成成分实际上是非常复杂的,既有刚性湿甲板运动形成的纽曼边界条件,又有作用在内自由面上的气垫压力形成的狄里克莱边界条件,同时还有注气、泄流产生的流动边界条件(与压力相关,本质上也是狄里克莱边界条件)。气垫的边界条件会对气垫内的气体产生如下影响:注气和泄流改变气垫内气体的质量,边界的运动或变形改变气垫内气体的体积。

注气、泄流对气垫船的气动力有重要的影响,可显著改变气垫船的运动阻尼。大多研究工作在建立气垫气动力模型时都会计及注气、泄流的影响。不过也有研究工作为了对比或测试的需要而有意忽略该影响,如软件 ACVSIM 在设计过程中总共提出了 5 个气垫气动力模型,其中第 1 个和第 4 个模型不考虑注气、泄流的影响。此外,对于具有侧壁的气垫支撑的海上平台,由于不存在注气、泄流的过程,自然无须考虑这种影响,海洋平台水动力分析软件 WAMIT 的气动力模型中就没有考虑气垫的注气和泄流。尽管如此,也有文献基于 WAMIT 研究可变形气垫船 T－Craft 的运动响应。

尽管各文献给出的气动力模型都能以适当的方式利用气垫边界条件，但不同的气动力模型对边界条件的利用程度有所不同。一般来说气动力模型越简化，其对气垫边界条件信息的利用程度也越低，所能获得的气动力信息也越模糊。

空间均匀分布的气动力模型，只能通过连续性方程和理想气体的绝热方程，利用气垫气体的质量和体积的变化信息获得空间均匀的气动力，其他信息如气垫注气或泄流位置对气垫气动力有何影响则无法获得。

沿船长方向非均匀分布的气动力模型，由于可以在一维波动方程中计及气垫的上下边界条件，因而不仅可以考虑气垫气体的质量和体积变化，还能分辨出在船长方向上不同位置的边界条件对气动力的影响。例如，Dhanak 研究了气垫注气位置对气垫船运动的影响，认为在气垫的艏艉布置注气孔比在中部布置更有利于减小气垫船的纵摇运动响应。

三维空间非均匀压力分布的气动力模型（计及气垫注气和泄流），如 ACVSIM，无疑可以更全面地利用气垫边界条件并获得更详细的气动力信息，可以评估气垫任一边界上的边界条件对气动力的影响。不过由于采用数值计算方法如浸入式边界元法（IBM）对三维波动方程进行数值求解，其计算量也相应增加了许多。

2. 风机特性方程研究现状

与气垫平台可以把气垫完全密封在“湿甲板—侧壁—内自由面”所围的空腔内不同，有航速的气垫船下方设置的柔性气封允许气垫内的超压气体从气封下方的缝隙泄流出去。为了维持气垫压力，需要通过风机源源不断地往气垫船的气垫内注气以补充压力。在给定的风机功率下（风机转速不变），风机往气垫内注气的流量与气垫压力是一一对应的，人们把这种对应关系称作（静态）风机特性曲线（或风机特性方程）。通过风机特性曲线，已知风机流量就可以求出气垫压力了，反之亦然。值得注意的是，这里所说的风机特性曲线与风机出厂说明书上给出的风机特性曲线并不完全相同，后者指的是风机流量与风机出口压力的对应关系，而非风机流量与气垫压力的对应关系。实际上气流从风机出口到气垫内部还需要通过气道（增压室）等复杂的管道腔室，会损失一部分压力（压头损失）。

（1）静态的风机特性方程

气垫压力变化不太大时，风机的动态响应可以忽略，那么通过静态风机特性曲线就可以获得气垫压力或风机流量。视近似程度的不同，静态的风机特性曲线可以用线性或非线性（二次）方程来描述。

①线性的风机特性方程

在微幅波假设下，气垫船气垫压力变化相对较小时，风机特性方程可以被线性化以简化运动求解。侧壁式气垫船较多采用这种风机特性模型，可参考 Hirata 和 Faltinsen、Faltinsen、Xie、Lin、Bhushan、Dhanak 等文献。

②非线性的风机特性方程

当气垫压力变化相对较大时，风机特性曲线可以通过二次方程来描述（一般是开口朝下的抛物线方程，风机流量是自变量，气垫压力是函数）。全垫升气垫船大多采用非线性风机特性方程，可参考 Reynolds、Doctors、Carrier、Yun 和 Bliault、刘宁等文献。

（2）动态的风机特性方程

当气垫船在波浪中大幅运动时，气垫内的气压也剧烈波动，形成了风机—气道（增压室）—气垫的复杂气动系统，风机的动态响应就不应被忽略，这时静态风机特性方程无法准确描述气垫压力与风机流量之间的对应关系。Milewski 等在 Captain 等的研究基础上给出了动态风机特性方程,并对比了动态和静态风机特性方程对垂荡运动响应的影响。

(3)CFD 仿真中的气垫注气设置

由于受计算机运算速度的限制,暂未发现有基于 CFD 对气垫风机叶片转动进行直接模拟的研究工作,目前几乎所有基于 CFD 的研究工作都是把气垫湿甲板或侧壁上的注气孔设置为速度入口。此外,为了数值仿真的方便,基于 CFD 的研究工作往往忽略了风机流量随气垫压力变化的特性,把气垫注气孔处的入流速度设为常量(即不管气垫压力如何变化,风机流量保持不变)。这种假设不可避免地对气垫压力和气垫船运动响应的计算精度造成影响。

3. 气垫泄流研究现状

气垫泄流是除风机注气外另一个影响气垫内气体质量的因素,气垫泄流一般发生在气垫船的柔性气封下方,但对于带通气百叶窗(Louver)的侧壁式气垫船,通气百叶窗在打开状态下也会发生泄流。严格来说气垫泄流与柔性气封的动力学响应有一定关联,不过目前暂未发现有这方面的研究工作,相反几乎所有的研究工作在考虑气垫泄流时都把柔性气封当作刚体来处理。目前的公开文献中有以下几种气垫泄流模型。

(1)黏性可压的泄流模型

在基于 CFD(两相流数值模拟)的研究工作中,柔性气封一般用刚性气封模型代替。CFD 中采用黏性可压的泄流模型模拟气流从气垫经由自由面和模型之间的缝隙流入外界大气。为了提高模拟的精度,要求在临近自由面和气封的空间区域内划分密集的网格。

(2)无黏不可压的泄流模型

①非线性的泄流模型

在大多数基于势流理论的研究工作中(Yun 和 Bliault、Reynolds、Milewski、Doctors 等),或基于单相流 CFD(液相)的研究工作中(Bhushan 等),气垫泄流均被假设为无黏不可压缩的,且泄流量通过伯努利方程给出(由于泄流量与流动两端压力差的方根成正比,该泄流模型是非线性的)。该泄流模型看似简单,但却是工程计算中最实用和最常用的。Hirata 和 Faltinsen 基于 $N-S$ 方程和伯努利方程两种方法分别模拟了气垫尾气囊的泄流,研究结果表明忽略气体黏性和压缩性的简化不会给气封上的气体压力分布带来明显的差异。该研究从侧面证实了基于伯努利方程的泄流模型的准确性。

②线性的泄流模型

在上述非线性无黏不可压的泄流模型基础上,部分研究工作(Kim 和 Tsakonas、周伟麟、周佳等)为了获得线性的气垫船运动方程,对泄流公式进行了线性化处理。

(3)定常的泄流模型

还有一些研究工作认为,带通气百叶窗的侧壁式气垫船在微幅波作用下做小幅运动时,发生在艏艉封处的非定常泄流可以忽略不计,仅当百叶窗的通气面积或气垫压力改变时才会发生非定常泄流。实际上,对于让浪性较好的柔性气封(响应围裙),气封将随自由面的起伏而做相同趋势的运动,这种情况下,把发生在艏艉封下方的泄流当作是定常的或做线性化处理似乎有一定的道理,但真实情况是否如此还需进一步验证。

1.3.2 气垫船水动力研究现状

1. 部分垫升气垫船的侧体水动力研究现状

部分垫升气垫船的运动性能会受到侧体水动力的影响，而影响程度与侧体的排水比例有关。一般说来，侧体排水比例越高，其水动力对气垫船运动性能的影响程度也越高。目前存在以下几种处理/计算气垫船侧体水动力的方法。

(1)忽略侧体水动力

忽略侧体水动力的方法一般用在侧体排水比例相对较小(小于20%)的侧壁式气垫船上。基于这种方法的工作可参考 Kaplan、Faltinsen、Xie、Dhanak 等的文献。然而，目前暂没有研究工作证明侧体水动力对侧壁式气垫船运动的影响是可以忽略的。

(2)根据试验数据拟合侧体的水动力系数

如周伟麟、邬廷芳、恽良等对具有简单剖面形状(梯形)的气垫船侧体采用试验数据拟合出不同遭遇频率下的二维切片水动力系数。不过这种方法受制于提供试验数据的船型，仅当气垫船侧体的剖面形状与试验船型相似时才可以根据该方法得到相对准确的水动力系数。

(3)基于二维切片理论计算侧体水动力

二维切片理论(切片法)是工程中计算船舶水动力最常用的方法，具有计算效率高、船型适用性好等优点。Sørensen and Egelands、Ohba 等基于切片法计算了气垫船的侧体水动力系数和波浪力(矩)。然而切片法在高航速下不适用，也不能处理两个侧体间的水动力干扰，所以不太适用于高速、大长宽比气垫船的侧体水动力计算。

(4)基于三维势流理论计算侧体水动力

近年来随着计算机运算速度的提升，三维势流理论开始在船舶水动力学领域得到广泛应用。三维势流理论的优点是可以考虑流场的三维效应，解决具有三维几何特征的船舶和海洋结构物的水动力问题。三维势流理论可以采用有限元法(FEM)求解，如 Toth 和 Kaltenbacher 基于有限元法解决气垫平台侧壁的水动力问题，不过更常用的求解方法是面元法(也称边界元法，Boundary Element Method，BEM)，面元法可分成两大类：一类是自由面格林函数法，另一类是基于简单格林函数的 Rankine 源法。

①自由面格林函数法

自由面格林函数法中格林函数自动满足线性自由面条件和辐射条件，因而仅需在物面上布置奇点。目前自由面格林函数法中发展得比较成熟的是频域零航速格林函数法(线性方法)，大多评估海洋平台或零(低)航速船舶水动力性能的商业软件如 WAMIT、AQWA、MOSES 等都基于该方法。采用频域零航速格林函数法或基于该方法的商业软件分析零航速气垫船(平台)侧体水动力性能的工作可参考 Pinkster、Lee 和 Newman、Pinkster 和 Scholte、Guéret、Kessel、Silver 和 Hughes、Bandas 和 Falzarano 等的文献。

②Rankine 源法

与自由面格林函数法不同，Rankine 源法需要同时在物面和自由面上布置简单奇点，因而计算量比自由面格林函数法大。不过由于 Rankine 源法对是否有航速和边界条件是否线性化没有限制，所以可处理高航速和非线性水动力问题，近年来被用于分析有航速、高航速气垫船的侧体水动力性能或开发成气垫船水动力性能评估软件。目前可查到的基于Rankine源法的气垫船水动力性能评估软件共有3个：欧洲工业技术基础与先进材料研究计划(BRITE－EURAMII)资助开发的侧壁式气垫船水动力性能预报软件HydroSES(用于设计大型侧壁式气垫船)，美国国际科学应用公司(Science Applications International Corporation，SAIC)开发的LAMP(Large Amplitude Motions Program)，美国应用物理科学公司(Applied Physical Sciences Corporation)开发的ACVSIM。

HydroSES由侧壁式气垫船的阻力、耐波性、操纵性等水动力性能预报模块组成。其中耐波性模块包括波浪(SESWAVE)、运动(SESDYN)、拍击(SESSLAM)、运动统计(SESSTAT)等子模块，SESWAVE是基于Rankine源的频域线性方法，用于求解流场速度势和作用在气垫船侧体上的水动力。

LAMP基于低阶时域面元法，根据线性化程度的不同分成4个水动力模型：LAMP－1是完全线性的；LAMP－2和LAMP－3是物面弱非线性的(辐射力在平均物面上求解，静水力和F－K力在瞬时物面上求解)，其中LAMP－3可以考虑大幅艏摇和横荡运动以便于操纵性仿真；LAMP－4是物面全非线性的。对于大多数耐波性问题，LAMP－2最为实用，因为船舶大幅运动中非线性贡献主要来自静水力和F－K力。基于LAMP研究高速侧壁式气垫船水动力的文献主要有Lin、Zhang等。

ACVSIM由围裙动力学模型、基于高阶时域面元法的水动力预报程序AEGIR和基于浸入式边界元法(Immersed Boundary Method，IBM)的气垫动力学模型3个模块组成。与LAMP相同，ACVSIM也具有线性、弱非线性和全非线性等不同的水动力模型供用户选择。应用ACVSIM分析高速侧壁式气垫船水动力的工作有Connell、Basturk等。

不过，以上3款软件都被相关开发部门作为对外提供技术服务的专属工具，不对外发布，它们公开的技术细节相当有限。

(5)基于CFD方法计算侧体水动力

与三维势流理论相比，CFD可考虑黏性对流场的影响，可以更为精确地模拟非流线型物体的三维绕流场，理论上更适合模拟有航速船舶在波浪中的运动。然而，CFD计算需要耗费比三维势流理论更多的计算资源，因而长期以来在气垫船的水动力计算中应用较少。近年来，随着计算机内存容量的增大、运算速度的提升和CFD商业软件/开源软件在船舶水动力领域的推广，已经出现了一些采用基于RANS(Reynolds Averaged Navier－Stokes)方程的CFD技术计算模型尺度的气垫船水动力的研究工作，可参考杨静雷，Neu、Donnelly、Neu、Clark、Bhushan等的文献。

需要特别指出的是，以上侧体水动力研究方法中，基于自由面格林函数的切片法或三维方法目前无法解决气垫船(平台)的内外自由面高度差问题，只能以外自由面的平均高度或内外自由面高度的平均值为基准面计算复杂格林函数。

2. 气垫船的内自由面非定常兴波研究现状

在入射波的作用下，气垫船做耐波性运动，气垫内气体产生压力波动(气动力)，这时(侧壁式)气垫船的侧体将引起辐射波和绕射波，气垫气动力将引起非定常兴波，这些波叠加在一起构成了气垫船内自由面上的非定常兴波。在有的文献中，气垫的气动力兴波问题也称作气垫水动力问题。

在 CFD 仿真计算中，一般是通过 VOF 法追踪自由面，获得内自由面兴波，这方面的具体理论可参 Hirt 和 Nichols 的文献。下面重点回顾基于势流理论的气垫船侧体的辐射、绕射兴波和气垫气动力兴波的研究进展。

(1)侧体的辐射和绕射兴波

事实上，侧体的辐射和绕射兴波与侧体水动力属于同一类问题，在势流理论中两者通过伯努利方程联系在一起。但在传统的研究工作中(包括忽略侧体水动力、使用试验数据拟合侧体水动力系数及使用切片理论计算侧体水动力的工作)，气垫船侧体的辐射和绕射兴波大多被忽略了。对于侧体兴波较小的薄侧壁气垫船，这种简化可能不会对气垫气动力和船体运动响应造成显著的影响；但厚侧壁气垫船如槽道气垫船，侧壁的辐射和绕射兴波能否被忽略值得商榷。

(2)气垫气动力兴波(气垫水动力)

气垫气动力兴波是所有类型气垫船的共性问题，气动力兴波会对气垫气动力产生显著影响，不过早期许多研究工作都忽略了气动力兴波问题。在第一条气垫船诞生之前，有关脉动压力的非定常兴波作为一个学术问题已经受到关注，Stoker 和 Wehausen 等分别给出了自由面上方的二维和三维脉动压力的非定常兴波的线性表达式。之后 Doctors 等研究工作详细推导了气垫船气动力在内自由面上兴波的数值计算公式，初步解决了矩形气垫的气动力兴波问题。为了把该数值模型应用于非矩形气垫，Xie 等离散了不规则的气垫内自由面并用一系列矩形压力面代替，计算出每个压力面的非定常兴波后再线性叠加，获得不规则气垫的气动力兴波。

上述研究工作都没有考虑到气垫船侧壁对内自由面兴波的影响，Ogilvie 首先注意到这个问题，并采用保角变换研究了二维带薄侧壁(零厚度)的气垫的内自由面兴波，发现通常情况下侧壁都会使气垫兴波波幅减小，而在某些特定条件下会放大兴波波幅，但是分析结果也表明薄侧壁基本上不会影响二维气垫的附加质量和阻尼(不考虑注气和泄流)。刘宪庆也针对二维薄侧壁气垫开展了相应的研究工作，只是在该工作中气垫下方的速度势是通过特征函数法求解的。然而，Ogilvie 和刘宪庆等的研究工作针对的是二维气垫切片，且没有考虑侧壁厚度的影响，而对于真实的三维气垫船，侧壁的厚度、气垫船的航速、气垫长宽比对内自由面兴波的影响等问题至今没有被深入研究过。

在现有的几种基于 Rankine 源的气垫船水动力分析软件中，气垫水动力与侧体水动力的求解方法相同，都采用 Rankine 源法，只是内自由面上的边界条件是压力条件。而基于零航速自由面格林函数的气垫平台水动力分析软件 WAMIT，则把内自由面的垂荡或垂荡速度用广义傅里叶级数表示(每项级数的幅值未知)，从而将气垫平台的运动自由度从常规的 6 个扩展到无穷多个(内自由面上的每一项傅里叶级数代表 1 个运动自由度，在实际计算中仅需取前若干项)，再通过内自由面上的水、气的动压力、垂荡幅值或垂荡速度相等的条件，把气垫气动力和气垫水动力两个问题关联起来求解。不过这种方法目前也仅限于解决零航速气垫平台的水动力问题。

1.3.3 气垫船运动模型研究现状

气垫船的受力和运动构成了一个复杂的动力学系统，该系统囊括了侧体水动力、气垫气动力、风机特性方程、气垫泄流和内自由面非定常兴波等模型(忽略柔性气封动力学模型),这些模型最终通过牛顿第二定律关联起来,组成封闭的气垫船运动方程(组)。现有的气垫船运动模型根据线性化的程度可分为以下几类:

1. 线性运动模型

在线性的运动模型中,所有力学模型都是线性的。线性模型的最大优势在于可以在频域内求解气垫船的运动方程,求解速度快且结果稳定。现有的商业软件中,气垫平台水动力分析软件 WAMIT 的运动模型是线性的。

2. 弱非线性运动模型

在基于势流理论的非线性运动模型中,几乎所有的非线性都来源于气垫泄流和风机特性方程(包括非线性的柔性围裙动力学问题)。除此之外,气垫船水动力分析软件 LAMP 和 ACVSIM 还包括侧壁水动力中的物面非线性。非线性运动模型需要在时域中步进求解,解的稳定性不如线性运动模型。

3. 强非线性运动模型

在已有的基于 CFD 的气垫船运动仿真工作中(风机特性方程用常数代替,艏艉柔性气封一般设置为刚性的),几乎所有的力学模型都是非线性的,因而整个运动模型也是强非线性的。从工程应用的角度上看,以 CFD 为代表的强非线性模型的主要缺点在于需要消耗大量的计算资源,求解效率低,且求解精度依赖于用户的计算设置(刚性艏艉封下方的泄流高度设置、网格划分、时间步长选取等)。

1.3.4 小结

综上所述,目前气垫船(平台)耐波性运动问题的研究已经取得了很大的进展,也发展出了从零航速气垫平台到高航速气垫船、从势流理论到 CFD、从线性理论到强非线性理论的一系列运动分析模型,如表 1.2 所示。然而,目前气垫船的水动力、气动力中仍有一些没有探究清楚的问题有待深入研究;气垫船的运动分析模型中也有不少因做了过多的简化或不合理的假设而备受质疑,需要进一步完善。下面就几个与本书工作相关的问题归纳如下:

(1)现有的气垫气动力模型中,要么是基于连续性方程导出的,这类模型无法获得气动力的空间非均匀压力分布特性,无法解释一些气垫船特有的物理现象,如声波共振;要么是基于波动方程导出的,这类模型虽然可以获得气动力的空间非均匀压力分布特性,但现有的研究工作中大多没有完整计入气垫的边界条件,如内自由面除入射波外的其他非定常兴波成分,以及这些非定常兴波引起的气垫泄流面积的变化等,而这些缺失的边界条件对气垫气动力性能有着重要的影响;理论相对完善的 CFD 方法在解决气垫船动力学问题时也有诸多困难,例如气垫的泄流高度需要根据经验精心设置,否则艏气封可能引起强烈的波浪增阻而导致仿真失败等。

表 1.2　气垫船动力学问题的数值分析方法/软件

数值方法/软件/研究工作	气动力			水动力				航速	计算精度 计算效率
	气垫气动力	气垫泄流	风机特性方程	侧体水动力	黏性	线性/非线性	内自由面非定常兴波		
Star CCM +	非均匀分布(RANS方程)	非线性	无	RANS方程	有	全非线性	完整考虑	任意	
CFDShip - Iowa	均匀分布(连续性方程)	非线性	线性	RANS方程	有	全非线性	完整考虑	任意	
ACVSIM LAMP	非均匀分布(波动方程)	非线性	动态特性	时域Rankine源法	无	线性～全非线性	完整考虑	任意	高 低
HydroSES	—	非线性	特性曲线	频域Rankine源法	无	线性	完整考虑	任意	
本书	沿船长非均匀分布(波动方程)	线性或非线性	线性	多域准黏性2.5D理论	黏性修正	线性,可扩展至物面非线性	完整考虑	高航速	精度 效率
WAMIT	非均匀分布(波动方程)	无	无	零航速自由面格林函数法	无	线性+二阶水动力	针对矩形气垫	零航速	
Xie Kim	均匀分布(连续性方程)	非线性	线性	无	无	线性	不能考虑侧壁影响	有航速	低 高
Yun	均匀分布(连续性方程)	非线性	非线性	试验拟合	无	线性	无	任意	
Faltinsen Dhanak	沿船长非均匀分布(波动方程)	线性	线性	无	无	无	无	任意	

(2)高速气垫船水动力问题中,现有的预报方法要么基于二维切片理论,要么基于三维格林函数法或 CFD 方法。二维切片理论计算效率高但并不适用于高速气垫船的水动力计

算;较为成熟的三维方法中要么只能处理零航速问题(三维零航速自由面格林函数法),要么计算效率相对较低(Rankine 源法或 CFD 方法)。也就是说现有的气垫船水动力预报方法无法在计算精度和计算效率之间获得令人满意的平衡。本书提出采用兼顾精度和效率的二维半理论来解决该问题。

(3)现有的基于二维时域自由面格林函数法的二维半理论中,在解决具有大外飘角的高速船的二维半水动力问题时,容易产生数值奇异性。一种消除这类奇异性的简单实用的方法是把水线单元上的源强密度清零,但这种方法在解决强奇异性问题时需要把临近水线的多个网格单元上的源强密度清零,可能会造成流场信息丢失,影响计算精度。本书拟采用黏性修正的方法来解决该问题。

(4)现有的二维半理论只能用于解决排水型船舶的水动力问题(纽曼边值问题),而不能直接用于解决全垫升气垫船的水动力问题(狄里克莱边值问题)或侧壁式气垫船的水动力问题(混合边值问题)。本书将推导并建立可以解决狄里克莱边值问题和混合边值问题的二维半理论。

(5)一般情况下,气垫船(平台)内自由面的平均高度低于外自由面,然而自由面格林函数的参考坐标系原点只能定义在某一高度确定的水平面上,无法兼顾两个不同高度的自由面。针对该问题,现有的基于自由面格林函数法的水动力分析模型并没有提出行之有效的解决办法,而是直接把自由面格林函数的参考系原点定义在外自由面上,并限定内自由面高度不得高于外自由面(否则将导致计算发散)。这种处理方法一方面限制了计算模型的应用范围(无法处理内自由面高于外自由面的水动力问题,如振荡水柱问题),另一方面导致内自由面的非定常兴波预报结果偏离实际(内自由面越低,偏离越严重)。针对这一问题,本书提出采用流场分域的解决方案,使自由面格林函数法可以处理内自由面为任意高度的气垫船水动力问题。

(6)现有的预报方法中(除 Rankine 源法和 CFD 方法外),往往忽略侧体对气垫水动力的影响及气垫对侧体水动力的影响。这两种影响因素对气垫船运动有多大的作用,在什么条件下可以忽略,目前还不得而知,也没有工作对此做过深入研究。本书将对该问题进行研究。

(7)侧壁式气垫船的侧体水动力能否忽略也是一个值得探讨的问题。在研究薄侧壁气垫船时,有些文献认为侧体排水体积不超过 20% 时,侧体的水动力对船体运动的影响就可以忽略,实际情况是否如此?本书也将通过算例对该问题进行研究。

本书将在解决上述问题的同时,发展槽道气垫船耐波性运动的数值分析方法,该数值方法所达到的技术水平将如表 1.2 中的“本书”所示。表 1.2 中总结了若干典型的气垫船运动数值分析方法,这些数值方法由上至下逐渐简化,同时计算效率也逐渐提高,但计算精度也将逐渐下降。表中标“—”的栏目表示没有查到相关信息。从表 1.2 中可以清晰看出,本书所发展的方法可在计算效率和计算精度中达到较好的平衡。

1.4 本书的主要研究工作

本书以建立高精度高效率的槽道气垫船耐波性运动分析模型为主要研究目标，包括发展可完整计入气垫泄流、风机打气、船体运动和内自由面非定常兴波的空间非均匀压力分布的气垫气动力分析模型，建立可以高效稳定求解内自由面非定常兴波及侧体水动力的多域准黏性二维半理论，并把所发展的理论模型用于预报分析槽道气垫船的耐波性运动。具体来说，本书开展了以下工作：

第2章，根据槽道气垫船气垫大长宽比和大长高比的特征，基于波动方程建立了沿船长方向变化、在垂直于船长的截面内均匀分布的气垫船气动力模型，该模型可完整计入气垫泄流、风机打气、船体运动和内自由面非定常兴波等气垫边界条件。在此基础上，根据常规气垫船存在气室分割的特征，发展了双气室气垫的气动力模型；并以双气室气垫船 T - craft 为例，对所建立的气动力模型进行验证。同时也考察了气垫泄流线性化对气垫气动力和气垫船运动预报结果的影响，分析了侧体排水比例对气垫船运动的影响。

第3章，在二维时域定解问题的自由面方程中增加人工黏性耗散项，提出满足相应定解条件的二维时域自由面格林函数，建立计及黏性影响的边界积分方程并给出相应的数值计算方法，形成完整的准黏性二维半理论。以具有强数值奇异性的二维大外飘角楔形体在自由面上的垂荡运动为算例，提出了解决源强密度发散的两种黏性修正办法，一种可以把黏性的影响降到非常低的水平，但数值稳定性相对较差；另一种具有非常好的数值稳定性，但所引入的黏性会对源强密度的计算结果产生一定影响（是否是有利影响还有待进一步研究）。此外，还给出了无量纲化的黏性系数表达式，使准黏性二维半理论更具通用性。通过 Series 64、Wigley Ⅲ单体船算例分别验证了黏性对船体垂荡运动响应、辐射兴波的影响。

第4章，建立了侧壁式气垫船的混合边值二维半理论，可以精确求解侧壁影响下的内自由面兴波及其对侧壁的作用力；建立了不带侧壁的纯气垫的狄里克莱边值二维半理论，研究移动脉动压力面（相当于全垫升气垫船的气垫或侧壁式气垫船在不考虑侧体影响时的气垫）的非定常兴波，通过与三维势流理论的计算结果进行对比，探讨采用二维半理论解决这类问题时应满足的前提条件。

第5章，在单域二维半理论的基础上，建立了可计及气垫船内外自由面高度差对水动力性能影响的多域二维半理论。给出了把气垫气动力从气垫水动力问题中解耦出来的方法，使基于二维半理论的气垫船水动力问题可以独立求解。以高速双体船 Delft 372 为算例，验证多域二维半算法的正确性以及域间分割线对计算结果的影响。

第6章，回顾了槽道气垫船模型的耐波性试验，介绍了船模的基本参数和试验工况，分析了试验中的不确定性因素，并对原始试验数据进行滤噪和线性化处理，以供数值计算对比分析使用。分别采用单域、多域二维半理论计算了气垫气动力兴波、侧体水动力系数等水动力参数并进行对比，进而采用所建立的气垫船运动分析模型预报船体的运动响应、气垫气动力等并与试验结果进行对比，分析了黏性对预报结果的影响、气垫对运动响应的影响，验证了所发展的二维半理论及槽道气垫船运动分析模型的准确性。

本书的创新点如下：

（1）首次提出了计及黏性影响的二维时域自由面格林函数，并发展了准黏性二维时域自由面格林函数法和准黏性二维半理论。本书所发展的准黏性理论解决了传统的无黏性理论难以处理的两个难题:一是可以在计算浮体水动力系数的过程中计入水(液体)的黏性效应;二是可以使具有大外飘角的浮体在计算中保持数值稳定性,避免产生数值发散问题。

(2)首次把现有的只能解决排水型船舶水动力问题的纽曼边值二维半理论推广至可解决全垫升气垫船水动力问题的狄里克莱边值二维半理论和侧壁式气垫船水动力问题的混合边值二维半理论。新发展的二维半理论可以准确预报气垫气动力兴波及其与侧体的相互作用。

(3)首次把现有的单域二维半理论发展为可考虑气垫船内外自由面高度差的多域二维半理论,而传统的单域二维半理论(或其他自由面格林函数法)在内自由面与外自由面平均高度不同时,无法准确分析内自由面对气垫船水动力的影响。

(4)首次建立了可完全考虑气垫边界条件、气压沿船长非均匀分布的气垫气动力模型,并与准黏性二维半理论结合形成全新的气垫船运动分析模型。首次把该高效率的模型用于预报槽道气垫船的耐波性运动,且预报结果也证实了该模型的预报精度高于现有的具有同等计算效率的气垫船运动分析模型。

第2章 空间非均匀分布的气垫船气动力模型

2.1 概 述

气垫船的气动力和水动力是决定船体在波浪中运动的两个主要作用力。其中,气垫船气动力主要涉及气垫气动力、气垫注气(风机特性)和气垫泄流3个力学模型,而这3个力学模型又以气垫气动力为核心。如第1章绪论所述,决定气垫气动力模型的首要因素是气动力在气垫空间内的分布形式,或者说气动力所满足的控制方程。

传统的气垫气动力模型中,气动力在气垫空间内是均匀分布的,满足连续性方程和绝热方程。这种模型相对简单,但无法捕捉气动力在气垫内的空间非均匀性,而气动力空间非均匀性可产生纵摇或横摇力矩;该模型也无法评估气垫边界条件如注气孔分布、泄流位置等对气垫气动力的影响。因而,空间均匀分布的气动力模型具有一定的应用局限性,无法满足高精度的气垫船耐波性运动研究需求。

相反,最新的气垫气动力模型中(如WAMIT或ACVSIM内的气动力模型),气动力在三维气垫空间内非均匀分布,即气动力除了满足气体绝热方程外,还满足三维波动方程。这种模型对气动力预报精度较高,尤其适用于大型全垫升气垫船或超大型气垫平台。不过,气动力所满足的三维波动方程仅当气垫具有简单的边界条件和边界形状时有解析解,如无充气、无泄流的长方体气垫中气动力可以通过级数解法获得,而对于具有复杂的形状或边界条件(含注气和泄流)的气垫,气动力往往只能采用数值方法如IBM(Immersed Boundary Method)进行求解。因而,对于具有复杂气动力边条件的气垫船,采用三维气垫空间非均匀压力分布的气动力模型时一般需要对三维波动方程进行数值求解,从而降低了模型的计算效率。

除上述两种气动力模型外,目前还有一种折中的气垫气动力模型,在该模型中,气动力沿船长方向上非均匀分布,而在垂直于船长的气垫截面内均匀分布,也就是气动力满足绝热方程和一维波动方程。这种气动力模型适应性较强,对于复杂的边界条件(包括注气泄流条件)有解析解,尤其适用于大长宽比的侧壁式气垫船,因而备受相关领域研究者们的青睐。

本书所研究的槽道气垫船,气垫的长宽比和长高比都超过10,显然满足气动力在横截面内均匀分布、在沿船长方向上非均匀分布的假设,所以可以采用具有解析解的满足一维波动方程的气动力模型。该模型既能满足槽道气垫船耐波性运动的高精度研究需求,又具有极高的计算效率,无疑最适合本书发展高精度高效率的气垫船耐波性运动预报方法的目的。

然而,目前公开发表的采用了满足一维波动方程的气动力模型的气垫船运动研究工作中，没有考虑气垫内自由面上除入射波外的非定常兴波，也没有在该气动力模型的基础上给出包含侧体水动力的完整运动方程，有的忽略了侧体水动力，有的仅提及使用 STF 法计算侧体水动力系数和波浪力，但没有给出具体的运动方程。同样地，采用了满足三维波动方程的气动力模型的气垫船运动预报专业软件如 ACVSIM，也没有公开过包含完整公式的气垫船运动模型。事实上，下文将看到，基于波动方程所建立的气垫船的运动方程中，气垫气动力和侧体水动力是交互影响的，运动方程中的各项系数不仅仅是通过气动力和水动力系数直接叠加获得的。

本章首先基于一维波动方程推导出计及内自由面非定常兴波的单气室气垫船的气动力模型（气垫船运动方程中的水动力参数将在下一章给出）；进而建立双气室气垫船的气动力模型，并通过公开文献的气垫船算例对所建立的运动模型进行初步验证，同时研究气垫泄流线性化对预报结果的影响、侧体排水比例对气垫船运动的影响。

2.2　基于波动方程的气垫船气动力模型

本节将基于一维波动方程分别研究不带气室分割的气垫船的气动力（单气室气垫船气动力）和带气室分割的气垫船的气动力（双气室气垫船气动力）。其中，单气室气垫船的气动力表达式包含了空间均匀项和沿船长方向变化的非均匀项，而双气室气垫船的气动力表达式则仅包含空间均匀项。

2.2.1　空间非均匀分布的单气室气动力模型

气垫船的注气方式有许多种，大体上可分为集中注气和分布式注气两种。集中注气的结构形式相对简单，但需要加装扰流器以免气流直接冲击内自由面而形成不利干扰；分布式注气的结构形式相对复杂，更有利于形成均匀稳定的气垫。图 2.1 展示的是分布式注气的单气室气垫船的示意图。

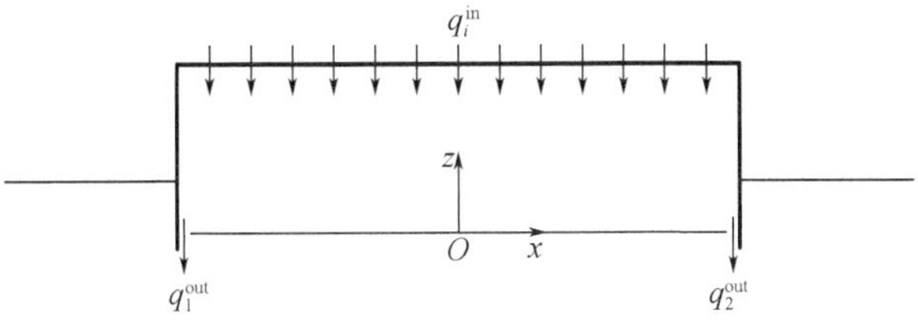

图 2.1　单气室气垫船简化的纵剖面示意图

在线性条件下，气垫内气体的速度势、密度 ρ 或压力 p 都满足波动方程。为了便于分析，这里选取气垫压力 p 作为研究对象。结合气垫的边界条件，不难写出如公式（2-1）所述的气垫气动力的完整边值问题：

$$
\begin{cases}
①控制方程\nabla^2 p-\dfrac{1}{c^2}\dfrac{\partial^2 p}{\partial t^2}=0, & -\dfrac{l}{2}<x<\dfrac{l}{2},-\dfrac{b}{2}<y<\dfrac{b}{2},0<z<h \\
②绝热方程\rho c^2=\gamma(p+p_a), & -\dfrac{l}{2}<x<\dfrac{l}{2},-\dfrac{b}{2}<y<\dfrac{b}{2},0<z<h \\
③动量方程\rho\dfrac{\mathrm{d}v}{\mathrm{d}t}=-\nabla p, & -\dfrac{l}{2}<x<\dfrac{l}{2},-\dfrac{b}{2}<y<\dfrac{b}{2},0<z<h \\
④运动边条件: & \\
(\mathrm{a})u=0, & x=\pm\dfrac{l}{2},-\dfrac{b}{2}<y<\dfrac{b}{2},0<z<h \\
(\mathrm{b})v=0, & -\dfrac{l}{2}<x<\dfrac{l}{2},y=\pm\dfrac{b}{2},0<z<h \\
(\mathrm{c})w=\dot{\tilde{\eta}}_3-x\,\dot{\tilde{\eta}}_5, & z=h,(x,y)\neq(x^{\mathrm{in}},y^{\mathrm{in}}) \\
(\mathrm{d})w=-\dfrac{q^{\mathrm{in}}}{A^{\mathrm{in}}}+\dot{\tilde{\eta}}_3-x\,\dot{\tilde{\eta}}_5\cong-\dfrac{q^{\mathrm{in}}}{A^{\mathrm{in}}}, & z=h,(x,y)=(x^{\mathrm{in}},y^{\mathrm{in}}) \\
(\mathrm{e})w=\dot{\zeta}, & z=0,-\dfrac{l}{2}<x<\dfrac{l}{2} \\
(\mathrm{f})w=-\sqrt{2p/\rho}, & z=0,x=\pm\dfrac{l}{2}
\end{cases}
\tag{2-1}
$$

式中 c——气垫内气体的声速;

γ——空气的绝热系数,$\gamma=1.4$;

A^{in}——注气孔(从增压室向气垫注气)的面积;

q^{in}——注气速率;

$(x^{\mathrm{in}},y^{\mathrm{in}})$——注气孔在气垫湿甲板上的坐标;

z——位于气垫的平均内自由面高度上,$z=0$;

v——气体的运动速度,$v=(u,v,w)$;

ζ——气垫的实际内自由面相对平均内自由面的垂向位移;

p_a——大气压。

下面逐一解释式(2-1)中各式的物理含义:第①式是气动力所满足的波动方程;第②式是绝热方程给出的关于气体密度、声速和气压三者之间的关系;第③式是关于压力与速度之间的关系(理想气体基本方程组中的动量方程),通过该式可实现气体的运动和压力条件之间的相互转化;第④式是气垫的运动边界条件。

其中,④(a)式意味着把气垫的艏艉封近似当作直壁面(忽略艏艉封上注气孔的注气);④(b)式表示气垫侧壁上无漏气;④(c)式表示湿甲板上因船体垂荡和纵摇运动产生的气垫边界运动速度;④(d)式表示湿甲板上注气孔上进气速度,该速度理应叠加湿甲板的运动速度,但由于进气速度比湿甲板运动速度至少大一个数量级,即$|q^{\mathrm{in}}/A^{\mathrm{in}}|\gg|\dot{\tilde{\eta}}_3-x\,\dot{\tilde{\eta}}_5|$,所以仅需考虑进气速度;④(e)式表示内自由面的垂荡速度;④(f)式表示气垫泄流,方向竖直向下。实际上,气垫泄流应发生在水平方向,为了研究的方便,这里参照 Sørensen、Egelands 和 Dhanak 的做法人为地把泄流方向改为向下(如图 2.1 所示),这种改变不会给气垫船的运动响应带来显著的影响,分析表明气垫泄流产生的冲力(矩)相对于气动力和水动力可以忽略不计。另外,根据第 1 章绪论的分析,气垫的注气和泄流过程可以近似认为是不可压缩的。

下面开始对气垫气动力边值问题式(2－1),进行求解。首先进行边条件转化,由式(2－1)的④(a)(b)式和③式,可得到压力边条件

$$\begin{cases}\dfrac{\partial p}{\partial x}=0, \quad x=\pm\dfrac{l}{2},-\dfrac{b}{2}<y<\dfrac{b}{2},0<z<h \quad (\mathrm{a}) \\ \dfrac{\partial p}{\partial y}=0, \quad -\dfrac{l}{2}<x<\dfrac{l}{2},y=\pm\dfrac{b}{2},0<z<h \quad (\mathrm{b})\end{cases} \tag{2-2}$$

对于槽道气垫船,由于气垫的长度远大于宽度和高度,即

$$l \gg b, l \gg h \tag{2-3}$$

那么,在垂直于 x 轴的横截面内,气垫压力 p 可以被近似为常数$\bar{p}$(截面平均压力),或记作

$$\bar{p}(x,t)=\frac{1}{bh}\int_{-b/2}^{b/2}\mathrm{d}y\int_{0}^{h}p(x,y,z,t)\,\mathrm{d}z \tag{2-4}$$

把式(2－1)中的第①式代入式(2－4)中,并利用式(2－2)(b),可得

$$\left(\frac{\partial^2}{\partial x^2}-\frac{1}{c^2}\frac{\partial^2}{\partial t^2}\right)\bar{p}(x,t)=-\frac{1}{bh}\int_{-\frac{b}{2}}^{\frac{b}{2}}\left(\frac{\partial p}{\partial z}\bigg|_{z=0}^{z=h}\right)\mathrm{d}y \tag{2-5}$$

式(2－5)的左端代表了气垫气体沿 x 轴方向所满足的一维波动方程,右端是气垫气体在上下边界上的压力条件。利用式(2－1)的③式,可以把式(2－5)的右端变成运动边界条件,从而使式(2－5)改写成

$$\left(\frac{\partial^2}{\partial x^2}-\frac{1}{c^2}\frac{\partial^2}{\partial t^2}\right)\bar{p}(x,t)=\frac{\rho}{bh}\int_{-\frac{b}{2}}^{\frac{b}{2}}\left(\frac{\mathrm{d}w}{\mathrm{d}t}\bigg|_{z=0}^{z=h}\right)\mathrm{d}y \tag{2-6}$$

式(2－6)中定义在有限区间[$-l/2,l/2$]上的微分算子$\dfrac{\partial^2}{\partial x^2}$有一簇离散的特征根

$$-\frac{\partial^2}{\partial x^2}r_j(x)=\omega_j^2 r_j(x), j=1,2,3,\cdots \tag{2-7}$$

式(2－7)中$r_j(x)$和ω_j分别是特征根和特征频率,根据式(2－2)(a),$r_j(x)$应满足

$$\frac{\partial r_j(x)}{\partial x}=0, x=\pm\frac{l}{2}, j=1,2,3,\cdots \tag{2-8}$$

联立微分方程式(2－7)和边条件式(2－8),可得解集

$$r_j(x)=\cos\frac{j\pi}{l}\left(x+\frac{l}{2}\right), j=1,2,3,\cdots \tag{2-9}$$

进而,式(2－6)的解$\bar{p}(x,t)$应有表达式

$$\bar{p}(x,t)=p_t(t)+\sum_{j=1}^{\infty}p_j(t)\cos\frac{j\pi}{l}\left(x+\frac{l}{2}\right) \tag{2-10}$$

式中,$p_t(t)$是空间均匀压力,$p_j(t)$是特征根 $\cos[j\pi(x+l/2)/l]$ 的幅值,$p_t(t)$和$p_j(t)$两式应由式(2－6)及剩下的边界条件确定。

另一方面,气垫的截面平均压力$\bar{p}$应包含三大部分:第一部分是平均压力p_0;第二部分是空间均匀、随时间变化的压力$p_0\tilde{\alpha}(t)$;第三部分是空间非均匀(沿 x 轴方向变化)、随时间变化的压力$p_s(x,t)$。综上,可写出截面平均压力

$$\bar{p}(x,t)=p_0+p_0\tilde{\alpha}(t)+p_s(x,t) \tag{2-11}$$

对比式(2－10)和式(2－11)可发现,空间非均匀、随时间变化的压力可写成

$$p_s(x,t)=\sum_{j=1}^{\infty}p_j(t)\cos\frac{j\pi}{l}\left(x+\frac{l}{2}\right) \tag{2-12}$$

在近似条件下，取基频项($j=1$)即可反映气垫的空间非均匀性，也就是

$$p_s(x,t)\approx p_1(t)\cos\frac{\pi}{l}\left(x+\frac{l}{2}\right)=-p_1(t)\sin\frac{\pi x}{l}=-\rho_0\tilde{\beta}(t)\sin\frac{\pi x}{l} \tag{2-13}$$

式中把$p_1(t)$记作$\rho_0\tilde{\beta}(t)$是为了使气动力具有与 Faltinsen, Dhanak 等文献相似的表达式，ρ_0是平衡状态下气垫超压为p_0时的气体密度。根据式(2－11)和式(2－13)，气垫的截面平均压力表达式是

$$\bar{p}(x,t)=p_0+p_0\tilde{\alpha}(t)-\rho_0\tilde{\beta}(t)\sin\frac{\pi x}{l} \tag{2-14}$$

在线性化的条件下，气动力近似作简谐脉动，记$\tilde{\alpha}(t)=\mathrm{Re}\{\alpha e^{i\omega t}\}$，$\tilde{\beta}(t)=\mathrm{Re}\{\beta e^{i\omega t}\}$，其中$\alpha$、$\beta$是复幅值，$\omega$是气动力脉动频率(与气垫船遭遇频率相等)，Re 表示取实部，不过根据线性势流理论中约定俗成的做法，可以忽略各表达式中的 Re，仅在提取结果时用上即可。除非特别声明，本书对其他变量也采用这种处理方法。所以，截面平均气压的表达式(2－14)可写成

$$\bar{p}(x,t)=p_0+p_0\alpha e^{i\omega t}-\rho_0\beta e^{i\omega t}\sin\frac{\pi x}{l} \tag{2-15}$$

其中，只有气动力对气垫船运动有贡献，记作

$$\tilde{p}(x,t)=\bar{p}(x,t)-p_0=p_0\alpha e^{i\omega t}-\rho_0\beta e^{i\omega t}\sin\frac{\pi x}{l} \tag{2-16}$$

把式(2－15)代入式(2－6)中，将所得的表达式对 x 积分，再对 t 积分，最后所得的表达式左边为

$$\int dt\int_{-\frac{l}{2}}^{\frac{l}{2}}\left(\frac{\partial^2}{\partial x^2}-\frac{1}{c^2}\frac{\partial^2}{\partial t^2}\right)\left(p_0+p_0\alpha e^{i\omega t}-\rho_0\beta e^{i\omega t}\sin\frac{\pi x}{l}\right)dx=-\frac{i\omega A}{c^2 b}p_0\alpha e^{i\omega t} \tag{2-17}$$

右边为(利用气垫边界条件式(2－1)④(c)(d)(e)式)

$$\begin{aligned}\int dt\int_{-\frac{l}{2}}^{\frac{l}{2}}\left(\frac{\rho}{bh}\int_{-\frac{b}{2}}^{\frac{b}{2}}\left(\frac{dw}{dt}\bigg|_{z=0}^{z=h}\right)dy\right)dx&=\frac{\rho}{bh}\int_{-\frac{l}{2}}^{\frac{l}{2}}\int_{-\frac{b}{2}}^{\frac{b}{2}}\left(w\bigg|_{z=0}^{z=h}\right)dydx\\&=\frac{\rho}{bh}\left(\left(A\dot{\eta}_3-\sum_{i=1}^{N_{in}}q_i^{in}\right)-\left(\int_{-\frac{l}{2}}^{\frac{l}{2}}\int_{-\frac{b}{2}}^{\frac{b}{2}}\dot{\zeta}(x,y,t)dydx-\sum_{i=1}^{2}q_i^{out}\right)\right)\end{aligned} \tag{2-18}$$

由上两式左右两边相等，计及绝热方程((2－1)②式)，得

$$\frac{i\omega hA}{\gamma(p_0+p_a)}p_0\alpha e^{i\omega t}+A\dot{\eta}_3+(Q_{out}-Q_{in})-A\dot{\bar{\zeta}}(t)=0 \tag{2-19}$$

式中　A——气垫湿甲板面积，$A=l\times b$；

Q_{out}——气垫的总泄流流量，$Q_{out}=\sum_{i=1}^{2}q_i^{out}$。

其中　q_1^{out}——艉气封下方的泄流流量；

q_2^{out}——艏气封下方的泄流流量；

Q_{in}——气垫的总注气流量，$Q_{\text{in}} = \sum_{i=1}^{N_{\text{in}}} q_i^{\text{in}}$。

其中 N_{in}——注气孔的个数；

q_i^{in}——第 i 个注气孔的注气流量；

$\dot{\bar{\bar{\zeta}}}(t)$——气垫内自由面的平均垂荡速度。

$$\dot{\bar{\bar{\zeta}}}(t) = \frac{1}{A}\int_{-\frac{l}{2}}^{\frac{l}{2}}\int_{-\frac{b}{2}}^{\frac{b}{2}} \dot{\zeta}(x,y,t)\,\mathrm{d}y\mathrm{d}x \tag{2-20}$$

式(2-19)中还用到了近似 $p+p_a \approx p_0+p_a$，该近似条件成立的依据是 $|p-p_0| \ll |p+p_a|$。

在平衡状态下，气垫的注气流量和泄流流量是相等的，该平衡流量值记作 Q_0，且

$$Q_0 = \sum_{i=1}^{N_{\text{in}}} q_{0i}^{\text{in}} = \sum_{i=1}^{2} q_{0i}^{\text{out}} \tag{2-21}$$

式中 q_{0i}^{in}——第 i 个注气孔在平衡状态下的注气流量；

q_{0i}^{out}——艉气封($i=1$)或艏气封($i=2$)在平衡状态下的泄流流量。

根据假设，气动力是微幅的，那么在各注气孔上，注气流量与注气口处的压力之间的关系可线性化为

$$q_i^{\text{in}} = q_{0i}^{\text{in}} + \tilde{p}(x_i^{\text{in}},t)\left(\frac{\partial q_i^{\text{in}}}{\partial p}\right)_0 \tag{2-22}$$

式中 $(\partial q_i^{\text{in}}/\partial p)_0$——第 i 个注气口压力改变单位值引起的注气流量的变化值；

x_i^{in}——第 i 个注气口的 x 轴坐标。

注意到槽道气垫船的注气孔数目较多(数十个)，且沿船长方向从艉至艏均布在湿甲板上，由式(2-16)和式(2-22)得总注气流量(线性的风机特性方程)

$$Q_{\text{in}} \approx Q_0 + p_0\alpha\mathrm{e}^{\mathrm{i}\omega t}\left(\frac{\partial Q_{\text{in}}}{\partial p}\right)_0 \tag{2-23}$$

式中，$(\partial Q_{\text{in}}/\partial p)_0 = \sum_{i=1}^{N_{\text{in}}} (\partial q_i^{\text{in}}/\partial p)_0$ 表示风机特性参数。式(2-23)的推导过程中用到了关系式

$$\sum_{i=1}^{N_{\text{in}}} (\partial q_i^{\text{in}}/\partial p)_0 \sin(\pi x_i^{\text{in}}/l) \approx 0$$

根据气垫边界条件(2-1)④(f)式，艏艉封下方的泄流流量(艏艉气封下缘与内自由面之间的间隙宽度)的表达式是

$$q_i^{\text{out}} \approx C_{di}\left(h_i + \tilde{\eta}_3 - x_i^{\text{out}}\tilde{\eta}_5 - \int_{-\frac{b}{2}}^{\frac{b}{2}}\zeta(x_i^{\text{out}},y,t)\,\mathrm{d}y\right)b\sqrt{2\bar{p}(x_i^{\text{out}},t)/\rho_0} \tag{2-24}$$

式中，($i=1$ 表示艉气封，$i=2$ 表示艏气封)h_i是平均泄流高度；x_i^{out}表示艏艉气封的 x 轴坐标，$x_1^{\text{out}} = -l/2$，$x_2^{\text{out}} = l/2$；C_{di}是流量系数(coefficient of discharge)，传统上流量系数是用来估算单相流体通过小孔或缝隙流入外界时的实际流量，对于纯空气流动一般取 0.61，然而根据试验观测(如图 2.2 所示)，高速气垫船的泄流往往是气流与水流混合在一起形成的泡沫流(bubbly flow)，泡沫流内部的实际气流量一般小于通过纯气体流量系数计算获得的流量，实际上泡沫流的流量系数应写成$C_{di} = \delta_{ai}C_d$，其中C_d是纯气体的流量系数(根据文献推荐，艏部取 1.0，艉部取 0.61)，δ_{ai}是两相流中气体所占的体积分数(不大于 1)，因而泡沫流C_{di}应

取不大于C_d的数。

(a) (b)

图 2.2 模型试验中气垫泄流图

(a)艏泄流;(b)艉泄流

由式(2-24),可得平衡状态下气垫的泄流流量及艏艉封下方的泄流流量

$$
\begin{cases}
Q_0=(C_{d1}h_1+C_{d2}h_2)b\sqrt{2p_0/\rho_0}=h_0b\sqrt{2p_0/\rho_0} & \text{(a)}\\
q_{01}^{\text{out}}=C_{d1}h_1b\sqrt{2p_0/\rho_0}=\dfrac{C_{d1}h_1}{h_0}Q_0=\tilde{h}_1Q_0 & \text{(b)}\\
q_{02}^{\text{out}}=C_{d2}h_2b\sqrt{2p_0/\rho_0}=\dfrac{C_{d2}h_2}{h_0}Q_0=\tilde{h}_2Q_0 & \text{(c)}
\end{cases}
\tag{2-25}
$$

式中

$$h_0=C_{d1}h_1+C_{d2}h_2,\tilde{h}_1=C_{d1}h_1/h_0,\tilde{h}_2=C_{d2}h_2/h_0$$

把式(2-15)代入式(2-24)中,可以发现式(2-24)是非线性的,不过在气垫泄流是泡沫流、船体运动以及气动力是微幅的假设下,非定常扰动引起的气垫泄流高度变化是小量,式(2-24)可线性化为

$$
q_i^{\text{out}}\approx q_{0i}^{\text{out}}+\left(\frac{\alpha e^{i\omega t}}{2}-\frac{\rho_0\beta e^{i\omega t}}{2p_0}\sin\frac{\pi x_i^{\text{out}}}{l}\right)q_{0i}^{\text{out}}+\frac{(\eta_3-x_i^{\text{out}}\eta_5)q_{0i}^{\text{out}}}{h_i}-\frac{q_{0i}^{\text{out}}\int_{-\frac{b}{2}}^{\frac{b}{2}}\zeta(x_i^{\text{out}},y,t)\mathrm{d}y}{h_i}
\tag{2-26}
$$

式中,右端第一项表示定常的泄流流量,第二项表示因气垫压力改变导致的泄流流量变化,第三项表示因船体运动造成泄流高度变化而导致的泄流流量变化,最后一项表示因内自由面升沉造成泄流高度变化而导致的泄流流量变化。其他更高阶的非线性项在上式中被忽略了。

由式(2-25)和式(2-26)得气垫船的总泄流流量表达式

$$
\begin{aligned}
Q_{\text{out}}\approx{}&Q_0+\frac{\alpha e^{i\omega t}}{2}Q_0+\frac{\rho_0\beta e^{i\omega t}}{2p_0}(\tilde{h}_1-\tilde{h}_2)Q_0+\left(\frac{C_{d1}+C_{d2}}{h_0}\tilde{\eta}_3+\frac{C_{d1}-C_{d2}}{h_0}\frac{l}{2}\tilde{\eta}_5\right)Q_0-\\
&\left(\frac{C_{d1}}{h_0}\bar{\zeta}\left(-\frac{l}{2},t\right)+\frac{C_{d2}}{h_0}\bar{\zeta}\left(\frac{l}{2},t\right)\right)Q_0
\end{aligned}
\tag{2-27}
$$

式中,$\bar{\zeta}(x,t)$表示内自由面在横截面 x 上的平均升高,其表达式为

$$\bar{\zeta}(x,t)=\frac{1}{b}\int_{-\frac{b}{2}}^{\frac{b}{2}}\zeta(x,y,t)\mathrm{d}y \tag{2-28}$$

联立式(2-23)和式(2-27),得到式(2-19)中关于气垫泄流流量与注气流量之差的表达式

$$Q_{\text{out}}-Q_{\text{in}}\approx\left(\frac{Q_0}{2p_0}-\left(\frac{\partial Q_{\text{in}}}{\partial p}\right)_0\right)p_0\alpha\mathrm{e}^{\mathrm{i}\omega t}+\frac{(\tilde{h}_1-\tilde{h}_2)Q_0}{2p_0}\rho_0\beta\mathrm{e}^{\mathrm{i}\omega t}+\frac{(C_{d1}+C_{d2})Q_0}{h_0}\tilde{\eta}_3+$$
$$\frac{l(C_{d1}-C_{d2})Q_0}{2h_0}\tilde{\eta}_5-\frac{C_{d1}Q_0}{h_0}\bar{\zeta}\left(-\frac{l}{2},t\right)-\frac{C_{d2}Q_0}{h_0}\bar{\zeta}\left(\frac{l}{2},t\right) \tag{2-29}$$

类似地,把式(2-15)代入式(2-6)中,将所得的表达式乘以 $\sin(\frac{\pi x}{l})$后对 x 积分,再对 t 积分,整理后可得

$$\frac{Ah}{2\mathrm{i}\omega}\left(\frac{\pi^2}{\rho_0 l^2}-\frac{\omega^2}{\gamma(p_0+p_a)}\right)\rho_0\beta\mathrm{e}^{\mathrm{i}\omega t}+\frac{2Al}{\pi^2}\dot{\tilde{\eta}}_5-\left(\sum_{i=1}^{2}q_i^{\text{out}}\sin\frac{\pi x_i^{\text{out}}}{l}-\sum_{i=1}^{N_{\text{in}}}q_i^{\text{in}}\sin\frac{\pi x_i^{\text{in}}}{l}\right)+A\dot{\hat{\zeta}}(t)=0 \tag{2-30}$$

式(2-30)中,$\dot{\hat{\zeta}}(t)$表示表示气垫内自由面的加权平均升沉速度,记作

$$\dot{\hat{\zeta}}(t)=\frac{1}{A}\int_{-\frac{l}{2}}^{\frac{l}{2}}\int_{-\frac{b}{2}}^{\frac{b}{2}}\dot{\zeta}(x,y,t)\sin\frac{\pi x}{l}\mathrm{d}y\mathrm{d}x \tag{2-31}$$

式(2-30)中,气垫泄流的加权差为

$$\sum_{i=1}^{2}q_i^{\text{out}}\sin\frac{\pi x_i^{\text{out}}}{l}-\sum_{i=1}^{N_{\text{in}}}q_i^{\text{in}}\sin\frac{\pi x_i^{\text{in}}}{l}=\frac{(\tilde{h}_2-\tilde{h}_1)Q_0}{2p_0}p_0\alpha\mathrm{e}^{\mathrm{i}\omega t}+\left(\frac{1}{2}\left(\frac{\partial Q_{\text{in}}}{\partial p}\right)_0-\frac{Q_0}{2p_0}\right)\rho_0\beta\mathrm{e}^{\mathrm{i}\omega t}+$$
$$\frac{(C_{d2}-C_{d1})Q_0}{h_0}\tilde{\eta}_3-\frac{l(C_{d1}+C_{d2})Q_0}{2h_0}\tilde{\eta}_5+$$
$$\frac{C_{d1}Q_0}{h_0}\bar{\zeta}\left(-\frac{l}{2},t\right)-\frac{C_{d2}Q_0}{h_0}\bar{\zeta}\left(\frac{l}{2},t\right) \tag{2-32}$$

式中略去了常数项$(\tilde{h}_2-\tilde{h}_1)Q_0$,该常数项带来的影响被其他静力矩抵消了(否则气垫船将不存在平衡状态);上式的推导过程中还用到了下式

$$\sum_{i=1}^{N_{\text{in}}}\left(\frac{\partial q_i^{\text{in}}}{\partial p}\right)_0\rho_0\beta\mathrm{e}^{\mathrm{i}\omega t}\sin^2\frac{\pi x_i^{\text{in}}}{l}\approx\frac{\rho_0\beta\mathrm{e}^{\mathrm{i}\omega t}}{l}\left(\frac{\partial Q_{\text{in}}}{\partial p}\right)_0\int_{-l/2}^{l/2}\sin^2\frac{\pi x}{l}\mathrm{d}x=\frac{\rho_0\beta\mathrm{e}^{\mathrm{i}\omega t}}{2}\left(\frac{\partial Q_{\text{in}}}{\partial p}\right)_0 \tag{2-33}$$

在线性条件下,气垫船的运动是简谐的,运动表达式可写成

$$\begin{cases}\tilde{\eta}_3=\eta_3\mathrm{e}^{\mathrm{i}\omega t} & \text{(a)}\\ \tilde{\eta}_5=\eta_5\mathrm{e}^{\mathrm{i}\omega t} & \text{(b)}\end{cases} \tag{2-34}$$

联立式(2-19)、式(2-29)、式(2-30)、式(2-32)和式(2-34),可得关于单气室气垫船气动力的方程组

$$
\begin{cases}
\left(\dfrac{\mathrm{i}\omega hA}{\gamma(p_0+p_a)}+\dfrac{Q_0}{2\,p_0}-\left(\dfrac{\partial Q_{\mathrm{in}}}{\partial p}\right)_0\right)p_0\alpha\mathrm{e}^{\mathrm{i}\omega t}+\dfrac{(\tilde{h}_1-\tilde{h}_2)Q_0}{2\,p_0}\rho_0\beta\mathrm{e}^{\mathrm{i}\omega t}=-\dfrac{l(C_{d1}-C_{d2})Q_0}{2\,h_0}\eta_5\mathrm{e}^{\mathrm{i}\omega t}- \\
\left(\dfrac{(C_{d1}+C_{d2})Q_0}{h_0}+\mathrm{i}\omega A\right)\eta_3\mathrm{e}^{\mathrm{i}\omega t}+A\,\dot{\bar{\bar{\zeta}}}(t)+\dfrac{C_{d1}Q_0}{h_0}\bar{\zeta}\left(-\dfrac{l}{2},t\right)+\dfrac{C_{d2}Q_0}{h_0}\bar{\zeta}\left(\dfrac{l}{2},t\right) \quad \text{(a)} \\
\dfrac{(\tilde{h}_1-\tilde{h}_2)Q_0}{2\,p_0}p_0\alpha\mathrm{e}^{\mathrm{i}\omega t}+\left(\dfrac{Ah}{2i\omega}\left(\dfrac{\pi^2}{\rho_0 l^2}-\dfrac{\omega^2}{\gamma(p_0+p_a)}\right)+\dfrac{Q_0}{2\,p_0}-\dfrac{1}{2}\left(\dfrac{\partial Q_{\mathrm{in}}}{\partial p}\right)_0\right)\rho_0\beta\mathrm{e}^{\mathrm{i}\omega t} \\
=\dfrac{(C_{d2}-C_{d1})Q_0}{h_0}\eta_3\mathrm{e}^{\mathrm{i}\omega t}-\left(\dfrac{l(C_{d1}+C_{d2})Q_0}{2\,h_0}+\mathrm{i}\omega\dfrac{2Al}{\pi^2}\right)\eta_5\mathrm{e}^{\mathrm{i}\omega t}-A\,\dot{\hat{\zeta}}(t)+ \\
\dfrac{C_{d1}Q_0}{h_0}\bar{\zeta}\left(-\dfrac{l}{2},t\right)-\dfrac{C_{d2}Q_0}{h_0}\bar{\zeta}\left(\dfrac{l}{2},t\right) \quad \text{(b)}
\end{cases}
\tag{2-35}
$$

方程组(2－35)中 α、β 是气动力中的两个未知数；η_3、η_5是气垫船的垂荡和纵摇运动复幅值，目前也是未知的；未知变量 $\dot{\bar{\bar{\zeta}}}(t)$、$\dot{\hat{\zeta}}(t)$、$\bar{\zeta}(\pm l/2,t)$ 均与内自由面非定常兴波（含入射波）$\zeta(x,y,t)$ 相关，需要从下文的气垫船水动力模型中求得；其他参数，如 Q_0、p_0、$(\partial Q_{\mathrm{in}}/\partial p)_0$等，可从试验中获得，而$C_{di}$、$\tilde{h}_i\,(i=1,2)$ 则可根据经验或从试验中总结得到。因此，要求解气垫气动力和船体运动，需要先求解气垫船运动方程（1－1）与气动力方程（2－35）中的相关水动力参数（$F_{3,5}^{R}$，$F_{3,5}^{W}$，ζ），再联立方程（1－1）与（2－35）求解气垫船的运动响应（η_3，η_5）与气动力相关系数（α，β）。

本书所建立的单气室气垫船气动力模型与 Sørensen 和 Egelands、Faltinsen、Dhanak 等文献中同样由一维波动方程导出的单气室气垫船气动力模型相比，主要改进（或不同）之处在于：

（1）Sørensen、Egelands、Faltinsen、Dhanak 所建立的气动力模型中均不考虑内自由面除入射波外的非定常兴波和船体运动引起的泄流面积变化对气垫泄流流量的影响，而本书的模型则考虑了这一影响。

（2）Sørensen、Egelands、Faltinsen、Dhanak 所建立的气动力模型中，只涉及纯气体泄流问题，而本书的气动力模型则针对气垫船艏艉封下方的实际泄流性状（泡沫流）提出了对泄流流量系数进行修正的方案（在纯气体流量系数上再乘以气体体积分数）。这一修正可以使气动力模型更真实地反映气垫泄流的物理过程，也有助于解释对气垫泄流进行线性化的合理性（实际泄流高度足够大以至于船体运动和内自由面兴波满足微幅的假设）。

（3）Sørensen、Egelands、Faltinsen、Dhanak 所建立的气动力模型考虑的是相对简单的单孔注气，而本书建立的是分布式注气（槽道气垫船的注气方式）的气垫气动力模型。

2.2.2 空间均匀分布的双气室气动力模型

研究人员发现对气垫进行分割可以减小气垫船的越峰阻力，因而大部分现役的或在研的气垫船其气垫实际上都不是单气室的，而是被分割成若干个气室，且各气室内的平均气垫压力可以不同。气垫分割的方案有“十”字形分割（分割成 4 个气室）、“T”字形分割（分割成 3 个气室）和“一”字形分割（分割成前后 2 个气室）等，其中“一”字形分割最常见。与单气室气垫相比，多气室气垫的气动力相对复杂，因为各气室之间由于压力差也存在泄流。

目前公开发表的采用满足一维波动方程的气动力模型的气垫船运动的研究工作中,考虑的都是单气室气垫的情形,还没有发现基于一维波动方程研究多气室气垫气动力的工作,因而把上节的单气室气垫的气动力模型扩展到多气室气垫上十分有意义且有工程应用价值。限于篇幅,本节仅对最常见的双气室气垫("一"字形分割的气垫)的气动力进行研究(如图2.3所示),其他种类的分割可以采用类似的方法处理。

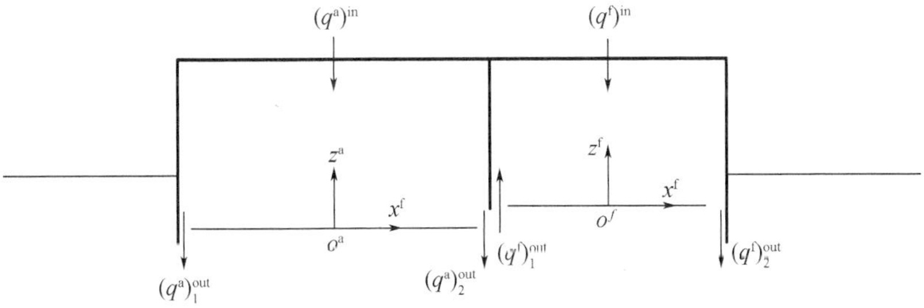

图 2.3 双气室气垫船纵剖面示意图

为了方便描述,下面以符号f^{f}、f^{a}分别表示前、后气室内的任一物理量f,以符号$f^{\mathrm{f,a}}$表示f^{f}、f^{a}中的任一项。假设前、后气室的纵向坐标区间分别为$[x^{\mathrm{t}}, l/2]$,$[-l/2, x^{\mathrm{t}}]$,记$l^{\mathrm{f}} = l/2 - x^{\mathrm{t}}$,$l^{\mathrm{a}} = l/2 + x^{\mathrm{t}}$分别为前、后气室的长度。显然,对于气室超压力$p^{\mathrm{f}}$、$p^{\mathrm{a}}$,都可以建立起类似式(2-1)的气动力边值问题,只是对于泄流条件(2-1)④(f),前气室应改写成

$$\begin{cases} w^{\mathrm{f}} = -\operatorname{sgn}(p^{\mathrm{f}} - p^{\mathrm{a}})\sqrt{2\,|p^{\mathrm{f}} - p^{\mathrm{a}}|/\rho^{\mathrm{f}}}, & x = x^{\mathrm{t}}, z = 0 \quad (\mathrm{a}) \\ w^{\mathrm{f}} = -\sqrt{2\,p^{\mathrm{f}}/\rho^{\mathrm{f}}}, & x = \dfrac{l}{2}, z = 0 \quad (\mathrm{b}) \end{cases} \tag{2-36}$$

而后气室应改写成

$$\begin{cases} w^{\mathrm{a}} = -\operatorname{sgn}(p^{\mathrm{a}} - p^{\mathrm{f}})\sqrt{2\,|p^{\mathrm{a}} - p^{\mathrm{f}}|/\rho^{\mathrm{a}}}, & x = x^{\mathrm{t}}, z = 0 \quad (\mathrm{a}) \\ w^{\mathrm{a}} = -\sqrt{2\,p^{\mathrm{a}}/\rho^{\mathrm{a}}}, & x = -\dfrac{l}{2}, z = 0 \quad (\mathrm{b}) \end{cases} \tag{2-37}$$

为了使上一小节所推导的单气室气动力模型能直接移植到本小节中,需对前后气室分别进行坐标变换,从原全局坐标系$o-xyz$(假设原点o的z坐标等于外自由面高度)分别变换到局部坐标系$o^{\mathrm{f}}-x^{\mathrm{f}}y^{\mathrm{f}}z^{\mathrm{f}}$,$o^{\mathrm{a}}-x^{\mathrm{a}}y^{\mathrm{a}}z^{\mathrm{a}}$中,坐标变换关系分别为

$$\begin{cases} x^{\mathrm{f}} = x - \dfrac{l}{4} - \dfrac{x^{\mathrm{t}}}{2}, y^{\mathrm{f}} = y, z^{\mathrm{f}} = z + \dfrac{p_0^{\mathrm{f}}}{\rho_{\mathrm{w}} g} \quad (\mathrm{a}) \\ x^{\mathrm{a}} = x + \dfrac{l}{4} - \dfrac{x^{\mathrm{t}}}{2}, y^{\mathrm{a}} = y, z^{\mathrm{a}} = z + \dfrac{p_0^{\mathrm{a}}}{\rho_{\mathrm{w}} g} \quad (\mathrm{b}) \end{cases} \tag{2-38}$$

式中 ρ_{w}——水的密度;

g——重力加速度。

通过上述变换,可以使前后气室在各自的局部坐标系内的纵向坐标区间分别为$[-l^{\mathrm{f}}/2, l^{\mathrm{f}}/2]$,$[-l^{\mathrm{a}}/2, l^{\mathrm{a}}/2]$。

另外,由于前后两气室中的气动力不同,对气垫船的垂荡(纵摇)运动起主要影响作用的应是各气室气动力中的空间均匀压力项之和(之差),而更高阶的空间非均匀压力项对船体运动的影响相对较弱,可以忽略。因此,前后两气室中的截面平均压力和气动力可分别

写成

$$\bar{p}^{\mathrm{f,a}}(t)=p_0^{\mathrm{f,a}}+p_0^{\mathrm{f,a}}\alpha^{\mathrm{f,a}}\mathrm{e}^{\mathrm{i}\omega t} \tag{2-39}$$

$$\tilde{p}^{\mathrm{f,a}}(t)=p_0^{\mathrm{f,a}}\alpha^{\mathrm{f,a}}\mathrm{e}^{\mathrm{i}\omega t} \tag{2-40}$$

完成上述预处理工作后，可以通过与上一小节类似的步骤，分别就前后气室得出与(2－19)相似的气动力方程

$$\begin{cases}\dfrac{\mathrm{i}\omega\, h^{\mathrm{f}}A^{\mathrm{f}}}{\gamma(p_0^{\mathrm{f}}+p_a)}p_0^{\mathrm{f}}\alpha^{\mathrm{f}}\mathrm{e}^{\mathrm{i}\omega t}+A^{\mathrm{f}}\dot{\tilde{\eta}}_3+(Q_{\mathrm{out}}^{\mathrm{f}}-Q_{\mathrm{in}}^{\mathrm{f}})-A^{\mathrm{f}}\dot{\bar{\bar{\zeta}}}^{\mathrm{f}}(t)=0 & \text{(a)}\\ \dfrac{\mathrm{i}\omega\, h^{\mathrm{a}}A^{\mathrm{a}}}{\gamma(p_0^{\mathrm{a}}+p_a)}p_0^{\mathrm{a}}\alpha^{\mathrm{a}}\mathrm{e}^{\mathrm{i}\omega t}+A^{\mathrm{a}}\dot{\tilde{\eta}}_3+(Q_{\mathrm{out}}^{\mathrm{a}}-Q_{\mathrm{in}}^{\mathrm{a}})-A^{\mathrm{a}}\dot{\bar{\bar{\zeta}}}^{\mathrm{a}}(t)=0 & \text{(b)}\end{cases} \tag{2-41}$$

式中 $A^{\mathrm{f,a}}$——前后气室的湿甲板面积；

$h^{\mathrm{f,a}}$——前后气室的平均高度；

$Q_{\mathrm{out}}^{\mathrm{f,a}}$——前后气室的泄流量，$Q_{\mathrm{out}}^{\mathrm{f,a}}=\sum\limits_{i=1}^{2}(q^{\mathrm{f,a}})_i^{\mathrm{out}}$；

$Q_{\mathrm{in}}^{\mathrm{f,a}}$——前后气室的注气流量，$Q_{\mathrm{in}}^{\mathrm{f,a}}=\sum\limits_{i=1}^{N_{\mathrm{in}}^{\mathrm{f,a}}}(q^{\mathrm{f,a}})_i^{\mathrm{in}}$，其中，$N_{\mathrm{in}}^{\mathrm{f,a}}$是注气孔数目，对于带气室分割的气垫船，一般采用的是集中注气的方式，仅在每个气室的湿甲板中部布置一个注气孔，即$N_{\mathrm{in}}^{\mathrm{f,a}}=1$，$Q_{\mathrm{in}}^{\mathrm{f,a}}=(q^{\mathrm{f,a}})^{\mathrm{in}}$（忽略气封的注气流量）；

$\dot{\bar{\bar{\zeta}}}^{\mathrm{f,a}}(t)$在局部坐标系下的表达式与式(2－20)相同，但应变回全局坐标系下计算，即

$$\begin{cases}\dot{\bar{\bar{\zeta}}}^{\mathrm{f}}(t)=\dfrac{1}{A}\displaystyle\int_{x^{\mathrm{t}}}^{\frac{l}{2}}\int_{-\frac{b}{2}}^{\frac{b}{2}}\dot{\zeta}(x,y,t)\,\mathrm{d}y\mathrm{d}x & \text{(a)}\\ \dot{\bar{\bar{\zeta}}}^{\mathrm{a}}(t)=\dfrac{1}{A}\displaystyle\int_{-\frac{l}{2}}^{x^{\mathrm{t}}}\int_{-\frac{b}{2}}^{\frac{b}{2}}\dot{\zeta}(x,y,t)\,\mathrm{d}y\mathrm{d}x & \text{(b)}\end{cases} \tag{2-42}$$

设气垫的艏气封、分割气封、艉气封处的流量系数分别为C_d^{f}、C_d^{t}、C_d^{a}，泄流高度分别为h^{f}、h^{t}、h^{a}，则式(2－41)中前后气室的泄流流量可写成

$$\begin{cases}(q^{\mathrm{f}})_1^{\mathrm{out}}=C_d^{\mathrm{t}}(h^{\mathrm{t}}+\tilde{\eta}_3-x^{\mathrm{t}}\tilde{\eta}_5-\bar{\zeta}(x^{\mathrm{t}},t))b\cdot\mathrm{sgn}(p^{\mathrm{f}}-p^{\mathrm{a}})\sqrt{2\left|p^{\mathrm{f}}-p^{\mathrm{a}}\right|/\rho_0^{\mathrm{f}}} & \text{(a)}\\ (q^{\mathrm{f}})_2^{\mathrm{out}}=C_d^{\mathrm{f}}\left(h^{\mathrm{f}}+\tilde{\eta}_3-\dfrac{l\,\tilde{\eta}_5}{2}-\bar{\zeta}\left(\dfrac{l}{2},t\right)\right)b\sqrt{2p^{\mathrm{f}}/\rho_0^{\mathrm{f}}} & \text{(b)}\\ (q^{\mathrm{a}})_1^{\mathrm{out}}=C_d^{\mathrm{a}}\left(h^{\mathrm{a}}+\tilde{\eta}_3+\dfrac{l\,\tilde{\eta}_5}{2}-\bar{\zeta}\left(-\dfrac{l}{2},t\right)\right)b\sqrt{2p^{\mathrm{a}}/\rho_0^{\mathrm{a}}} & \text{(c)}\\ (q^{\mathrm{a}})_2^{\mathrm{out}}=C_d^{\mathrm{t}}(h^{\mathrm{t}}+\tilde{\eta}_3-x^{\mathrm{t}}\tilde{\eta}_5-\bar{\zeta}(x^{\mathrm{t}},t))b\cdot\mathrm{sgn}(p^{\mathrm{a}}-p^{\mathrm{f}})\sqrt{2\left|p^{\mathrm{a}}-p^{\mathrm{f}}\right|/\rho_0^{\mathrm{a}}} & \text{(d)}\end{cases} \tag{2-43}$$

或者写成线性化的形式

$$
\begin{cases}
(q^{f})_1^{out}\approx(q_0^{f})_1^{out}\left\{1+\dfrac{(p_0^{f}\alpha^{f}-p_0^{a}\alpha^{a})e^{i\omega t}}{2(p_0^{f}-p_0^{a})}+\dfrac{(\eta_3-x^{t}\eta_5)e^{i\omega t}}{h^{t}}-\dfrac{\bar{\zeta}(x^{t},t)}{h^{t}}\right\} & (a)\\
(q^{f})_2^{out}\approx(q_0^{f})_2^{out}\left\{1+\dfrac{\alpha^{f}e^{i\omega t}}{2}+\dfrac{\left(\eta_3-\dfrac{l}{2}\eta_5\right)e^{i\omega t}}{h^{f}}-\dfrac{\bar{\zeta}\left(\dfrac{l}{2},t\right)}{h^{f}}\right\} & (b)\\
(q^{a})_1^{out}\approx(q_0^{a})_1^{out}\left\{1+\dfrac{\alpha^{a}e^{i\omega t}}{2}+\dfrac{\left(\eta_3+\dfrac{l}{2}\eta_5\right)e^{i\omega t}}{h^{a}}-\dfrac{\bar{\zeta}\left(-\dfrac{l}{2},t\right)}{h^{a}}\right\} & (c)\\
(q^{a})_2^{out}\approx(q_0^{a})_2^{out}\left\{1+\dfrac{(p_0^{a}\alpha^{a}-p_0^{f}\alpha^{f})e^{i\omega t}}{2(p_0^{a}-p_0^{f})}+\dfrac{(\eta_3-x^{t}\eta_5)e^{i\omega t}}{h^{t}}-\dfrac{\bar{\zeta}(x^{t},t)}{h^{t}}\right\} & (d)
\end{cases}
\tag{2-44}
$$

式(2－44)中的几个定常泄流项可由下式计算

$$
\begin{cases}
(q_0^{f})_1^{out}=C_d^{t}h^{t}b\cdot \mathrm{sgn}(p_0^{f}-p_0^{a})\sqrt{2\,|p_0^{f}-p_0^{a}|/\rho_0^{f}} & (a)\\
(q_0^{f})_2^{out}=C_d^{f}h^{f}b\sqrt{2\,p_0^{f}/\rho_0^{f}} & (b)\\
(q_0^{a})_1^{out}=C_d^{a}h^{a}b\sqrt{2\,p_0^{a}/\rho_0^{a}} & (c)\\
(q_0^{a})_2^{out}=C_d^{t}h^{t}b\cdot \mathrm{sgn}(p_0^{a}-p_0^{f})\sqrt{2\,|p_0^{a}-p_0^{f}|/\rho_0^{a}} & (d)
\end{cases}
\tag{2-45}
$$

另一方面,前后气室的注气应有表达式

$$
\begin{cases}
Q_{in}^{f}=(q^{f})^{in}=(q_0^{f})^{in}+\tilde{p}^{f}(t)\left(\dfrac{\partial Q_{in}^{f}}{\partial p}\right)_0 & (a)\\
Q_{in}^{a}=(q^{a})^{in}=(q_0^{a})^{in}+\tilde{p}^{a}(t)\left(\dfrac{\partial Q_{in}^{a}}{\partial p}\right)_0 & (b)
\end{cases}
\tag{2-46}
$$

式(2－46)中

$$
\begin{cases}
(q_0^{f})^{in}=(q_0^{f})_1^{out}+(q_0^{f})_2^{out} & (a)\\
(q_0^{a})^{in}=(q_0^{a})_1^{out}+(q_0^{a})_2^{out} & (b)
\end{cases}
\tag{2-47}
$$

综上,由式(2－41)、式(2－43)和式(2－46),得含非线性泄流的气动力方程

$$
\begin{cases}
\dfrac{h^{f}A^{f}\dot{\tilde{p}}^{f}(t)}{\gamma(p_0^{f}+p_a)}-\left(\dfrac{\partial Q_{in}^{f}}{\partial p}\right)_0\tilde{p}^{f}(t)+\tilde{H}\left[h^{f}+\tilde{\eta}_3-\dfrac{l\,\tilde{\eta}_5}{2}-\bar{\zeta}\left(\dfrac{l}{2},t\right)\right]C_d^{f}b\sqrt{\dfrac{2(p_0^{f}+\tilde{p}^{f}(t))}{\rho_0^{f}}}+ \\
\tilde{H}\{h^{t}+\tilde{\eta}_3-x^{t}\tilde{\eta}_5-\bar{\zeta}(x^{t},t)\}C_d^{t}b\cdot \mathrm{sgn}(p_0^{f}+\tilde{p}^{f}(t)-p_0^{a}-\tilde{p}^{a}(t))\cdot \\
\sqrt{\dfrac{2\,|p_0^{a}+\tilde{p}^{a}(t)-p_0^{f}-\tilde{p}^{f}(t)|}{p_0^{a}}}+A^{f}(\dot{\tilde{\eta}}_3-\dot{\bar{\zeta}}^{f}(t))-(q_0^{f})^{in}=0 & (a)\\
\dfrac{h^{a}A^{a}\dot{\tilde{p}}^{a}(t)}{\gamma(p_0^{a}+p_a)}-\left(\dfrac{\partial Q_{in}^{a}}{\partial p}\right)_0\tilde{p}^{a}(t)+\tilde{H}\left[h^{a}+\tilde{\eta}_3+\dfrac{l\,\tilde{\eta}_5}{2}-\bar{\zeta}\left(\dfrac{-l}{2},t\right)\right]C_d^{a}b\sqrt{\dfrac{2(p_0^{f}+\tilde{p}^{f}(t))}{\rho_0^{f}}}+ \\
\tilde{H}\{h^{t}+\tilde{\eta}_3-x^{t}\tilde{\eta}_5-\bar{\zeta}(x^{t},t)\}C_d^{t}b\cdot \mathrm{sgn}(p_0^{a}+\tilde{p}^{a}(t)-p_0^{f}-\tilde{p}^{f}(t))\cdot \\
\sqrt{\dfrac{2\,|p_0^{a}+\tilde{p}^{a}(t)-p_0^{f}-\tilde{p}^{f}(t)|}{p_0^{a}}}+A^{a}(\dot{\tilde{\eta}}_3-\dot{\bar{\zeta}}^{a}(t))-(q_0^{a})^{in}=0 & (b)
\end{cases}
\tag{2-48}
$$

式中

$$\widetilde{H}\{x\}=\begin{cases}x, & x>0\\ 0, & x\leqslant 0\end{cases}$$

或者由式(2－41)、式(2－44)和式(2－46),并计及式(2－47),得线性化的气动力方程

$$\begin{cases}p_0^{\mathrm{f}}\alpha^{\mathrm{f}}\mathrm{e}^{\mathrm{i}\omega t}\left(\dfrac{\mathrm{i}\omega\, h^{\mathrm{f}}A^{\mathrm{f}}}{\gamma(p_0^{\mathrm{f}}+p_a)}+\dfrac{(q_0^{\mathrm{f}})_2^{\mathrm{out}}}{2\,p_0^{\mathrm{f}}}+\dfrac{(q_0^{\mathrm{f}})_1^{\mathrm{out}}}{2(p_0^{\mathrm{f}}-p_0^{\mathrm{a}})}-\left(\dfrac{\partial Q_{\mathrm{in}}^{\mathrm{f}}}{\partial p}\right)_0\right)-p_0^{\mathrm{a}}\alpha^{\mathrm{a}}\mathrm{e}^{\mathrm{i}\omega t}\dfrac{(q_0^{\mathrm{f}})_1^{\mathrm{out}}}{2(p_0^{\mathrm{f}}-p_0^{\mathrm{a}})}= \\ -\left(\dfrac{(q_0^{\mathrm{f}})_2^{\mathrm{out}}}{h^{\mathrm{f}}}+\dfrac{(q_0^{\mathrm{f}})_1^{\mathrm{out}}}{h^{\mathrm{t}}}+\mathrm{i}\omega A^{\mathrm{f}}\right)\eta_3\mathrm{e}^{\mathrm{i}\omega t}+\left(\dfrac{l(q_0^{\mathrm{f}})_2^{\mathrm{out}}}{2\,h^{\mathrm{f}}}+\dfrac{x^{\mathrm{t}}(q_0^{\mathrm{f}})_1^{\mathrm{out}}}{h^{\mathrm{t}}}\right)\eta_5\mathrm{e}^{\mathrm{i}\omega t}+ \qquad (\mathrm{a}) \\ A^{\mathrm{f}}\dot{\bar{\bar{\zeta}}}^{\mathrm{f}}(t)+\dfrac{(q_0^{\mathrm{f}})_2^{\mathrm{out}}}{h^{\mathrm{f}}}\bar{\zeta}\left(\dfrac{l}{2},t\right)+\dfrac{(q_0^{\mathrm{f}})_1^{\mathrm{out}}}{h^{\mathrm{t}}}\bar{\zeta}(x^{\mathrm{t}},t) \\ p_0^{\mathrm{a}}\alpha^{\mathrm{a}}\mathrm{e}^{\mathrm{i}\omega t}\left(\dfrac{\mathrm{i}\omega\, h^{\mathrm{a}}A^{\mathrm{a}}}{\gamma(p_0^{\mathrm{a}}+p_a)}+\dfrac{(q_0^{\mathrm{a}})_1^{\mathrm{out}}}{2\,p_0^{\mathrm{a}}}+\dfrac{(q_0^{\mathrm{a}})_2^{\mathrm{out}}}{2(p_0^{\mathrm{a}}-p_0^{\mathrm{f}})}-\left(\dfrac{\partial Q_{\mathrm{in}}^{\mathrm{a}}}{\partial p}\right)_0\right)-p_0^{\mathrm{f}}\alpha^{\mathrm{f}}\mathrm{e}^{\mathrm{i}\omega t}\dfrac{(q_0^{\mathrm{a}})_2^{\mathrm{out}}}{2(p_0^{\mathrm{a}}-p_0^{\mathrm{f}})}= \\ -\left(\dfrac{(q_0^{\mathrm{a}})_1^{\mathrm{out}}}{h^{\mathrm{a}}}+\dfrac{(q_0^{\mathrm{a}})_2^{\mathrm{out}}}{h^{\mathrm{t}}}+\mathrm{i}\omega A^{\mathrm{a}}\right)\eta_3\mathrm{e}^{\mathrm{i}\omega t}-\left(\dfrac{l(q_0^{\mathrm{a}})_1^{\mathrm{out}}}{2\,h^{\mathrm{a}}}-\dfrac{x^{\mathrm{t}}(q_0^{\mathrm{a}})_2^{\mathrm{out}}}{h^{\mathrm{t}}}\right)\eta_5\mathrm{e}^{\mathrm{i}\omega t}+ \qquad (\mathrm{b}) \\ A^{\mathrm{a}}\dot{\bar{\bar{\zeta}}}^{\mathrm{a}}(t)+\dfrac{(q_0^{\mathrm{a}})_1^{\mathrm{out}}}{h^{\mathrm{a}}}\bar{\zeta}\left(-\dfrac{l}{2},t\right)+\dfrac{(q_0^{\mathrm{a}})_2^{\mathrm{out}}}{h^{\mathrm{t}}}\bar{\zeta}(x^{\mathrm{t}},t)\end{cases}$$

(2－49)

式(2－48)是泄流非线性的双气室气垫船的气动力方程,而式(2－49)则是完全线性的双气室气垫船的气动力方程。这两种气动力模型均包含两个方程及α^{f}、α^{a}两个气动力未知数(分别对应于前后气室的气动力),α^{f}、α^{a}不是相互独立的,而是通过分割气封下方的泄流联系起来,同时又都与船体运动相关。与上节的单气室气动力模型相似,双气室气动力也需要与船体运动联立求解,且需要事先确定方程中的水动力参数。

本小节所推导出的双气室气动力模型与上小节的单气室气动力模型的最大区别在于气动力表达式的不同:本小节的气动力仅含空间均匀项,而上小节的气动力除了空间均匀项外还包含一项空间非均匀项。从气动力方程(2－48)或方程(2－49)中可以看出,空间均匀的气动力模型实际上并没有考虑泄流或注气在气垫内的位置对气动力的影响。事实上,基于一维波动方程所导出的空间均匀的气动力模型与传统基于连续性方程导出的空间均匀的气动力模型是等价的,具体的证明过程可参见附录 A。不过,基于一维波动方程的气动力模型的优势在于具有良好的扩展性,可以根据需要扩展气动力表达式使之包含 1 项或多项空间非均匀项,但同时也会造成气动力方程数目(对于双气室气动力问题,每增加 1 项空间非均匀项,气动力方程数目增加 2 个)和方程求解计算量的增加。

2.3 零航速双气室气垫船 T - craft 的运动预报

由于气垫船的特殊性,研究气垫船耐波性运动的公开文献中很少给出气垫船包含型线的完整资料。在公开文献中,仅双气室的表面效应船 T - craft 具有相对完整的信息。本节将以零航速 T - craft 为算例,验证所发展的气垫气动力模型,评估气动力模型中泄流的线性化对运动预报结果的影响,并就侧体水动力对运动性能的影响进行分析。

2.3.1 T - craft 的船型参数

T - craft(可变形船)是美国海军研究署(ONR)近年来资助研究的一种新型气垫船。T - craft可以在表面效应船(SES)和全垫升气垫船(ACV)之间来回切换:在深海中,T - craft 可以以 SES 的形式高效航行,而在浅水中或登陆时,T - craft 可以变成 ACV 无障碍航行。T - craft的主要功能是作为海上连接器,从海上基地运送登陆部队或物资到海滩上。

图 2.4 是相关文献给出的 T - craft 型线图,表 2.1 是 T - craft 的主要参数,更多的船型信息可参考文献。T - craft 在规则波下运动的试验数据中,零航速迎浪的工况在各文献的研究中用得较多,所以本节也主要研究零航速或低航速工况下 T - craft 的运动,以便于同各文献结果进行对比。表 2.2 是 T - craft 在零航速规则波下的试验工况。实际上,气垫船的气动力受航速的影响很小,零航速或低航速的工况就足以对比验证上节所建立的气动力模型了。

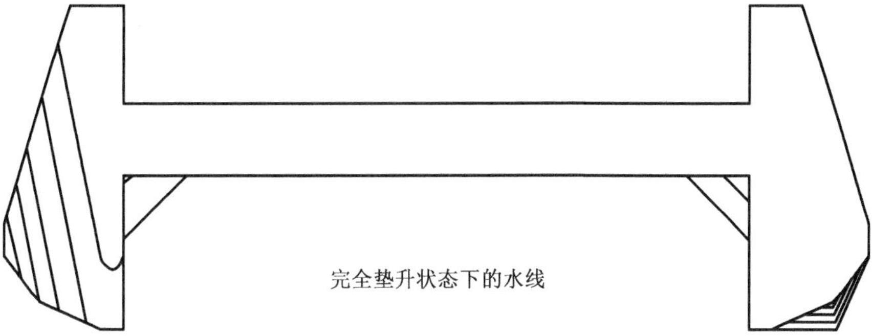

图 2.4 T - craft 型线图

表 2.1 T - craft 的主要参数

参数(符号)	模型/m	实船/m	参数(符号)	模型	实船
总长(L)	2.52	76.35	重心距艉(x_g)	1.232 m	37.3 m
型宽(B)	0.737	22.25	气垫排水量(Δ_a)	32.3 kg	889 t
气垫长(l)	2.23	67.14	侧体排水量(Δ_s)	21.7 kg	598 t
气垫宽(b)	0.546	16.5	总排水量(Δ)	54 kg	1 487 t

表 2.1(续)

参数(符号)	模型/m	实船/m	参数(符号)	模型	实船
气垫高(h)	0.088	2.66	前气室长度(l^{f})	1.07 m	32.215 m
垫升内吃水(T_{c}^{on})	0.044	1.33	后气室长度(l^{a})	1.16 m	34.925 m
非垫升吃水(T^{off})	0.13	3.93	前气室均压(p_{0}^{f})	220.61 Pa	6 664.6 Pa
纵摇回转半径(k)	0.717	21.714	后气室均压(p_{0}^{a})	296.44 Pa	8 955.5 Pa

表 2.2 T－craft 的零航速耐波性试验工况

频率(f_0/Hz)	波长船长比(λ/L)	波幅船长比(ζ_0/L)	频率(f_0/Hz)	波长船长比(λ/L)	波幅船长比(ζ_0/L)
0.35	5.0	0.039 7	0.7	1.25	0.01
0.437	3.2	0.025 4	0.787	0.986	0.007 8
0.525	2.22	0.017 6	0.875	0.8	0.006 3
0.612	1.63	0.013	0.962	0.66	0.005 2

2.3.2 泄流线性化对 T－craft 运动预报结果的影响

由于所研究的 T－craft 航速较低,基于传统的切片法即可取得良好的水动力预报效果,所以本节采用 STF 法预报 T－craft 的侧体水动力(忽略气垫船的内外自由面高度差对水动力的影响,也忽略艏艉封的水动力),同时使用本章中所建立的双气室气动力模型预报 T－craft 的气垫气动力。双气室气动力模型中的内自由面非定常兴波仅考虑沿 x 轴负向传播的入射波(其他兴波成分在本章中忽略),即

$$\zeta(x,y,t)\approx\zeta_0 e^{i(\omega t+k_0x)} \tag{2-50}$$

式中,ζ_0为入射波波幅,k_0为波数。

根据数值实验结果,发现气垫泄流系数取$C_d^{f}=C_d^{a}=C_d^{t}=0.25$时能取得相对较好的预报结果,所以下文的计算中泄流系数均取 0.25(严格说来泄流系数应从试验中测量获得,由于实际测量的困难该系数目前只能通过经验获得)。

联立气垫船运动方程式(1－1)和气动力方程式(2－48)(非线性泄流模型)或式(2－49)(线性泄流模型),计及内自由面入射波式(2－50),可得 T－craft 无量纲的垂荡响应($|\eta_3/\zeta_0|$)(图 2.5)、纵摇响应($|\eta_5/\zeta_0|$)(图 2.6)。在解上述方程组时,线性泄流模型在频域内直接求解线性代数方程组;非线性泄流模型在时域内通过四阶－五阶 Runge－Kutta 算法求解常微分方程组,非线性泄流模型的结果是通过傅里叶变换取与遭遇频率对应的频率点的幅值所得的。

图 2.5 和图 2.6 中的“Present:nonlinear”和“Present:linear”分别表示本书所发展的非线性和线性模型的结果,“ACVSIM”是 Connell 等通过软件 ACVSIM 仿真得到的结果,“CFDShip－Iowa”是 Bhushan 等通过软件 CFDShip－Iowa 仿真得到的结果,“EFD”是 Bishop 等给出的试验结果。

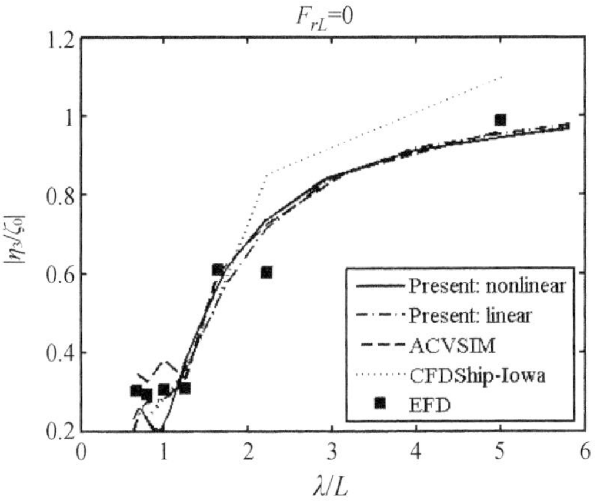

图 2.5 T - craft 的垂荡运动响应图

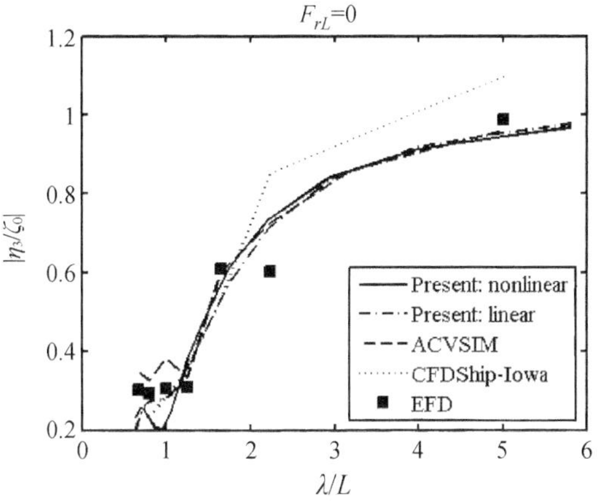

图 2.6 T - craft 的纵摇运动响应

从图 2.5 和图 2.6 可以看出，ACVSIM 和 CFDShip - Iowa 的仿真结果与试验结果吻合得相当好，其中 ACVSIM 采用了三维非均匀气动力模型，而 CFDShip - Iowa 用的是空间均匀气动力模型，由此说明均匀和非均匀气动力模型都适用于零航速 T - craft 的运动响应预报。本书所发展的两种模型在垂荡运动预报上均取得良好的结果，但在纵摇运动的预报上，两种模型给出的预报结果在长波段都偏小，这可能是因为两种模型都没有考虑内外自由面高度差、内自由面兴波及艏艉封水动力等因素。值得注意的是，非线性泄流模型的纵摇预报结果略优于线性模型。

图 2.7 至图 2.10 分别给出了线性和非线性模型在波长船长比（λ/L）为 1.25 和 5 时 T - craft的垂荡、纵摇、前、后气室压力的时历曲线。从图中可以看出在短波（$\lambda/L=1.25$）中，非线性模型呈现出显著的非线性效应，其中 T - craft 的运动时历曲线呈现较为明显的尖峰/谷，前后气室的气垫压力（气动力）在随波浪频率脉动的同时还产生了高频振荡的现象。而在长波（$\lambda/L=5$）中，非线性模型的非线性效应则相对不明显，T - craft 的运动和气垫气动力中线性成分占主导地位。

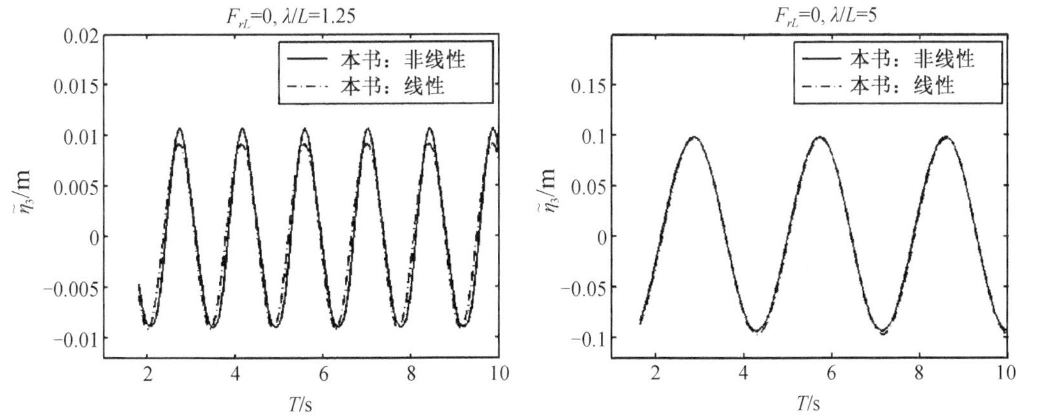

图 2.7 T - craft 的垂荡运动时历曲线

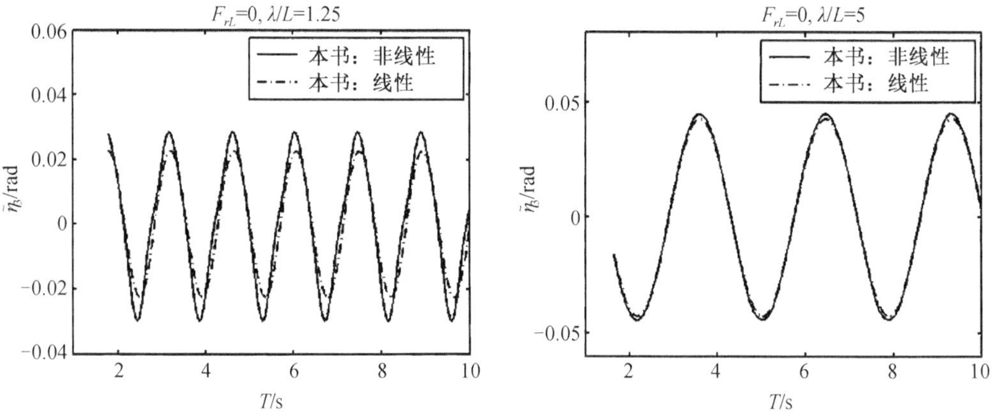

图 2.8　T - craft 的纵摇运动时历曲线

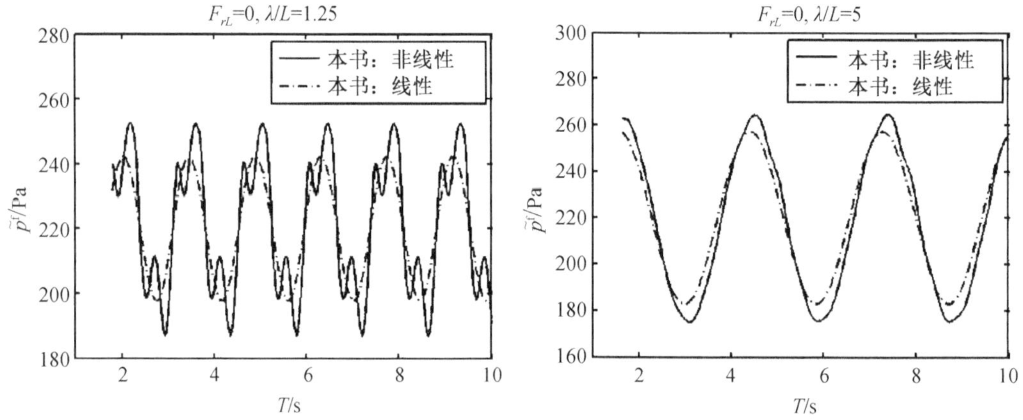

图 2.9　T - craft 的前气室压力时历曲线

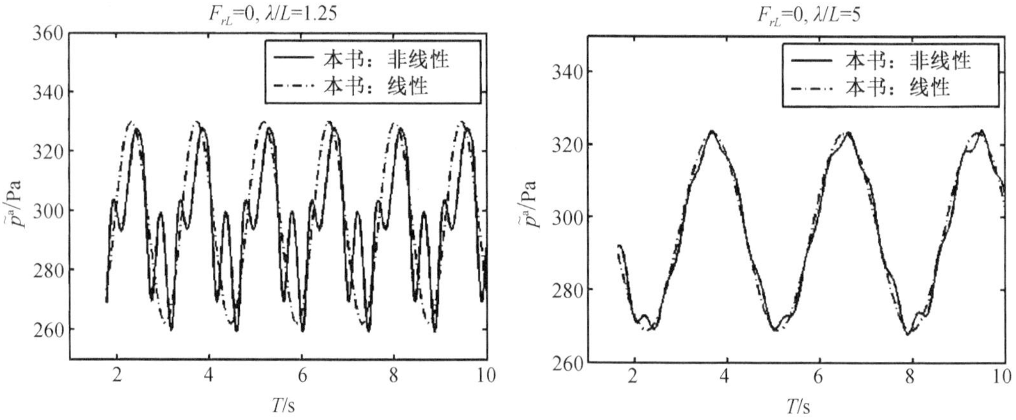

图 2.10　T - craft 的后气室压力时历曲线

2.3.3 侧体排水比例对 T - craft 运动的影响

许多文献认为在侧体排水比例较低时(不超过20%),侧壁式气垫船的侧体水动力对船体运动性能的影响就可以忽略。然而,目前暂没有相关研究结果可以支持这一观点。本小节拟以已获上小节验证的线性模型作为运动分析模型,针对 T - craft 的侧体排水比例对船体运动响应的影响进行初步探讨。

改变 T - craft 的侧体排水比例的方法如下:当侧体排水比例为0%时,只需考虑气垫的影响,把侧体的质量、水动力系数、静水力系数和受到的波浪力从运动方程中删去;当侧体排水比例大于0%时,使侧体的排水量保持不变,通过调整气垫的宽度来调整气垫排水量(气垫的进气、泄流等物理量同时随气垫宽度变化,不计侧体间的水动力干扰),从而实现侧体排水比例的改变。

图2.11 显示的是侧体排水比例从 0 变化至 80% 时 T - craft 的垂荡和纵摇运动响应。从图中可以看出,侧体排水比例在 0 ~ 20% 变化时,T - craft 的垂荡运动响应在长波下确实没有显著的差别,而在短波下有一定的差异;反之,纵摇运动响应在长波下有一定的差别,但在短波下几乎一致。总体而言,侧体排水比例在 20% 以下时,忽略侧体的水动力对 T - craft的垂荡和纵摇运动响应的影响确实比较小。因此,在近似的气垫船运动分析模型中,侧体排水比例低于 20% 时,忽略侧体水动力是可以接受的。

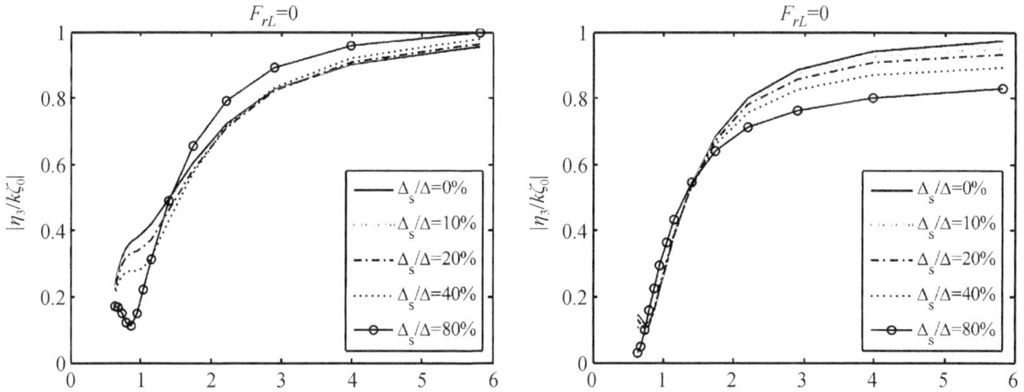

图2.11 T - craft 在侧体不同排水比例下的垂荡(左)和纵摇(右)运动

2.4 本章小结

本章基于一维波动方程,分别建立了可完整计入气垫泄流、风机打气、船体运动和内自由面非定常兴波的气压空间非均匀的单气室和气压空间均匀的双气室的气动力模型,并以双气室气垫船 T - craft 为例,对双气室气动力模型及在其基础上建立的运动模型的数值结果进行验证对比,结论如下:

(1)基于一维波动方程可以建立空间非均匀的或空间均匀的、单气室的或多气室的气垫气动力模型,它们都可以完整计入气垫泄流、风机打气、船体运动和内自由面非定常兴波等边界条件。

(2)理论分析结果表明,本章基于一维波动方程得到的空间均匀气动力模型与传统方法中基于连续性方程推导得到的空间均匀气动力模型是等价的。该结果也表明,传统的基于连续性方程的空间均匀气动力模型,仅是本章基于一维波动方程的空间非均匀气动力模型的一种特例。

(3)在双气室气动力模型基础上建立的简化运动预报模型(忽略气垫和艏艉封水动力、忽略侧体间的水动力干扰,基于 STF 法预报侧体水动力)对零航速 T－craft 的垂荡和纵摇运动进行预报是可行的,反过来也验证了所建立的双气室气动力模型的计算精度。

(4)带线性泄流项与带非线性泄流项的双气室气动力模型的数值结果对比表明,非线性泄流项对双气室气垫船的运动特别是纵摇运动的预报结果有一定的改进,在短波中非线性泄流项会引起气垫气动力产生较为显著的高频脉动现象。线性泄流模型的预报结果证明了气垫泄流在近似条件下是可以线性化的,尤其是在长波中($\lambda/L>4$),线性泄流模型也能取得相对较好的结果。

(5)应用带线性泄流项的简化运动预报模型对侧体不同排水比例的 T－craft 进行预报的结果表明,侧体排水比例在低于 20% 时,侧体水动力对双气室气垫船运动的影响相对较小,从而验证了在近似条件下排水比例低于 20% 的侧体的水动力可以被忽略的推断。

第3章　准黏性二维半理论

3.1　概　　述

在基于时域自由面格林函数法的海上浮体水动力问题中，如果浮体的外飘角比较大，近自由面网格单元上的源强密度会出现奇异性（剧烈振荡并发散），造成这种奇异性的原因被认为是忽略了水的黏性。传统无黏性的二维半理论解决该奇异性的办法是把水线网格单元（即与水线接壤的第一个平均湿表面网格）上的源强密度设置为零，而更多的工作则是基于匹配边界元法（即把流场分为内外域并分别用 Rankine 源方法和自由面格林函数法求解，两种方法在内外域边界上匹配）来解决这类问题。

实际上，在格林函数理论中忽略水的黏性耗散作用还可能引起其他方面的问题，比如传统的自由面格林函数法在处理多个浮体在波浪中的相互作用或者液体在有限区间内的流动（如侧壁式气垫船的内自由面、液舱、水池、月池）时，容易产生浮体运动响应的峰值夸大、自由面局部兴波趋于无穷大等与物理实际相悖的奇异现象。该问题的一种解决办法是在描述流场的动量方程或者自由面条件中计入流体的黏性影响，同时使流体的流动仍保持无旋（忽略有旋成分），从而仍可以运用速度势来描述流场的速度，并采用自由面格林函数法来求解速度势。这种计及黏性耗散影响的自由面格林函数法，实际上可以分为两类：一类是在动量方程（自由面条件）中引入人工黏性阻尼系数，但该阻尼系数的大小事先未知，需要根据经验来设置，可参考 Delhommeau、Chen 和 Duan、Yao 和 Dong 等的相关文献；另一类是从线性化的 $N-S$ 方程出发，分离出无旋的流动，获得计及流体真实黏性的自由面条件，可参考吴国、Qin 和 Shen、Chen 和 Dias 等的相关文献。从自由面条件看，人工黏性比真实黏性的表达式简单，不过在频域问题中两者之间也存在一定的联系，Chen 和 Dias 给出了人工黏性系数与真实黏性系数的关系式。

本章的目的是针对高速排水型船舶的水动力问题，在现有的无黏二维半理论基础上，发展黏性修正的二维半理论（简称准黏性二维半理论），以期解决上述奇异性问题，提高二维半理论的数值稳定性和计算精度；再通过二维楔形体的受迫振荡运动检验黏性修正方法解决大外飘角浮体源强密度奇异性的效果；然后以公开文献中的 Series 64 双体船算例验证黏性对高速舰船运动预报结果的影响；最后对黏性系数进行无量纲化，并以 Wigley Ⅲ船为例进行验证。通过上述研究，为下一章发展针对气垫船水动力问题的准黏性二维半理论做好铺垫。

3.2 准黏性二维半理论

二维半理论的本质是在高速细长体假设下把三维频域问题转化为二维时域问题,求解后再把结果变回三维频域内。对二维半理论进行黏性修正,可以直接在三维频域内开展,也可以在三维频域问题转到二维时域后再开展。前者相对复杂,需要考虑黏性修正项的频-时转换问题;而后者则无须考虑该问题,相对简单。因此,本书将采用后一种方法,即仅在二维时域内对自由面条件施以人工黏性修正(真实黏性的修正方法可以用类似的方法推导,但数值算法上将更为复杂)。需要指出的是,无论是二维半理论还是二维时域格林函数法,目前都未见有对其进行黏性修正的研究报道。

3.2.1 高速船水动力的定解问题

图 3.1 描述的是船舶的外流场与内部开拓流场的边界组成,图中S_F、S_B、S_∞分别表示船舶的平均外自由面、船体平均湿表面边界和无穷远处的边界,Ω是由边界$S_F \cup S_B \cup S_\infty$围成的封闭流域;图中$\Omega_i$是物体内部的开拓流场,$S_{Fi}$是开拓流场的自由面。设船舶的两个坐标系(大地坐标系 $O-XYZ$ 和伴随坐标系 $o-xyz$)如图 1.5 所示,入射波在伴随坐标系 $o-xyz$ 内的浪向角为 θ(迎浪状态下 $\theta=180°$),则在无限水深条件下入射波(Airy 波)的复速度势可写成

$$\phi_I=\zeta_0\cdot\phi_0\cdot e^{i\omega t}=\zeta_0\cdot\frac{ig}{\omega_0}e^{k_0(z-i(x\cos\theta+y\sin\theta))}\cdot e^{i\omega t} \tag{3-1}$$

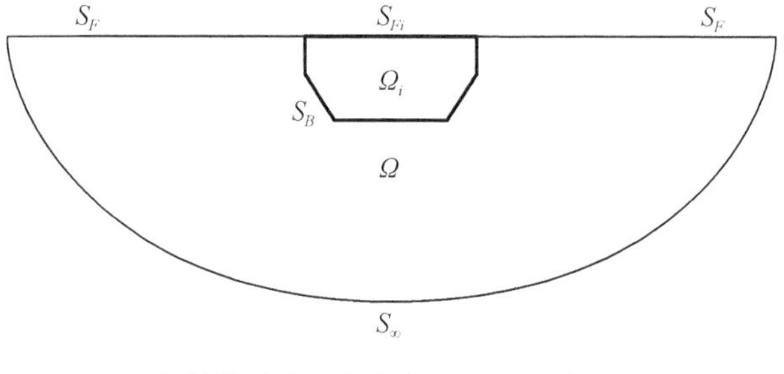

3.1 船舶的外流场与内部开拓流场的边界组成

式中 ζ_0——入射波复振幅;

ϕ_0——单位幅值入射波速度势的空间变量;

ω_0——波浪圆频率;

k_0——波数;

ω——船舶的遭遇频率,它与波浪圆频率之间的关系为

$$\omega=\omega_0-k_0U\cos\theta \tag{3-2}$$

设船舶在波浪中做简谐运动:

$$\{\tilde{\eta}(t)\}=(\tilde{\eta}_1,\tilde{\eta}_2,\tilde{\eta}_3,\tilde{\eta}_4,\tilde{\eta}_5,\tilde{\eta}_6)^{\mathrm{T}}=(\eta_1,\eta_2,\eta_3,\eta_4,\eta_5,\eta_6)^{\mathrm{T}}e^{i\omega t} \tag{3-3}$$

式中,$\eta_j(j=1,2,\cdots,6)$是复振幅。则船体的辐射势可写成

$$\phi_R = \sum_{j=1}^{6} \eta_j \phi_j \cdot e^{i\omega t} \tag{3-4}$$

在有航速条件下,各辐射势在物面上满足的条件为

$$\frac{\partial \phi_j}{\partial n} = i\omega n_j + U m_j, \quad j = 1,2,\cdots,6 \tag{3-5}$$

式中

$$\begin{cases} (n_1, n_2, n_3) = \boldsymbol{n} \\ (n_4, n_5, n_6) = \boldsymbol{r} \times \boldsymbol{n} \\ (m_1, m_2, m_3) = -\dfrac{1}{U}(\boldsymbol{n} \cdot \nabla) w \\ (m_4, m_5, m_6) = -\dfrac{1}{U}(\boldsymbol{n} \cdot \nabla)(\boldsymbol{r} \times w) \end{cases} \tag{3-6}$$

式中,$\boldsymbol{n}$ 表示平均湿表面上的法向量,$\boldsymbol{r}$ 表示从原点指向平均湿表面上的点的向量,w 表示定常流场的速度。

设在入射势ϕ_I的作用下,船体的绕射势可写成

$$\phi_D = \zeta_0 \cdot \phi_7 \cdot e^{i\omega t} \tag{3-7}$$

式中ϕ_7表示单位幅值入射波作用下产生的绕射势的空间变量。显然,在物面上ϕ_7满足

$$\frac{\partial \phi_7}{\partial n} = -\frac{\partial \phi_0}{\partial n} \tag{3-8}$$

综上,在线性条件下,船舶绕流场中的非定常势可写成

$$\phi_T = \phi_I + \phi_R + \phi_D = \left\{ \zeta_0 \phi_0 + \sum_{j=1}^{6} \eta_j \phi_j + \zeta_0 \phi_7 \right\} e^{i\omega t} \tag{3-9}$$

式中,各速度势的空间变量$\phi_j(j=1,2,\cdots,7)$满足如下定解条件:

$$\begin{cases} \nabla^2 \phi_j = 0, & \text{在域}\ \Omega\ \text{中} \\ \left[\left(i\omega - U\dfrac{\partial}{\partial x}\right)^2 + g\dfrac{\partial}{\partial z}\right]\phi_j = 0, & \text{在平均自由面}S_F\text{上} \\ \dfrac{\partial \phi_j}{\partial n} = \begin{cases} i\omega n_j + U m_j, & j = 1,\cdots,6 \\ -\dfrac{\partial \phi_0}{\partial n}, & j = 7 \end{cases}, & \text{在平均湿表面}S_B\text{上} \\ \phi_j = \nabla \phi_j = 0, & \text{在无穷远边界}S_\infty\text{上} \end{cases} \tag{3-10}$$

若船舶满足高速、细长的特征,则可以引入高速细长体假设,在此假设下,式(3-6)可以简化为

$$\begin{cases} (n_1, n_2, n_3) = (0, \bar{n}_2, \bar{n}_3) \\ (n_4, n_5, n_6) = (\bar{n}_4, \bar{n}_5, \bar{n}_6) = (y\bar{n}_3 - z\bar{n}_2, -x\bar{n}_3, x\bar{n}_2) \\ (m_1, m_2, m_3) = (0, 0, 0) \\ (m_4, m_5, m_6) = (0, \bar{n}_3, -\bar{n}_2) \end{cases} \tag{3-11}$$

同时定解条件(3-10)中的纵荡速度势(ϕ_1)可以忽略,剩余的速度势($\phi_j, j=2,3,\cdots,7$)满足的定解条件变成

$$\begin{cases} \dfrac{\partial^2 \phi_j}{\partial y^2} + \dfrac{\partial^2 \phi_j}{\partial z^2} = 0, & \text{在流场}\,\Omega\,\text{中} \\ \left[\left(\mathrm{i}\omega - U\dfrac{\partial}{\partial x}\right)^2 + g\dfrac{\partial}{\partial z}\right]\phi_j = 0, & \text{在平均外自由面}\,S_F\,\text{上} \\ \dfrac{\partial \phi_j}{\partial n} = \begin{cases} \mathrm{i}\omega N_j + U m_j, & j = 2, \cdots, 6 \\ -\dfrac{\partial \phi_0}{\partial n}, & j = 7 \end{cases}, & \text{在平均湿表面}\,S_B\,\text{上} \\ \phi_j = \dfrac{\partial \phi_j}{\partial x} = 0, & \text{在船首前方}\,x > x_0 \\ \phi_j = \nabla \phi_j = 0, & \text{在无穷远边界}\,S_\infty\,\text{上} \end{cases} \tag{3-12}$$

式中，x_0表示船首的坐标。式（3－12）即为高速船水动力（辐射和绕射问题）的定解问题，对其更详尽的描述可参见相关文献。

3.2.2 准黏性二维时域格林函数自由面记忆项

在某些流动中，流体的黏性往往不可忽略，如低雷诺数流动、带自由面的液体在有限空间内的共振运动、存在强涡旋的流动等，本书中槽道气垫船两个片体之间的水流、槽道气垫船 L 型船底垂荡引起的流动等均属于上述受到黏性影响的流动。这些流动的精确模拟原则上需要求解 $N-S$ 方程，但是由于对 $N-S$ 方程进行直接求解存在极大的困难，人们对 $N-S$方程进行简化，发展出一系列简化的计及黏性效应的流动模型。这种计及黏性效应的简化的流动模型一般分为两类：

一类是包含物理黏性的模型，如 Stokes 方程（线性化的 $N-S$ 方程，适用于雷诺数远小于 1 的流动）和 Oseen 方程（在 Stokes 方程的基础上加入了部分对流项，适用于小雷诺数不可压缩流动），这两种模型一般针对速度进行直接求解，或把流动分离为无旋和有旋两种成分，无旋流动采用速度势、有旋流动采用速度来描述，如 Lu 和 Chwang 给出的办法。在船舶与海洋工程领域，更为常见的处理方式是把 N－S 方程线性化，忽略有旋速度成分、仅保留无旋速度成分，再利用速度势来刻画流场速度，并采用解析解法或格林函数法对定解问题进行求解。

另一类是考虑人工黏性的模型，这类模型也是线性无旋的，一般是在自由面条件中加入人工黏性耗散项，该黏性耗散项的表达式不是唯一的，且耗散项内的人工黏性系数的取值相对自由。尽管如此，Chen 和 Dias 对比了考虑物理黏性的模型和考虑人工黏性的模型，认为两者是等价的。考虑人工黏性的模型一般采用格林函数法进行求解，多用于处理船舶与海洋工程领域的自由面兴波问题（自由面伪共振问题）。

在船舶与海洋工程领域，通用的方法是采用自由面格林函数法来求解上述黏性修正的定解问题。目前，计及黏性影响的频域自由面格林函数法研究得相对充分，而黏性修正的时域自由面格林函数法研究得相对较少，包括吴国研究的计及物理黏性影响的三维时域自由面格林函数法。然而，根据公开可查的资料，无论是物理黏性还是人工黏性修正的二维时域自由面格林函数法，至今都没有得到研究。由于人工黏性项具有相对自由、简洁的表达形式，下面给出准黏性（人工黏性）二维时域自由面格林函数法详细的推导过程。

定解问题（3－12）的自由面条件是三维有航速的，控制方程是二维的，同时满足艏前无波的假设。求解式（3－12）前需引入下列变换（$j=2,3,\cdots,7$）：

$$\begin{cases} t(x) = (x_0 - x)/U \\ \phi_j(t,y,z) = \mathrm{e}^{\mathrm{i}\omega x(t)}\phi_j(x(t),y,z) \end{cases} \tag{3-13}$$

把式(3－13)代入式(3－12)中,并把无黏的自由面条件替换为计及人工黏性(简称黏性)影响的自由面条件,得

$$\begin{cases} \dfrac{\partial^2\phi_j}{\partial y^2} + \dfrac{\partial^2\phi_j}{\partial z^2} = 0, & \text{在流场}\,\Omega\,\text{中} \\ \dfrac{\partial^2\phi_j}{\partial t^2} + 2\upsilon\dfrac{\partial\phi_j}{\partial t} + g\dfrac{\partial\phi_j}{\partial z} = 0, & \text{在平均自由面}S_F\text{上} \\ \dfrac{\partial\phi_j}{\partial n} = \begin{cases} (\mathrm{i}\omega N_j + Um_j)\mathrm{e}^{\mathrm{i}\omega t}, j = 2,\cdots,6 \\ -\dfrac{\partial\varphi_0}{\partial n}\mathrm{e}^{\mathrm{i}\omega t}, j = 7, \end{cases} & \text{在平均湿表面}S_B\text{上} \\ \phi_j = 0, & t \leqslant 0 \\ \dfrac{\partial\phi_j}{\partial t} = 0, & t = 0,\text{在平均内自由面}S_F\text{上} \\ \phi_j = \nabla\phi_j = 0, & \text{在无穷远边界}S_\infty\text{上} \end{cases} \tag{3-14}$$

式(3－14)的自由面条件(第2式)中的项 $2\upsilon\dfrac{\partial\phi_j}{\partial t}$表征了人工黏性,其中 $\upsilon>0$ 是水的人工黏性系数。若取 $\upsilon=0$,则式(3－14)退化成无黏性的二维时域问题,其解法可在文献中找到。下面讨论 $\upsilon>0$ 的情形。

为了使用格林函数法求解二维时域定解问题(3－14),需要找到满足下述条件的格林函数$\widetilde{G}(\boldsymbol{p},t;\boldsymbol{q},\tau;\upsilon)$:

$$\begin{cases} \dfrac{\partial^2\widetilde{G}}{\partial\eta^2} + \dfrac{\partial^2\widetilde{G}}{\partial\zeta^2} = 0, & \text{在流场}\,\Omega\,\text{中} \\ \dfrac{\partial^2\widetilde{G}}{\partial\tau^2} - 2\upsilon\dfrac{\partial\widetilde{G}}{\partial\tau} + g\dfrac{\partial\widetilde{G}}{\partial\zeta} = 0, & \text{在平均自由面}S_F\text{上} \\ \widetilde{G} = 0, & \tau = t \\ \nabla_p\widetilde{G} = 0, & r_{pq}\to\infty \end{cases} \tag{3-15}$$

式中,$\boldsymbol{p}=\boldsymbol{p}(y,z)$是流场中的场点,$\boldsymbol{q}=\boldsymbol{q}(\eta,\zeta)$是流场中的奇点,$r_{pq}^2=(y-\eta)^2+(z-\zeta)^2$。

经过推导,笔者发现满足式(3－15)所列条件的格林函数为

$$\widetilde{G}(\boldsymbol{p},t;\boldsymbol{q},\tau;\upsilon) = 2\int_0^\infty \sqrt{\frac{g}{k}}\mathrm{e}^{(k+\mu)(z+\zeta)}\mathrm{e}^{-\upsilon(t-\tau)}\cos[(k+\mu)(y-\eta)]\sin\sqrt{gk}(t-\tau)\mathrm{d}k \tag{3-16}$$

式中,$\mu=\upsilon^2/g$。由于$\widetilde{G}(\boldsymbol{p},t;\boldsymbol{q},\tau;\upsilon)$与时间有关,一般称之为自由面记忆项。可以发现,当$\upsilon=0$时,式(3－16)变成

$$\widetilde{G}(\boldsymbol{p},t;\boldsymbol{q},\tau;0) = 2\int_0^\infty \sqrt{\frac{g}{k}}\mathrm{e}^{k(z+\zeta)}\cos k(y-\eta)\sin\sqrt{gk}(t-\tau)\mathrm{d}k \tag{3-17}$$

式中,$r_{p\bar{q}}^2=(y-\eta)^2+(z+\zeta)^2$。式(3－17)正是无黏二维时域格林函数自由面记忆项(参见

文献)。可见,传统无黏二维时域格林函数自由面记忆项可以看作是准黏性格林函数自由面记忆项式(3-16)在 $\upsilon\to 0$ 时的极值。

式(3-16)还可以改写成

$$\widetilde{G}(\boldsymbol{p},t;\boldsymbol{q},\tau;\upsilon) = \mathrm{Re}\left\{\mathrm{e}^{-\upsilon(t-\tau)}\mathrm{e}^{\mu(z+\zeta+i(y-\eta))}\cdot 2\int_0^{\infty}\sqrt{\frac{g}{k}}\mathrm{e}^{k(z+\zeta+i(y-\eta))}\sin\sqrt{gk}(t-\tau)\,\mathrm{d}k\right\} \tag{3-18}$$

对比式(3-18)和式(3-17)可以发现,准黏性格林函数自由面记忆项 $\widetilde{G}(\boldsymbol{p},t;\boldsymbol{q},\tau;\upsilon)$ 与无黏的表达式 $\widetilde{G}(\boldsymbol{p},t;\boldsymbol{q},\tau;0)$ 不同之处体现在两个方面:一是存在与时间相关的修正项 $\mathrm{e}^{-\upsilon(t-\tau)}$,随着时间 t 的增长,奇点 $\boldsymbol{q}$ 在 τ 时刻产生的扰动按指数率 $\mathrm{e}^{-\upsilon(t-\tau)}$ 衰减;二是存在与空间相关的修正项 $\mathrm{e}^{\mu(z+\zeta+i(y-\eta))}$,其作用是使奇点 $\boldsymbol{q}$ 产生的扰动沿水深方向传播的衰减速度提高了 $\mathrm{e}^{\mu(z+\zeta)}$ 倍,沿水平方向传播的相位角产生 $\mu(y-\eta)$ 的偏移。

3.2.3 准黏性二维时域格林函数瞬时项

若把二维时域格林函数看作是奇点 $\boldsymbol{q}$ 对场点 $\boldsymbol{p}$ 的扰动势,则自由面记忆项 $\widetilde{G}(\boldsymbol{p},t;\boldsymbol{q},\tau;\upsilon)$ 可以看作是奇点 $\boldsymbol{q}$ 在 τ 时刻形成的扰动因自由面的"记忆效应"而延迟到 t 时刻才对场点 $\boldsymbol{p}$ 产生的影响,实际上奇点 $\boldsymbol{q}$ 在 $\boldsymbol{t}$ 时刻形成的扰动因流场的不可压缩性也会立即对场点 $\boldsymbol{p}$ 产生影响,这种扰动称作格林函数的瞬时项。二维时域格林函数的自由面记忆项和瞬时项不是相互独立的,两者可以通过格林公式联系起来。本小节将通过格林公式来推导准黏性二维时域格林函数的瞬时项的表达式,为了书写方便忽略 ψ_j 的下标 j。

设 $\boldsymbol{p}$ 点位于 t 时刻的流场中,对 $\psi(\tau,\boldsymbol{q})$ 和 $\widetilde{G}(\boldsymbol{p},t;\boldsymbol{q},\tau;\upsilon)$ 应用格林公式,得

$$\int_{S_F+S_B+S_\infty}\left(\psi\frac{\partial\widetilde{G}}{\partial n_q}-\widetilde{G}\frac{\partial\psi}{\partial n_q}\right)\mathrm{d}s_q = 0 \tag{3-19}$$

由式(3-31)不难验证式(3-19)在无穷边界 S_∞ 上的积分为0,且式(3-19)对任一时刻 $\tau\in[0,t]$ 都成立,所以式(3-19)又可写成

$$\int_0^t\mathrm{d}\tau\int_{S_F+S_B}\left(\psi\frac{\partial\widetilde{G}}{\partial n_q}-\widetilde{G}\frac{\partial\psi}{\partial n_q}\right)\mathrm{d}s_q = 0 \tag{3-20}$$

应用式(3-15)中的条件,则式(3-20)在外自由面 S_F 上的积分可转化为

$$\begin{aligned}\int_0^t\mathrm{d}\tau\int_{S_F}\left(\psi\frac{\partial\widetilde{G}}{\partial n_q}-\widetilde{G}\frac{\partial\psi}{\partial n_q}\right)\mathrm{d}s_q &= -\frac{1}{g}\int_0^t\mathrm{d}\tau\int_{S_F}\left(\psi\left(\frac{\partial^2\widetilde{G}}{\partial\tau^2}-2\upsilon\frac{\partial\widetilde{G}}{\partial\tau}\right)-\widetilde{G}\left(\frac{\partial^2\psi}{\partial\tau^2}+2\upsilon\frac{\partial\psi}{\partial\tau}\right)\right)\mathrm{d}s_q\\ &= -\frac{1}{g}\int_{S_F}\left(\psi\frac{\partial\widetilde{G}}{\partial\tau}-\widetilde{G}\frac{\partial\psi}{\partial\tau}-2\upsilon\psi\widetilde{G}\right)\Bigg|_{\tau=0}^{t}\mathrm{d}s_q\\ &= -\frac{1}{g}\int_{S_F}\psi\frac{\partial\widetilde{G}}{\partial\tau}\Bigg|_{\tau=t}\mathrm{d}s_q\end{aligned} \tag{3-21}$$

假设可以找到一个与时间无关的表达式 $I(\boldsymbol{p},\boldsymbol{q},\upsilon)$ 满足下述条件:

$$\frac{\partial I(\boldsymbol{p},\boldsymbol{q},\upsilon)}{\partial\zeta} = -\frac{1}{g}\frac{\partial\widetilde{G}}{\partial\tau}\Bigg|_{\tau=t,\boldsymbol{q}\in S_F} \tag{3-22}$$

则式(3－21)可以改写成

$$\int_0^t \mathrm{d}\tau \int_{S_F}\left(\psi \frac{\partial \widetilde{G}}{\partial n_q} - \widetilde{G}\frac{\partial \psi}{\partial n_q}\right)\mathrm{d}s_q = \int_{S_F}\psi \frac{\partial I(\boldsymbol{p},\boldsymbol{q},\upsilon)}{\partial \zeta}\mathrm{d}s_q \tag{3-23}$$

联立式(3－20)和式(3－23),得

$$\int_{S_F}\psi \frac{\partial I(\boldsymbol{p},\boldsymbol{q},\upsilon)}{\partial \zeta}\mathrm{d}s_q = -\int_0^t \mathrm{d}\tau \int_{S_B}\left(\psi \frac{\partial \widetilde{G}}{\partial n_q} - \widetilde{G}\frac{\partial \psi}{\partial n_q}\right)\mathrm{d}s_q \tag{3-24}$$

对 $I(\boldsymbol{p},\boldsymbol{q},\upsilon)$ 和 ψ 应用格林公式,得

$$\int_{S_F+S_B+S_\infty}\left(\psi \frac{\partial I(\boldsymbol{p},\boldsymbol{q},\upsilon)}{\partial n_q} - I(\boldsymbol{p},\boldsymbol{q},\upsilon)\frac{\partial \psi}{\partial n_q}\right)\mathrm{d}s_q = \alpha\psi \tag{3-25}$$

式中,α 是待求的常数。

联立式(3－24)和式(3－25),得

$$\begin{aligned}&\int_{S_B}\left(\psi \frac{\partial I(\boldsymbol{p},\boldsymbol{q},\upsilon)}{\partial n_q} - I(\boldsymbol{p},\boldsymbol{q},\upsilon)\frac{\partial \psi}{\partial n_q}\right)\mathrm{d}s_q - \int_0^t \mathrm{d}\tau\int_{S_B}\left(\psi \frac{\partial \widetilde{G}}{\partial n_q} - \widetilde{G}\frac{\partial \psi}{\partial n_q}\right)\mathrm{d}s_q - \alpha\psi \\ &= \int_{S_F} I(\boldsymbol{p},\boldsymbol{q},\upsilon)\frac{\partial \psi}{\partial n_q}\mathrm{d}s_q - \int_{S_\infty}\left(\psi \frac{\partial I(\boldsymbol{p},\boldsymbol{q},\upsilon)}{\partial n_q} - I(\boldsymbol{p},\boldsymbol{q},\upsilon)\frac{\partial \psi}{\partial n_q}\right)\mathrm{d}s_q\end{aligned} \tag{3-26}$$

为了仅需在物面S_B上布置奇点,要求式(3－26)的右端积分项等于零,满足该条件的$I(\boldsymbol{p},\boldsymbol{q},\upsilon)$此时即为准黏性二维时域格林函数的瞬时项。对于自由面S_F上的积分项,由于$\frac{\partial \psi}{\partial n_q}$一般不等于零,所以要求在自由面上有 $I(\boldsymbol{p},\boldsymbol{q},\upsilon)=0$;对于无穷远封闭面$S_\infty$上的积分项,由于 $\psi,\frac{\partial \psi}{\partial n_q}\to 0$,仅需保证 $I(\boldsymbol{p},\boldsymbol{q},\upsilon)\sim O\left(\frac{1}{r_{pq}}\right)$ 即可使积分项等于零。综上分析,结合式(3－22),可以得到与时间无关的表达式 $I(\boldsymbol{p},\boldsymbol{q},\upsilon)$ 应满足的条件为

$$\begin{cases}\dfrac{\partial I(\boldsymbol{p},\boldsymbol{q},\upsilon)}{\partial \zeta} = -\dfrac{1}{g}\dfrac{\partial \widetilde{G}}{\partial \tau}\Big|\tau = t & \boldsymbol{q}\in S_F \\ I(\boldsymbol{p},\boldsymbol{q},\upsilon)=0, & \\ I(\boldsymbol{p},\boldsymbol{q},\upsilon)\sim O\left(\dfrac{1}{r_{pq}}\right), & r_{pq}\to\infty \\ \nabla^2 I(\boldsymbol{p},\boldsymbol{q},\upsilon)=0 & \end{cases} \tag{3-27}$$

经过推导,满足式(3－27)所列条件的格林函数瞬时项 $I(\boldsymbol{p},\boldsymbol{q},\upsilon)$ 表达式为

$$I(\boldsymbol{p},\boldsymbol{q},\upsilon) = \mathrm{Re}\{E_1(-\mu \boldsymbol{R}_{p\bar{q}}) - E_1(-\mu \boldsymbol{R}_{pq})\} \tag{3-28}$$

式中,$\boldsymbol{R}_{pq} = -|z-\zeta| + i(y-\eta)$,$\boldsymbol{R}_{p\bar{q}} = (z+\zeta)+i(y-\eta)$,$\mathrm{Re}\{\cdot\}$表示取实部,$E_1$为复指数积分函数,其表达式为

$$E_1(z) = \int_z^\infty \frac{\mathrm{e}^{-r}}{r}\mathrm{d}r, z\neq 0 \tag{3-29}$$

复指数积分函数$E_1(z)$可以用级数展开为

$$E_1(z) = -\gamma - \ln z - \sum_{n=1}^{\infty}\frac{(-1)^n z^n}{n!n} \tag{3-30}$$

在 $z\to\infty$ 时,$E_1(z)$ 的渐近展开式可写成

$$E_1(z)\sim\frac{\mathrm{e}^{-z}}{z}\left(1-\frac{1!}{z}+\frac{2!}{z^2}-\frac{3!}{z^3}+\cdots\right)\tag{3-31}$$

获得 $I(\boldsymbol{p},\boldsymbol{q},\upsilon)$ 的表达式后,可以求得式(3-25)中的常数 $\alpha=2\pi$(具体推导过程参见附录 B),从而得到边界积分方程

$$\begin{aligned}&2\pi\psi(t,\boldsymbol{p})+\int_{S_B}\left(I(\boldsymbol{p},\boldsymbol{q},\upsilon)\frac{\partial\psi(t,\boldsymbol{q})}{\partial n_q}-\psi(t,\boldsymbol{q})\frac{\partial I(\boldsymbol{p},\boldsymbol{q},\upsilon)}{\partial n_q}\right)\mathrm{d}s_q\\&=\int_0^t\mathrm{d}\tau\int_{S_B}\left(\widetilde{G}(\boldsymbol{p},t;\boldsymbol{q},\tau;\upsilon)\frac{\partial\psi(\tau,\boldsymbol{q})}{\partial n_q}-\psi(\tau,\boldsymbol{q})\frac{\partial\widetilde{G}(\boldsymbol{p},t;\boldsymbol{q},\tau;\upsilon)}{\partial n_q}\right)\mathrm{d}s_q\end{aligned}\tag{3-32}$$

式中

$$I(\boldsymbol{p},\boldsymbol{q},\upsilon)=\begin{cases}\ln\dfrac{r_{pq}}{r_{p\bar{q}}}, & \upsilon=0\\ \mathrm{Re}\{E_1(-\mu\boldsymbol{R}_{p\bar{q}})-E_1(-\mu\boldsymbol{R}_{pq})\}, & \upsilon>0\end{cases}\tag{3-33}$$

$$\widetilde{G}(\boldsymbol{p},t;\boldsymbol{q},\tau;\upsilon)=\begin{cases}2\displaystyle\int_0^\infty\sqrt{g/k}\,\mathrm{e}^{k(z+\zeta)}\cos k(y-\eta)\sin\sqrt{gk}(t-\tau)\mathrm{d}k, & \upsilon=0\\ 2\displaystyle\int_0^\infty\sqrt{g/k}\,\mathrm{e}^{(k+\mu)(z+\zeta)}\mathrm{e}^{-\upsilon(t-\tau)}\cos[(k+\mu)(y-\eta)]\sin\sqrt{gk}(t-\tau)\mathrm{d}k, & \upsilon>0\end{cases}\tag{3-34}$$

3.2.4 准黏性二维时域物面分布源积分方程

为了在物面上得到点源形式的格林函数分布,对船体内部 Ω_i 进行流场开拓(如图 3.1 所示),记 ψ_i 为开拓流场内的速度势。对 $\psi_i(\tau,\boldsymbol{q})$ 和 $\widetilde{G}(\boldsymbol{p},t;\boldsymbol{q},\tau;\upsilon)$ $(\boldsymbol{p}\in\Omega,\boldsymbol{q}\in\Omega_i)$ 应用格林公式,得

$$\begin{aligned}&\int_{S_B}\left(\psi_i(t,\boldsymbol{q})\frac{\partial I(\boldsymbol{p},\boldsymbol{q},\upsilon)}{\partial n_q}-I(\boldsymbol{p},\boldsymbol{q},\upsilon)\frac{\partial\psi_i(t,\boldsymbol{q})}{\partial n_q}\right)\mathrm{d}s_q\\&=\int_0^t\mathrm{d}\tau\int_{S_B}\left(\psi_i(\tau,\boldsymbol{q})\frac{\partial\widetilde{G}(\boldsymbol{p},t;\boldsymbol{q},\tau;\upsilon)}{\partial n_q}-\widetilde{G}(\boldsymbol{p},t;\boldsymbol{q},\tau;\upsilon)\frac{\partial\psi_i(\tau,\boldsymbol{q})}{\partial n_q}\right)\mathrm{d}s_q\end{aligned}\tag{3-35}$$

联立式(3-32)与式(3-35),得点源分布形式的边界积分方程

$$2\pi\psi(t,\boldsymbol{p})+\int_{S_B}\sigma(t,\boldsymbol{q})I(\boldsymbol{p},\boldsymbol{q},\upsilon)\mathrm{d}s_q=\int_0^t\mathrm{d}\tau\int_{S_B}\sigma(\tau,\boldsymbol{q})\widetilde{G}(\boldsymbol{p},t;\boldsymbol{q},\tau;\upsilon)\mathrm{d}s_q\tag{3-36}$$

式中,$\sigma(\tau,\boldsymbol{q})=\dfrac{\partial\psi(\tau,\boldsymbol{q})}{\partial n_q}-\dfrac{\partial\psi_i(\tau,\boldsymbol{q})}{\partial n_q}$ 为分布点源的源强密度。

把方程(3-36)的左右两边分别对 $n_p(\boldsymbol{p}\in S_B)$ 进行求导,得源强密度 σ 的计算公式

$$\begin{aligned}&\int_{S_B}\sigma(t,\boldsymbol{q})\frac{\partial}{\partial n_p}I(\boldsymbol{p},\boldsymbol{q},\upsilon)\mathrm{d}s_q-\pi\sigma(t,\boldsymbol{p})\\&=\int_0^t\mathrm{d}\tau\int_{S_B}\sigma(\tau,\boldsymbol{q})\frac{\partial\widetilde{G}(\boldsymbol{p},t;\boldsymbol{q},\tau;\upsilon)}{\partial n_p}\mathrm{d}s_q-2\pi V_n(t,\boldsymbol{p})\end{aligned}\tag{3-37}$$

式中,$V_n(t,\boldsymbol{p})$ 表示物面上 $\boldsymbol{p}$ 点在 t 时刻的外法线速度。

由源强密度公式(3-37)和边界积分方程(3-36)求出物面上的速度势后,可以通过

时－频变换求出三维频域物面上的速度势：

$$\phi(x,y,z)=\mathrm{e}^{-\mathrm{i}\omega t(x)}\psi(t,y,z) \tag{3-38}$$

求解上述速度势后，结合黏性修正的伯努利方程

$$\left(\mathrm{i}\omega+2\upsilon-U\frac{\partial}{\partial x}\right)\phi(x,y,z)+\frac{p(x,y,z)}{\rho_w}+g\zeta(x,y)=0 \tag{3-39}$$

即可求解高速船的水动力系数和波浪力。上面推导过程中只涉及辐射势和绕射势的黏性修正。由于黏性耗散引起的入射波能量损失可以得到外界的补充，可以认为入射波的幅值不随时间和空间位置而变化，所以本书不考虑入射势的黏性修正。

3.2.5 准黏性二维时域自由面格林函数的计算方法

在数值计算中，需要确定源强密度和速度势的分布形式并对源强密度式(3－37)和边界积分方程式(3－36)进行离散。研究表明，常数分布的源强密度即可取得稳定的数值结果，所以本书也将采用常数分布。在该分布条件下，式(3－36)和式(3－37)中离散后的瞬时积分项计算公式可写成

$$\int_{(\eta_1,\zeta_1)}^{(\eta_2,\zeta_2)}(\mathrm{Re}\{E_1(-\mu\boldsymbol{R}_{p\bar{q}})\})\mathrm{d}s$$

$$=\mathrm{Re}\left\{\frac{\mathrm{e}^{\mu\bar{R}_2}-\mathrm{e}^{\mu\bar{R}_1}+\mu\bar{\boldsymbol{R}}_2E_1(-\mu\bar{\boldsymbol{R}}_2)-\mu\bar{\boldsymbol{R}}_1E_1(-\mu\bar{\boldsymbol{R}}_1)}{\mu(\bar{\boldsymbol{R}}_2-\bar{\boldsymbol{R}}_1)}\cdot\Delta r\right\} \tag{3-40}$$

$$\int_{(\eta_1,\zeta_1)}^{(\eta_2,\zeta_2)}(\mathrm{Re}\{E_1(-\mu\boldsymbol{R}_{pq})\})\mathrm{d}s$$

$$=\mathrm{Re}\left\{\frac{\mathrm{e}^{\mu R_2}-\mathrm{e}^{\mu R_1}+\mu\boldsymbol{R}_2E_1(-\mu\boldsymbol{R}_2)-\mu\boldsymbol{R}_1E_1(-\mu\boldsymbol{R}_1)}{\mu(\boldsymbol{R}_2-\boldsymbol{R}_1)}\cdot\Delta r\right\} \tag{3-41}$$

$$\int_{(\eta_1,\zeta_1)}^{(\eta_2,\zeta_2)}\frac{\partial}{\partial y}(\mathrm{Re}\{E_1(-\mu\boldsymbol{R}_{p\bar{q}})\})\mathrm{d}s=\mathrm{Im}\left\{\frac{E_1(-\mu\bar{\boldsymbol{R}}_2)-E_1(-\mu\bar{\boldsymbol{R}}_1)}{\bar{\boldsymbol{R}}_1-\bar{\boldsymbol{R}}_2}\cdot\Delta r\right\} \tag{3-42}$$

$$\int_{(\eta_1,\zeta_1)}^{(\eta_2,\zeta_2)}\frac{\partial}{\partial z}(\mathrm{Re}\{E_1(-\mu\boldsymbol{R}_{p\bar{q}})\})\mathrm{d}s=\mathrm{Re}\left\{\frac{E_1(-\mu\bar{\boldsymbol{R}}_2)-E_1(-\mu\bar{\boldsymbol{R}}_1)}{\bar{\boldsymbol{R}}_2-\bar{\boldsymbol{R}}_1}\cdot\Delta r\right\} \tag{3-43}$$

$$\int_{(\eta_1,\zeta_1)}^{(\eta_2,\zeta_2)}\frac{\partial}{\partial y}(\mathrm{Re}\{E_1(-\mu\boldsymbol{R}_{pq})\})\mathrm{d}s=\mathrm{Im}\left\{\frac{E_1(-\mu\boldsymbol{R}_2)-E_1(-\mu\boldsymbol{R}_1)}{\boldsymbol{R}_1-\boldsymbol{R}_2}\cdot\Delta r\right\} \tag{3-44}$$

$$\int_{(\eta_1,\zeta_1)}^{(\eta_2,\zeta_2)}\frac{\partial}{\partial z}(\mathrm{Re}\{E_1(-\mu\boldsymbol{R}_{pq})\})\mathrm{d}s=\mathrm{Re}\left\{\mathrm{sgn}(\zeta-z)\frac{E_1(-\mu\boldsymbol{R}_2)-E_1(-\mu\boldsymbol{R}_1)}{\boldsymbol{R}_2-\boldsymbol{R}_1}\cdot\Delta r\right\} \tag{3-45}$$

式中

$$\Delta r=\sqrt{(\eta_1-\eta_2)^2+(\zeta_1-\zeta_2)^2} \tag{3-46}$$

$$\begin{cases}R_j=-|z-\zeta_j|+i(y-\eta_j)\\ \bar{R}_j=(z+\zeta_j)+i(y-\eta_j)\end{cases},j=1,2 \tag{3-47}$$

$$\mathrm{sgn}(x)=\begin{cases}1, & x\geqslant 0\\ -1, & x<0\end{cases} \tag{3-48}$$

式(3－40)至式(3－45)给出的是准黏性瞬时积分项的计算公式。对于无黏的瞬时积分项，文献给出了实数域内的计算公式。实际上，令式(3－40)至式(3－45)中的$\mu\to 0$，还

可以得到其在复数域内的计算公式

$$\int_{(\eta_1,\zeta_1)}^{(\eta_2,\zeta_2)} \ln\frac{r_{pq}}{r_{p\bar{q}}}\mathrm{d}s = \mathrm{Re}\left\{\frac{\boldsymbol{R}_2\ln(-\boldsymbol{R}_2)-\boldsymbol{R}_1\ln(-\boldsymbol{R}_1)}{R_2-\boldsymbol{R}_1} - \frac{\bar{\boldsymbol{R}}_2\ln(-\bar{\boldsymbol{R}}_2)-\bar{\boldsymbol{R}}_1\ln(-\bar{\boldsymbol{R}}_1)}{\bar{\boldsymbol{R}}_2-\bar{\boldsymbol{R}}_1}\right\}\cdot\Delta r \tag{3-49}$$

$$\int_{(\eta_1,\zeta_1)}^{(\eta_2,\zeta_2)} \frac{\partial}{\partial y}\ln\frac{r_{pq}}{r_{p\bar{q}}}\mathrm{d}s = \mathrm{Im}\left\{\frac{\ln(-\boldsymbol{R}_2)-\ln(-\boldsymbol{R}_1)}{\boldsymbol{R}_1-\boldsymbol{R}_2} - \frac{\ln(-\bar{\boldsymbol{R}}_2)-\ln(-\bar{\boldsymbol{R}}_1)}{\bar{\boldsymbol{R}}_1-\bar{\boldsymbol{R}}_2}\right\}\cdot\Delta r \tag{3-50}$$

$$\int_{(\eta_1,\zeta_1)}^{(\eta_2,\zeta_2)} \frac{\partial}{\partial z}\ln\frac{r_{pq}}{r_{p\bar{q}}}\mathrm{d}s = \mathrm{Re}\left\{\mathrm{sgn}(\zeta-z)\frac{\ln(-\boldsymbol{R}_2)-\ln(-\boldsymbol{R}_1)}{\boldsymbol{R}_2-\boldsymbol{R}_1} - \frac{\ln(-\bar{\boldsymbol{R}}_2)-\ln(-\bar{\boldsymbol{R}}_1)}{\bar{\boldsymbol{R}}_2-\bar{\boldsymbol{R}}_1}\right\}\cdot\Delta r \tag{3-51}$$

与实数域的计算公式相比，复数域的计算式(3－49)至式(3－51)主要优势在于表达式简单、适应性更强，无论场点与源点是否共线、物面是否是直壁或平底都可以直接计算，不会出现奇异性。

对于准黏性自由面格林函数记忆项，可遵循无黏自由面记忆项的计算思路，引入下列变换：

$$\begin{cases} r_1 = r_{p\bar{q}} = \sqrt{(y-\eta)^2+(z+\zeta)^2},\ T=\sqrt{\dfrac{g}{r_1}}(t-\tau) \\ |y-\eta| = r_1\sin\theta = r_1 S,\ -(z+\zeta) = r_1\cos\theta = r_1 C,\ 0\leqslant\theta\leqslant\dfrac{\pi}{2} \\ K = k\,r_1,\ X=\sqrt{K},\ E_t = \mathrm{e}^{-\upsilon(t-\tau)},\ E_z = \mathrm{e}^{\mu(z+\zeta)},\ \mu=\dfrac{\upsilon^2}{g} \\ C_\upsilon = \cos\mu(y-\eta),\ S_\upsilon = \sin\mu|y-\eta| \end{cases} \tag{3-52}$$

并记

$$\begin{cases} G_{0CS} = \int_0^\infty \mathrm{e}^{-X^2C}\cos(X^2S)\sin(XT)\,\mathrm{d}X,\ G_{0SS} = \int_0^\infty \mathrm{e}^{-X^2C}\sin(X^2S)\sin(XT)\,\mathrm{d}X \\ G_{1CC} = \int_0^\infty X\mathrm{e}^{-X^2C}\cos(X^2S)\cos(XT)\,\mathrm{d}X,\ G_{1SC} = \int_0^\infty X\mathrm{e}^{-X^2C}\sin(X^2S)\cos(XT)\,\mathrm{d}X \\ G_{2CS} = \int_0^\infty X^2\mathrm{e}^{-X^2C}\cos(X^2S)\sin(XT)\,\mathrm{d}X,\ G_{2SS} = \int_0^\infty X^2\mathrm{e}^{-X^2C}\sin(X^2S)\sin(XT)\,\mathrm{d}X \end{cases} \tag{3-53}$$

由式(3－53)不难推导出下列关系式：

$$\begin{cases} G_{1CC} = \dfrac{1}{2}C - \dfrac{T}{2}(C\,G_{0CS} - S\,G_{0SS}) \\ G_{1SC} = \dfrac{1}{2}S - \dfrac{T}{2}(C\,G_{0SS} + S\,G_{0CS}) \\ G_{2CS} = \dfrac{1}{2}(C\,G_{0CS} - S\,G_{0SS}) + \dfrac{T}{2}(C\,G_{1CC} - S\,G_{1SC}) \\ G_{2SS} = \dfrac{1}{2}(C\,G_{0SS} + S\,G_{0CS}) + \dfrac{T}{2}(C\,G_{1SC} + S\,G_{1CC}) \end{cases} \tag{3-54}$$

则准黏性格林函数自由面记忆项及其导数可写成

$$\left\{\begin{aligned}&\widetilde{G}=4E_tE_z\sqrt{\frac{g}{r_1}}\left(C_vG_{0CS}-S_vG_{0SS}\right)\\&\frac{\partial\widetilde{G}}{\partial y}=-4\operatorname{sgn}(y-\eta)E_tE_z\sqrt{\frac{g}{r_1}}\left(\frac{C_vG_{2SS}+S_vG_{2CS}}{r_1}+\mu\left(C_vG_{0SS}+S_vG_{0CS}\right)\right)\\&\frac{\partial\widetilde{G}}{\partial z}=4E_tE_z\sqrt{\frac{g}{r_1}}\left(\frac{C_vG_{2CS}-S_vG_{2SS}}{r_1}+\mu\left(C_vG_{0CS}-S_vG_{0SS}\right)\right)\end{aligned}\right.\tag{3-55}$$

可见,对准黏性格林函数自由面记忆项及其导数的求解,最后都可归为G_{0CS}和G_{0SS}的计算,它们的计算方法可参见文献,本书不再赘述。

3.3 在自由面上振荡的二维楔形体受力分析

二维楔形体的水动力问题具有相当广泛的工程背景,包括滑行艇的运动、救生艇抛落、水上飞机降落、舰船首部拍击等,至今已有大量的针对该类问题的研究工作。二维楔形体的一个重要的特征是外飘角非常大,基于二维时域自由面格林函数法解决二维大外飘角浮体在自由面上的运动问题时,近自由面网格单元(水线网格单元)上的源强密度容易发散导致计算无法进行下去。针对该问题,段文洋提出的解决方案是把水线网格单元上的源强密度清零。对于三维大外飘角浮体的奇异性问题,吴国试图采用经过真实黏性修正的三维自由面格林函数法来消除奇异性,然而最终发现水的真实黏性对流场的影响很小,这种方法仍无法解决外飘角引起的数值奇异性问题。

本节的目的是利用上文提出的准黏性二维时域自由面格林函数法,研究解决二维大外飘角楔形体源强密度奇异性问题的黏性修正方法。

3.3.1 二维楔形体的参数及计算设置

二维楔形体的特征参数见图3.2,平均浸湿半宽 B 和平均吃水 D 均取1 m,外飘角为45°。假设楔形体在自由面附近做微幅简谐垂荡运动,频率为 $\omega=0.8$ rad/s,垂荡速度可写成 $V=\zeta e^{i\omega t}$,其中振幅 $\zeta\to0$。忽略水线面积的变化及其他非线性成分,则线性的二维时域格林函数法可用于分析该问题。下文将看到,若不对算法进行特殊处理,则此工况的计算结果(楔形体上水线网格单元的源强密度、整个楔形体受到的水动力等)将会发散。

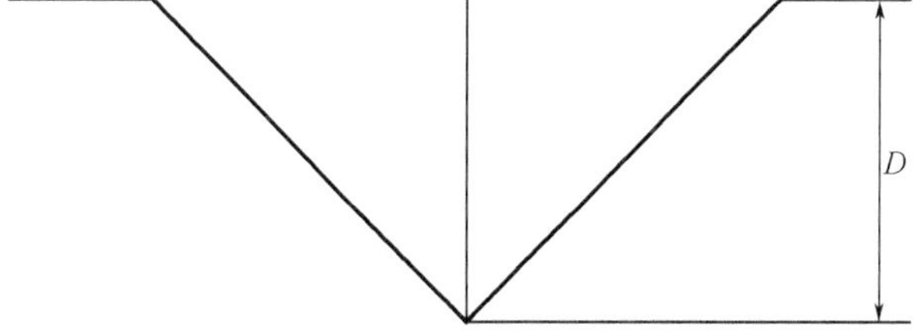

图3.2 二维楔形体示意图($B=D=1,\alpha=45°$)

实际上，并非所有带外飘角的浮体在自由面上的运动问题的求解都会产生数值奇异性。一般说来，数值奇异性常发生在低频、大外飘角的运动模拟中，同时也与二维时域格林函数法的数值计算精度有关，精度较低时更容易发生奇异问题。经验证，基于作者编制的无黏二维时域自由面格林函数法程序，在5个简谐垂荡周期内，图3.2所示的二维楔形体在 $\omega=1.0$ rad/s 时却能保持数值稳定性，而在 $\omega=0.8$ rad/s 时会产生数值奇异性，所以本节选 $\omega=0.8$ rad/s 作为研究工况。

在计算设置中，二维楔形体湿周线被均匀分割为100个网格（每侧各50个），每个运动周期均匀离散为30个时间段，取5个周期，共151个时间点用于运动模拟。

3.3.2 全流场弱黏性修正法

正如前文所述，当楔形体以 $\omega=0.8$ rad/s 的频率在平均吃水位置做简谐垂荡运动时，常规无黏方法的数值计算结果是发散的。图3.3(a)(b)中标为"$\upsilon=0$"的曲线分别展示了二维楔形体水线下方的第1个网格单元上（从自由面向下数）常值分布的源强密度的实部和虚部的时历曲线（基于无黏二维时域自由面格林函数法），可见该源强密度在做基频（等于垂荡频率）振荡的同时，也逐渐开始做振幅越来越大的高频振荡，并在1个运动周期后超过图片窗口的显示范围（图3.3(a)(b)没有做进一步展示）。显然，在线性势流理论框架下，源强密度的组成成分中无限增大的高频振荡成分是不符合物理规律的，也是导致计算发散的主要因素。

经过尝试，发现准黏性二维时域自由面格林函数法可以解决源强密度奇异问题的人工黏性系数 υ（针对全流场都有效）的取值范围应为0.1～1.0。图3.3中分别给出人工黏性系数 υ 取0.1，0.5，1.0时水线下方第1个网格单元上的源强密度时历曲线。可以看出，$\upsilon=0.1$ 时源强密度的发散问题得到缓解，但仍没有完全解决，在不到2个的振荡周期内再次发散；而 $\upsilon=0.5$ 和 $v=1.0$ 时，高频振荡的现象消失了，源强密度仅做等幅值的基频振荡。不过对比 $\upsilon=0.5$ 和 $\upsilon=1.0$ 的结果可以发现，随着 υ 的增大，源强密度的基频振荡发生相位偏移，且振荡幅值也开始下降。这种现象是由准黏性二维时域自由面格林函数的性质决定的。因此，在本例中 $\upsilon=0.5$ 是较为理想的黏性系数，该系数不太大，不会显著改变源强密度基频成分的相位和幅值，同时又可以消除源强密度的高频振荡成分。

图3.4(a)(b)分别表示在完全黏性修正（源强密度、速度势和垂荡力求解过程中都采用黏性修正）、仅源强密度黏性修正（速度势和垂荡力求解过程中不进行黏性修正，在计算中 υ 取0.001，数值试验表明该值对计算结果几乎没有影响）等条件下，取不同人工黏性系数 υ 时二维楔形体受到的一阶无量纲垂荡力，其中 Δ 是楔形体的排水量，F_3 是单位振幅下的垂荡力，其计算公式为

$$F_3 = \mathrm{Re}\{\mathrm{i}\omega\int_{S_B}\psi_3 n_3 \mathrm{d}s_q\} \tag{3-56}$$

可以发现在无黏情况下，垂荡力的发散稍晚于源强密度，源强密度发散对应的垂荡力也必然发散。随着 υ 的增大，垂荡力的相移和幅值变化趋势比源强密度更加严重。其中，在完全黏性修正的条件下，随着黏性系数 υ 的增大，垂荡力的幅值显著增大，相位产生显著偏移；而仅对源强密度进行黏性修正时，随着黏性系数 υ 的增大，垂荡力的幅值仅略微增大，相位也仅产生略微的偏移。由于完全黏性修正的方法容易使垂荡力结果产生明显的偏差，后文求二维楔形体垂荡力的过程将不再使用这种方法，仅对源强密度进行黏性修正。

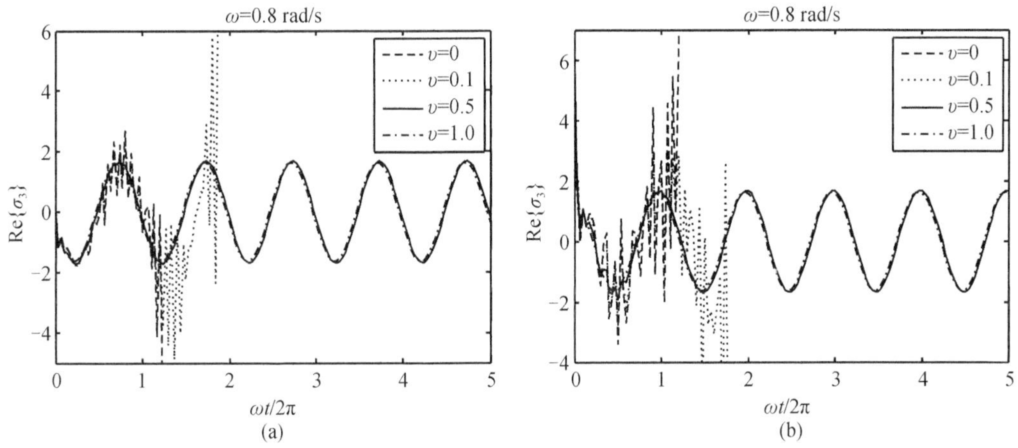

图 3.3　水线下方第 1 个网格单元上源强密度的时历曲线

(a)源强密度实部;(b)源强密度虚部

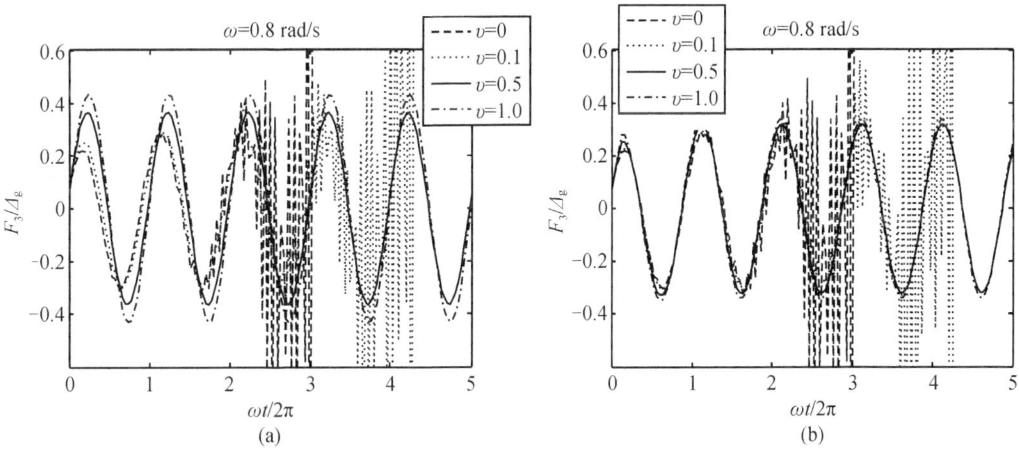

图 3.4　二维楔形体受到的一阶垂荡力的时历曲线

(a)完全黏性修正;(b)源强密度黏性修正

由于本小节的黏性修正方法是针对整个流场开展的,且黏性系数相对不太大,所以称为全流场弱黏性修正法(Whole Domain Weak Viscous Correction,WDWVC)。下一小节将研究对垂荡力影响更小的黏性修正方法。

3.3.3　近自由面强黏性修正法

上小节的全流场弱黏性修正法会给楔形体受到的垂荡力幅值和相位带来一定的变化,目前还不清楚这种变化能否使结果更准确。本小节提出另一种对结果影响更小的黏性修正方法——近自由面强黏性修正法(Near Free - surface Strong Viscous Correction,NFSVC)。在该方法中,仅在近自由面的场点上设置相对较大的人工黏性系数 $\boldsymbol{v}$,而且只在求源强密度时进行这种黏性修正。经过尝试,发现需要在临近自由面的 3 个或 3 个以上的网格场点上设置强黏性系数才能保证源强密度不发散。在计算格林函数时,仅当场点位于这些网格上时才采用强黏性系数,其他情况取 $\upsilon=0.001$。

图 3.5(a)、(b)分别展示了二维楔形体水线下方第 1 个网格单元上(从自由面向下数)源强密度实部和虚部的时历曲线。图中标为"$\upsilon=0$"的曲线表示无黏二维时域自由面格林函数法的计算结果;标为"$\upsilon=\upsilon_1\_\upsilon_2\_\upsilon_3$"的曲线表示近自由面强黏性修正法的计算结果,其中场点在水线下方第 1,2,3 个网格单元上时黏性系数分别取 υ_1、υ_2、υ_3。

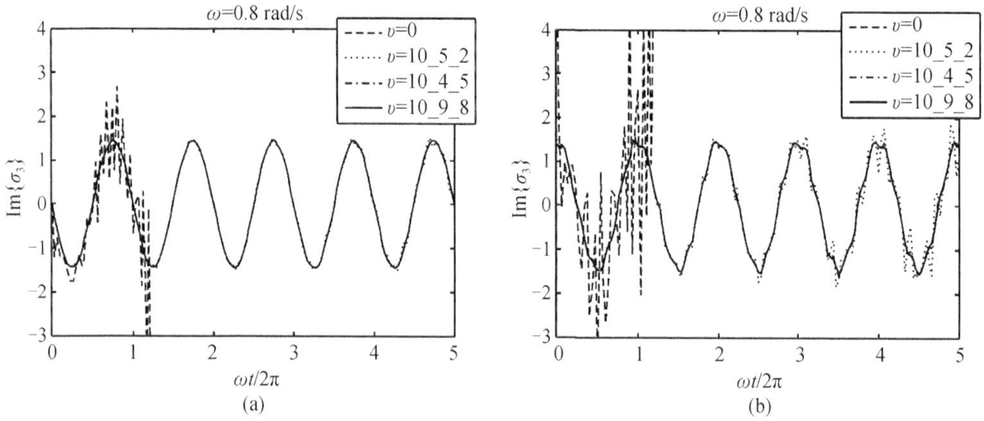

图 3.5　水线下方第 1 个网格单元上源强密度的时历曲线

(a)源强密度实部;(b)源强密度虚部

图 3.5 的结果表明,近自由面的 3 个网格上的黏性系数分别设置为 10,5,2 时,近自由面强黏性修正法的计算结果还不能完全收敛,特别是在源强密度的虚部仍出现了高频振荡的趋势;而随着第 2,3 个网格黏性系数的增大,高频振荡的趋势得到了有效抑制。不过,从图 3.5 中可以清晰地看到,与实部结果相比,源强密度的虚部显著包含了除基频外的其他频率成分。

图 3.6 表示仅对源强密度进行近自由面强黏性修正时(求解速度势时不修正),二维楔形体受到的一阶无量纲垂荡力。可以看到,与无黏性方法相比,取图示的不同人工黏性系数组合时,近自由面强黏性修正法均能取得非常好的数值结果;从前两个运动周期还可以发现,该方法不会产生明显的幅值和相位偏移。这是由于在近自由面强黏性修正法中仅需对近自由面的少数几个场点进行黏性修正;而在上一小节的全流场弱黏性修正法中需要对全流场的场点进行黏性修正,尽管所需的黏性系数相对较小,但整体上还是造成了更大的影响。

3.3.4　几种解决源强密度发散问题的方法对比

解决时域自由面格林函数法中关于大外飘角浮体源强密度发散的问题,除了本书提出的全流场弱黏性修正法(WDWVC)和近自由面强黏性修正法(NFSVC)两种方法外,公开文献中最常见的方法是由段文洋提出的近自由面源强密度清零法(Near Free - surface Source - density Zero Correction,NFSZC)。NFSZC 方法简单实用,在大多数情况下把水线下方第 1 个网格上的源强密度清零即可解决发散问题。然而下面将看到,对于本节提出的算例,由于存在强奇异性,需要对紧邻水线的连续 4 个网格源强密度清零才可以获得收敛的计算结果。

图 3.7 对比了 WDWVC、NFSVC、NFSZC 3 种方法在水线下方各网格单元上的源强密度

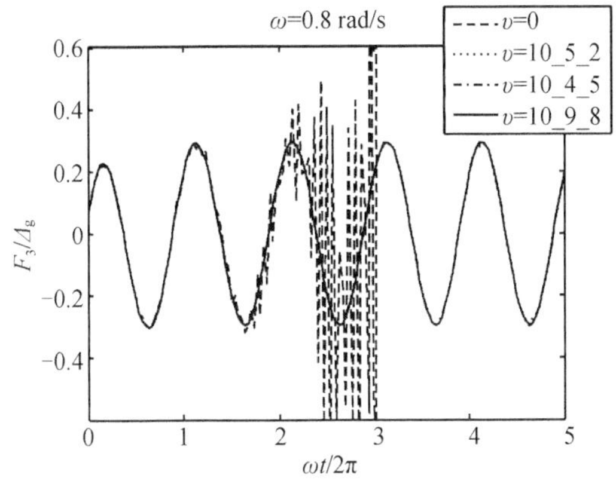

图 3.6 二维楔形体受到的一阶垂荡力的时历曲线

计算结果。图中："Original"表示原始结果，即不做任何修正处理的无黏性二维时域自由面格林函数法的计算结果；"NFSZC：n"表示近自由面源强密度清零法（属于无黏性方法）的计算结果，紧邻水线的第 1 ~ n 个网格上的源强密度清零；"WDWVC"表示全流场弱黏性修正法（属于准黏性方法）的计算结果，求解源强密度时黏性系数取 0.5，之后黏性系数取0.001；"NFSVC"表示近自由面强黏性修正法（属于准黏性方法）的计算结果，求解源强密度时，紧邻水线的第 1，2，3 个网格作为场点时的黏性系数分别取 10，9，8，其他情况下黏性系数取 0.001。图 3.7（k）（l）中的第 50 个网格指的是紧邻楔形体下方顶点的网格（楔形体每侧共有 50 个网格）。

图 3.7（a）所示的数值结果表明，在不做任何修正的条件下，无黏性二维时域自由面格林函数法对任何一个网格的源强密度的计算结果（下文简称"原始结果"）最终都会发散，且越靠近自由面发散速度越快。

对于全流场弱黏性修正法（WDWVC），初始时刻的数值结果与原始结果几乎相同，但随着时间的推移，准黏性格林函数自由面记忆项内的时间、空间黏性耗散项开始发挥作用，使得数值结果逐渐趋于平稳，而原始结果则由于缺乏耗散机制，产生了幅值越来越大的高频振荡，最终发散。从图 3.7 中还可以发现，全流场弱黏性修正法的结果十分平滑，在任何一个网格上都不会产生高频振荡，且直观上与原始结果吻合得很好。但仔细观察图 3.7（k）（l）可以发现，相对于其他方法，在远离自由面的网格上全流场弱黏性修正法夸大了计算结果，显然这是由黏性引起的。

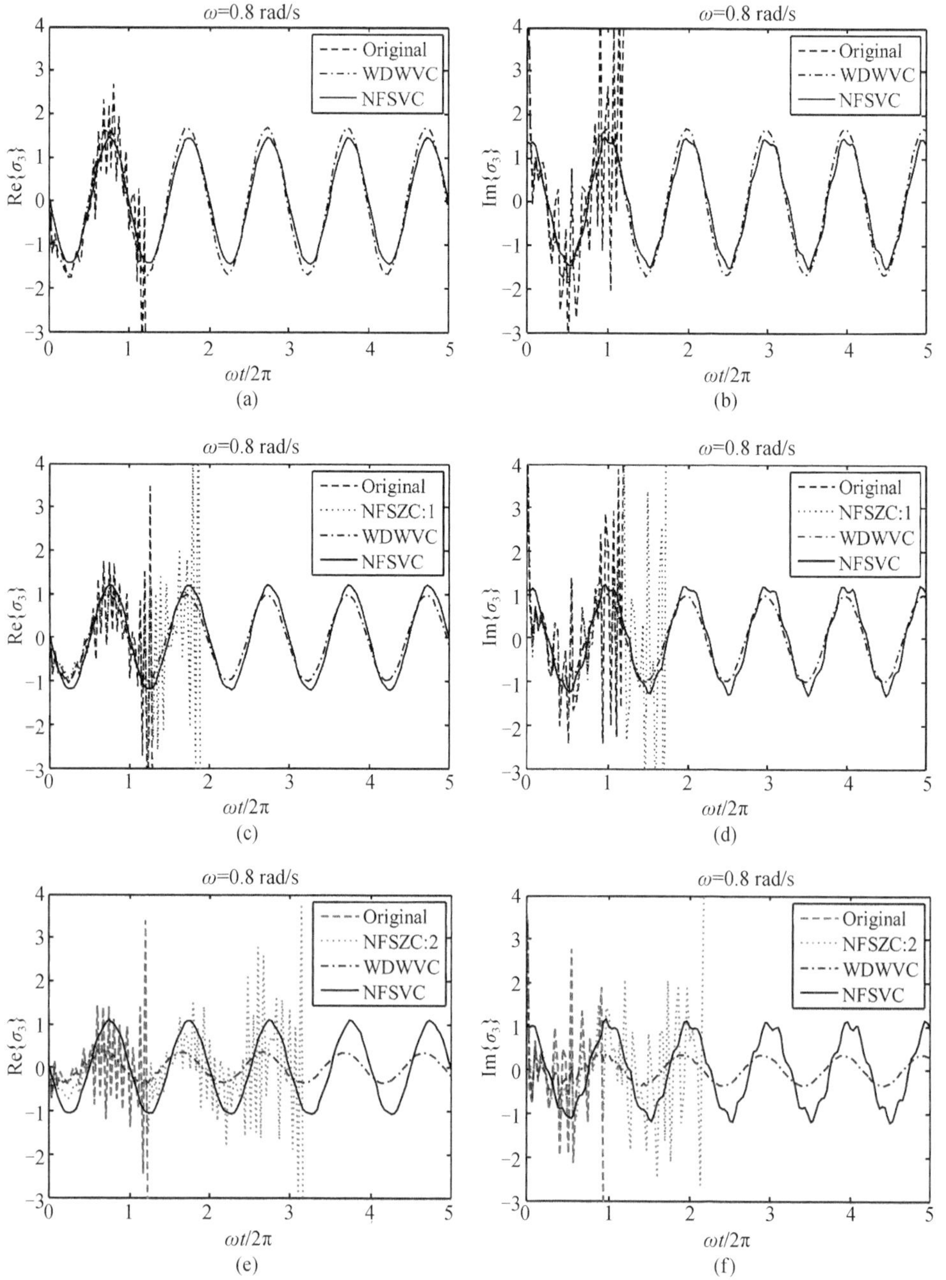

图 3.7 水线下方网格单元上源强密度的时历曲线

(a)第 1 个网格的源强密度实部;(b)第 1 个网格的源强密度虚部;
(c)第 2 个网格的源强密度实部;(d)第 2 个网格的源强密度虚部;
(e)第 3 个网格的源强密度实部;(f)第 3 个网格的源强密度虚部

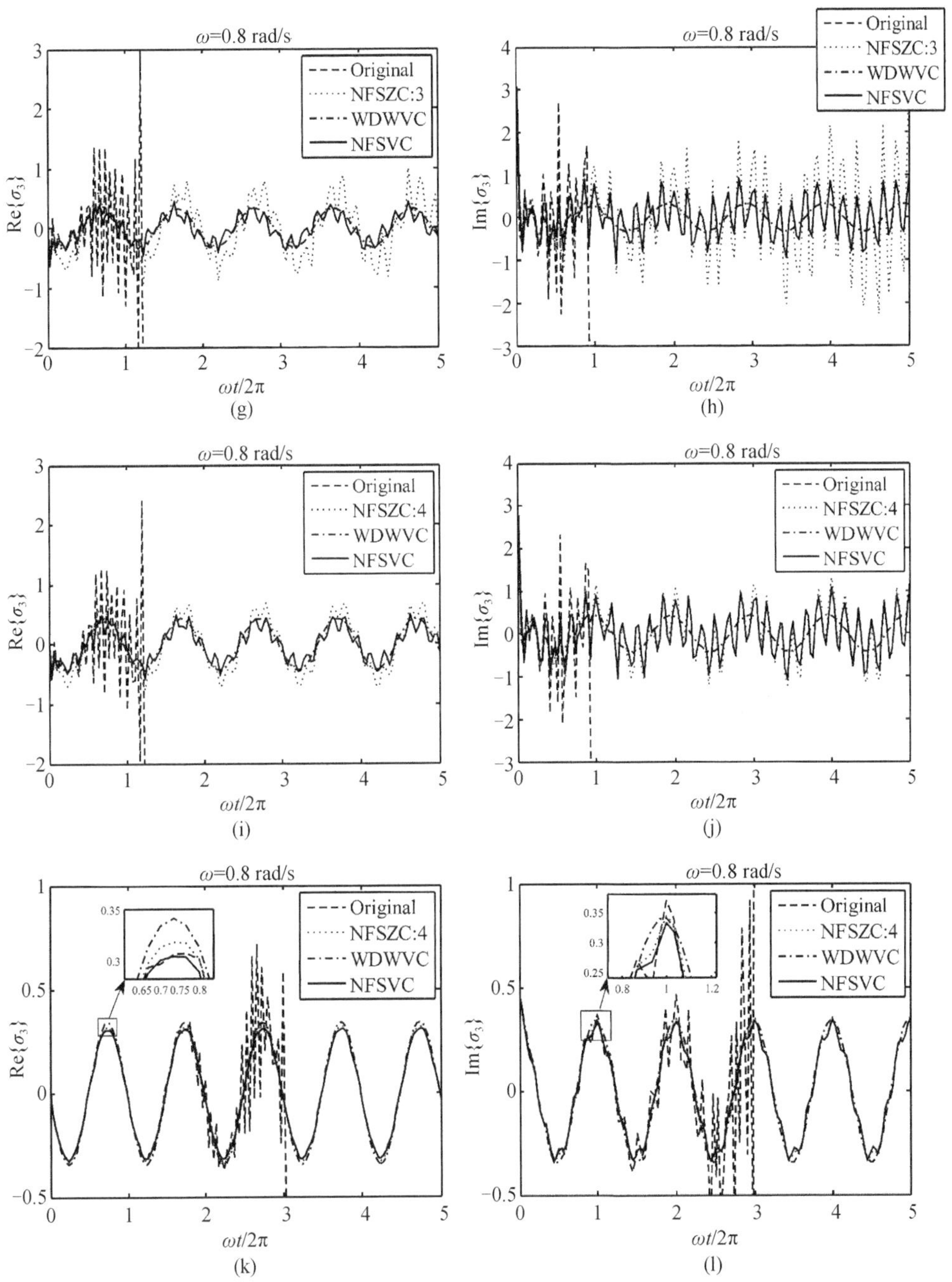

图 3.7 （续）

(g)第 4 个网格的源强密度实部;(h)第 4 个网格的源强密度虚部;
(i)第 5 个网格的源强密度实部;(j)第 5 个网格的源强密度虚部;
(k)第 50 个网格的源强密度实部;(l)第 50 个网格的源强密度虚部

对于近自由面强黏性修正法(NFSVC),黏性系数得到增强的3个近自由面网格上源强密度的计算结果在初始时刻就趋于平稳,这与原始结果或全流场弱黏性修正法的结果有所不同,主要归因于近自由面强黏性修正法的准黏性格林函数瞬时项内的空间黏性效应发挥了作用,可见,准黏性格林函数瞬时项内的空间黏性效应仅在强黏性系数下(例如 $\upsilon>5$)才发挥显著作用,在弱黏性系数下(例如 $\upsilon<1$)效果不明显。值得注意的是,在第3个网格上,近自由面强黏性修正法得到的源强密度幅值被显著夸大了,而在其他网格上却没有这种现象发生。另外不难发现,从第4个网格开始,近自由面强黏性修正法的结果产生了高频振荡,但频率和振幅不随时间变化,因而其结果仍然是收敛的。

表3.1　不同方法对二维楔形体的无量纲一阶垂荡力幅值的计算结果

计算方法	近自由面强黏性修正法(NFSVC)	全流场弱黏性修正法(WDWVC)	近自由面源强密度清零法(NFSZC)	二维频域格林函数法
$\lvert F_3/\Delta_g \rvert$	0.291	0.317	0.271	0.293

对于近自由面源强密度清零法(NFSZC),即使把紧邻近自由面的两个网格上的源强密度清零,第3个网格上的源强密度仍然剧烈振荡并发散,如图3.7(e)(f)所示。而把第3个网格上的源强密度也清零后,第4个网格上源强密度的虚部仍有边振荡振幅边增大的趋势(见图3.7(h)),因而最终采用的方法是把临近自由面的4个网格上的源强密度清零。从图3.7(i)(j)看出,此时第5个网格上的源强密度已经收敛,但其高频振荡的振幅略大于近自由面强黏性修正法。可见,在强奇异性问题中近自由面源强密度清零法可能需要对临近自由面的多个网格的源强密度清零才能解决数值发散的问题,这一点此前鲜有文献指出。另外,尽管段文洋证明了具有外飘角的浮体在水线处的源强密度应为零,但在紧邻水线的各网格控制点上(一般坐落在网格中点上),源强密度一般不为零,至少在本算例中楔形体网格控制点上的源强密度幅值随吃水的减小而增大,因而将多个近自由面网格控制点上的源强密度清零时需要考虑最终结果可能受到的影响。

图3.8对比了采用上述几种方法获得的无量纲一阶垂荡力(计算公式如(3-56)所示),其中近自由面源强密度清零法(NFSZC:4)把临近自由面的4个网格上的源强密度清零以保证结果收敛。图3.8(a)(b)分别是垂荡力的时历曲线和第2个周期($1\leqslant \omega t/2\pi \leqslant 2$)内的时域结果经过傅里叶变换得到的频域结果。

表3.1列出了各方法得到的无量纲一阶垂荡力的幅值。可以发现,相对于无黏性的二维频域自由面格林函数法的结果,近自由面强黏性修正法(NFSVC)的结果与其最接近,近自由面源强密度清零法(NFSZC)低估了结果,全流场弱黏性修正法(WDWVC)则夸大了结果。

造成上述结果的原因可解释如下。

(1)全流场弱黏性修正法在求解源强密度时计入了黏性耗散效应,使得格林函数值随时空距离的增大而加速衰减,在这种条件下通过布置奇点的方式满足物面的边界条件(垂荡运动),必然会导致源强密度变大(如图3.7(k)所示),而在后续的速度势求解中又不计入黏性耗散效应,使得速度势也变大,最终得到的垂荡力幅值也变大。通过图3.4(a)(b)的对比可以发现,若速度势求解中也计入黏性耗散效应,则速度势将变小。

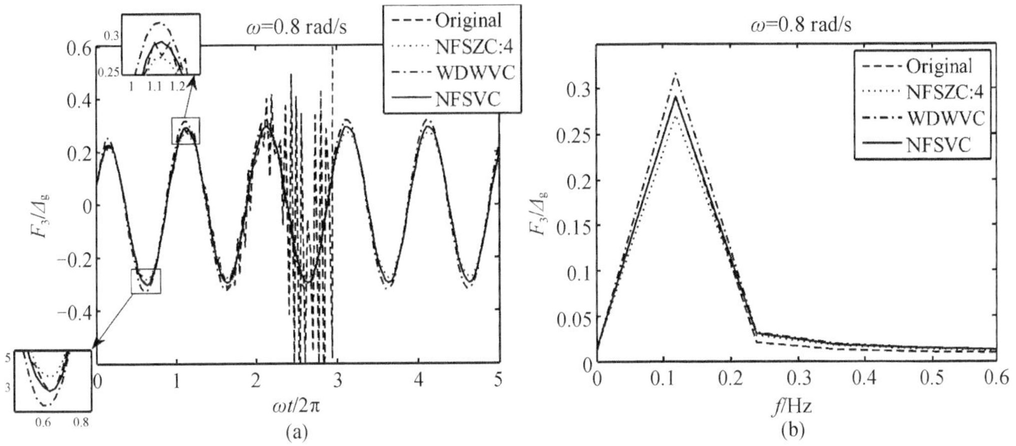

图 3.8　二维楔形体受到的一阶垂荡力

(a)时历曲线;(b)频域结果

(2)近自由面源强密度清零法把紧邻水线的 4 个源强密度清零,相当于布置在物面上的奇点数目减少了 4 个,为了满足给定的物面边界条件,也要求源强密度变大(如图 3.7(k)所示);但在求解各场点上的速度势和垂荡力时,由于奇点数目的减少,其带来的影响超过源强密度的变化量,导致最终得到的垂荡力幅值是偏小的。

(3)由于时域格林函数法的数值奇异性一般先发生在近自由面上,再扩散到全流场,若近自由面上的源强密度能保持稳定收敛,则全流场的源强密度自然也就稳定收敛了。近自由面强黏性修正法正是遵循这个思路,一方面仅在水线附近的若干网格上设置强黏性系数,使水线附近的源强密度保持稳定,进而使全流场内的源强密度都保持稳定;另一方面在其他位置设置可忽略不计的黏性系数,从而尽可能减小对远离自由面区域的源强密度的影响。尽管强黏性系数可能使近自由面个别网格上的源强密度发生较大的偏移(如图 3.7(e)(f)所示),但大多数情况下各网格上的源强密度还是能保持相当稳定准确的结果(如图 3.7(a)至(d),图 3.7(g)至(l)),尤其是在远离自由面的区域内,其与原始结果吻合得最好(如图 3.7(k)(l))。因此,近自由面强黏性修正法在解决源强密度发散问题的同时,对源强密度本身的影响也是最小的,所以该方法最终取得的垂荡力结果与原始结果最接近。

综上,本节针对二维时域自由面格林函数法分析大外飘角楔形体受迫垂荡运动时遇到的强数值奇异性问题,对比了公开文献中的近自由面源强密度清零法,以及本书提出的全流场弱黏性修正法、近自由面强黏性修正法两种方法,发现传统的近自由面源强密度清零法在该强奇异性问题中需要把近自由面多个网格上的源强密度清零才能解决计算发散问题,而这种做法会对数值结果产生不利影响;本书提出的全流场弱黏性修正法的数值稳定性最好,但黏性效应对数值结果有一定影响;而本书所提出的近自由面强黏性修正法,既保全了近自由面网格上的源强密度信息,其黏性效应对大多数网格上的源强密度又不会造成显著影响,该方法所取得的结果与包括频域方法在内的无黏性方法的结果最为接近。

3.4 高速单体船 Series 64 的运动预报

本节以文献中公开的高速单体船 Series 64 为例，验证所发展的准黏性二维半理论及黏性系数 υ 对 Series 64 单体船耐波性运动预报精度的影响，并与无黏性二维半理论计算结果及试验结果进行对比。

3.4.1 Series 64 单体船的船型参数

Series 64 单体船是高速船水动力性能研究中常用的一种船型，英国南安普顿大学开展了该模型的迎浪规则波耐波性试验。图 3.9 是 Series 64 单体船的型线图，表 3.2 是 Series 64 单体船的主要参数。表3.3 是 Series 64 单体船的耐波性试验工况，包括 2 个高航速段的试验（原文还有 2 个航速F_{rL} =0.2，0.53的试验工况在本书没有引用），每个航速段中取5～18 的整数遭遇频率。在本节的计算设置中，Series 64 均被切成50 站，每站的片体湿表面被均匀划分为 60 段线元。

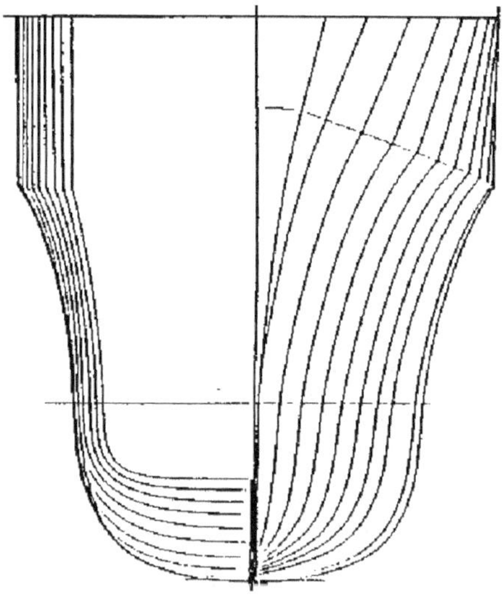

图 3.9 Series 64 单体船的型线图

表 3.2 Series 64 单体船的主要参数

参数（符号）	值	参数（符号）	值
船长（L）	1.6 m	重心距舯（x_g）	-6.4%L
水线宽（B）	0.125 m	重心距基线高（z_g）	1.5T
吃水（T）	0.0625 m	排水量（Δ）	6.67 kg
方形系数（C_B）	0.537	纵摇转动惯量（I_{55}）	0.935 kg · m^2

表 3.3 Series 64 单体船的耐波性试验工况

试验参数	值/m
航速（F_{rL}）	0.65，0.8
遭遇频率（ω）	5～18（整数）

3.4.2 黏性系数对运动预报结果的影响

传统的无黏二维半理论适用于高速船、多体船的运动预报，文献已基于无黏二维半理论开展了大量的相关研究工作并与 STF、三维理论等进行了对比。本书不再重复上述工作，

仅考察黏性系数 υ 的取值对 Series 64 运动预报结果的影响，验证计算程序是否能获得预想的结果。通过尝试，发现 $\upsilon<0.1$ 时的计算结果与无黏性（$\upsilon=0$）的计算结果相比没有明显差别，所以最终取 $\upsilon\geqslant0.1$ 的参数进行研究。图 3.10 显示的是 Series 64 在$F_{rL}=0.65$和$F_{rL}=0.80$ 两个航速下，迎浪规则波中的垂荡运动响应。图中标记为“$\upsilon=0,0.1,0.5,1.0$”的四条线分别表示人工黏性系数为 0,0.1,0.5,1.0 时所对应的计算结果；标记为“EFD”的散点表示参考中给出的船模试验结果。

从图 3.10 中看到，无黏性的二维半理论（$\upsilon=0$）夸大了 Series 64 高速单体船的垂荡运动响应，尤其是共振峰附近的计算结果显著大于试验值。

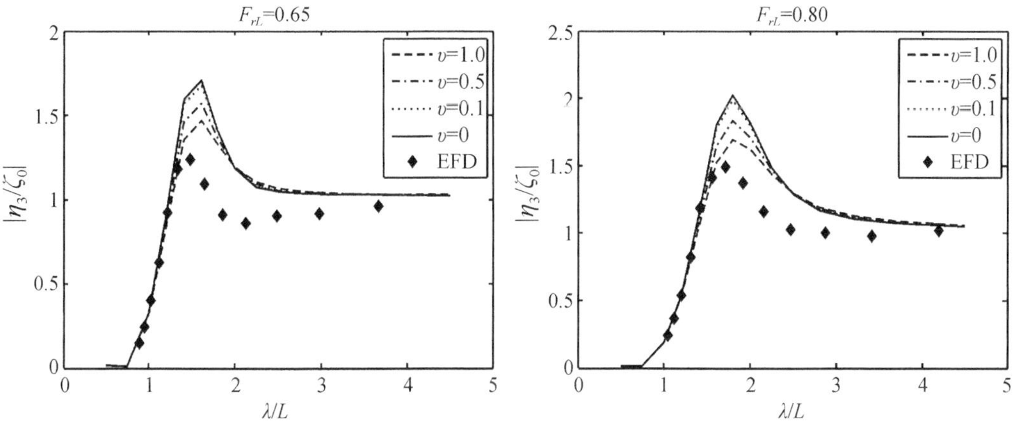

图 3.10 黏性系数对 Series 64 单体船的垂荡运动响应的影响

观察准黏性二维半理论的计算结果可以发现，黏性系数 υ 很小时，准黏性结果十分接近无黏性的结果，这与准黏性理论的预期结果一致。随着黏性系数 υ 的增大，垂荡计算结果的峰值都显著下降，而在远离共振峰的区域内，黏性对运动响应几乎没有影响。对于垂荡运动，黏性系数 υ 的增大提高了 Series 64 的垂荡阻尼，使得垂荡运动的峰值下降，趋于试验结果。

通过该例子得知，准黏性二维半理论的黏性系数 υ 的取值为 0.1 ~ 1.0 时，可以显著降低运动响应的峰值，但在共振峰之外的领域对计算结果没有显著影响。

3.5 黏性系数的无量纲化及其在 Wigley Ⅲ模型中的验证

对于本章所发展的准黏性二维半理论，黏性系数 υ 是有量纲的，其单位是 rad/s，与频率相同。这就给实际应用带来不便，例如在船模中选好的黏性系数，因为尺度问题用到实船中就可能产生不一样的效果。为此，本节将对黏性系数 υ 进行无量纲化，并以文献中公开的 Wigley Ⅲ船模及其放大 100 倍的实船为算例，验证无量纲的黏性系数对船体垂荡运动辐射波产生的影响。

3.5.1 黏性系数的无量纲化

记黏性系数 $\upsilon=\kappa\iota$，其中 κ 是无量纲黏性系数，ι 是黏性系数从无量纲至有量纲的转换关系式。由式(3－18)，黏性的影响主要体现在时间效应和空间效应两项上，即

$$\begin{cases} e^{-\upsilon(t-\tau)} \sim e^{-\kappa\cdot\iota\frac{L}{U}} \\ e^{\frac{\upsilon^2}{g}(z+\zeta+i(y-\eta))} \sim e^{\kappa^2\cdot\frac{\iota^2}{g}L} \end{cases} \tag{3-57}$$

式中符号"～"表示左右两边的式子同阶，L，U 分别表示船长和航速。

显然，要使无量纲黏性系数 κ 具有通用性，则式(3－57)所代表的黏性效应项应是无量纲的，或者说式(3－57)右端与 κ 相乘的指数也具有无量纲的性质，即

$$\begin{cases} \iota\dfrac{L}{U} \sim \mathrm{Const1} \\ \dfrac{\iota^2}{g}L \sim \mathrm{Const2} \end{cases} \tag{3-58}$$

式(3－58)中 Const1、Const2 分别表示某种相似准则数，把式(3－58)的上下两式相除，得

$$\iota \sim \frac{g}{U} \tag{3-59}$$

因此，可以取 $\iota=g/U$ 作为转换关系式，从而获得黏性系数的无量纲化表达式

$$\kappa=\upsilon\cdot\frac{U}{g}=\upsilon\cdot F_{rL}\sqrt{\frac{L}{g}} \tag{3-60}$$

3.5.2 Wigley Ⅲ模型的主要参数

Wigley Ⅲ为数学船型，其主要参数如表 3.4 所示，表中的等效遭遇波长指的是 Wigley Ⅲ模型的垂荡频率等同于在该波长的迎浪规则波中航行时的遭遇频率。船型的无量纲表达式可写成

$$y=(1-z^2)(1-x^2)(1+0.2x^2) \tag{3-61}$$

其中

$$-1\leqslant x\leqslant 1, 0\leqslant z\leqslant 1$$

表 3.4 Wigley Ⅲ模型的主要参数

参数(符号)	值/m	参数(符号)	值
船长(L)	3	Froude 数(F_{rL})	0.30 m
型宽(B)	0.3	垂荡频率(ω)	7.94 rad/s
吃水(T)	0.187 5	等效遭遇波长(λ)	3 m

3.5.3 Wigley Ⅲ模型的垂荡辐射兴波

为了检验无量纲化的黏性系数 κ 是否具有通用性，以表 3.4 所示的 Wigley Ⅲ船模及其放大 100 倍后的大尺度船(简称实船)为对象研究船体的垂荡辐射兴波，实船的 Froude 数与

船模相同，但垂荡频率等于 0.794 rad/s，等效遭遇波长等于 300 m。若记无量纲频率为$\omega' = \omega\sqrt{L/g}$，则船模和实船的无量纲频率也是相同的（都等于 4.391）。计算中把 Wigley Ⅲ从艏至艉划分为 40 站，考察第 30 站处的辐射兴波。

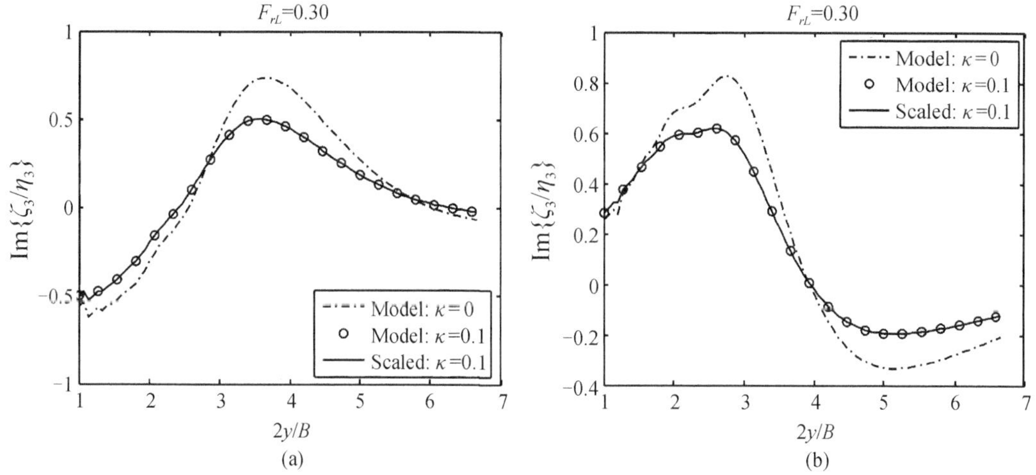

图 3.11 Wigley Ⅲ在第 30 站横剖面($x = -L/4$)上的垂荡辐射兴波无量纲波幅

(a)实部;(b)虚部

图 3.11 展示了 Wigley Ⅲ在第 30 站横剖面上（$x = -L/4$）的垂荡辐射兴波无量纲波幅ζ_3/η_3，其中ζ_3表示垂荡辐射兴波复幅值，η_3表示垂荡运动的幅值。图中“Model：$\kappa = 0$”表示 Wigley Ⅲ船模基于无黏二维半理论的计算结果，“Model：$\kappa = 0.1$”“Scaled：$\kappa = 0.1$”分别表示 Wigley Ⅲ船模和实船基于准黏性二维半理论（无量纲黏性系数取 0.1）的计算结果。不难发现，当无量纲黏性系数都取 0.1 时，模型尺度和实船尺度的无量纲兴波幅值完全一致，这一结果证明了黏性系数的无量纲化是正确的。另外从准黏性二维半理论的计算结果中可以发现，黏性使得自由面上的兴波波幅逐渐下降，波形向船体偏移，辐射波的传播距离变短。

3.6 本章小结

本章提出了准黏性二维时域自由面格林函数，在此基础上建立了准黏性二维时域自由面格林函数法和准黏性二维半理论，给出了准黏性二维时域自由面格林函数及其积分的数值计算方法；再以大外飘角二维楔形体在自由面上的受迫垂荡运动和高速单体船 Series 64 在迎浪规则波中的运动为例，分别对准黏性二维时域自由面格林函数法和准黏性二维半理论进行验证，最后给出了黏性系数的无量纲化表达式，并以 Wigley Ⅲ船的垂荡兴波为例进行检验。主要结论如下：

（1）对比本章提出的准黏性二维时域格林函数自由面记忆项与无黏性格林函数记忆项的表达式，发现不同之处体现在两个方面：一是黏性修正的记忆项存在与时间相关的修正项，使得奇点产生的扰动随着时间的增长呈指数率衰减；二是存在与空间相关的修正项，其作用是使奇点产生的扰动沿水深方向的传播加快衰减，沿水平方向的传播产生相位角偏差。

(2)二维时域自由面格林函数法中黏性修正的边界积分方程与无黏性的边界积分方程具有类似的表达式,差别仅体现在格林函数的形式上,且准黏性二维时域自由面格林函数在人工黏性系数趋于0时,与传统无黏性的二维时域自由面格林函数具有相同的表达式。

(3)与现有的近自由面源强密度清零法相比,本章基于准黏性二维时域自由面格林函数法提出的全流场弱黏性修正法和近自由面强黏性修正法两种方法,在处理大外飘角浮体水动力的强数值奇异性问题时更具优势,具体表现在:全流场弱黏性修正法的数值稳定性非常好,可以使包括近自由面单元的任意场点上的源强密度保持稳定、光滑;而近自由面强黏性修正法的优点是在保全近自由面单元上源强密度信息的同时,其黏性效应又不会对大多数网格上的源强密度造成显著影响,该方法所取得的结果与无黏性频域方法的结果最为接近。

(4)基于准黏性二维半理论预报高速单体船 Series 64 的垂荡运动,黏性系数在趋于0时,黏性修正的结果与无黏性的结果几乎一致,仅当黏性系数足够大时(一般大于0.1),才出现较为显著的区别,且在相当大的取值范围内(0.1~1.0或更大范围),黏性修正的结果是非常稳定的,可以增大船体的运动阻尼,降低因缺少黏性阻尼形成的夸张的垂荡运动响应峰值,而黏性对响应峰之外区域的运动结果影响很小。

(5)准黏性二维半理论中的黏性系数可以被无量纲化,无量纲的黏性系数对相同 Froude 数、以相同的无量纲频率做摇荡运动的船舶有相同的影响规律。

第4章　混合边值和狄里克莱边值二维半理论

4.1　概　　述

气垫船水动力是除气动力外决定船体在波浪中运动的另一个主要作用力。气垫船水动力主要涉及侧体水动力和内自由面非定常兴波两方面问题，其中侧体水动力（公式）直接影响船体的运动，而内自由面非定常兴波则通过对气垫气动力产生作用，间接影响船体的运动。

传统上气垫船的侧体水动力和内自由面非定常兴波是分开考虑的，侧体水动力一般采用二维切片法计算，而内自由面非定常兴波要么基于 F－K 假设只考虑入射波的影响，要么只考虑气垫的气动力兴波（采用三维线性势流模型）而忽略侧体辐射和绕射兴波、侧体与气垫气动力兴波的相互作用。

近年来，随着数值计算技术的发展，出现了一些可统一解决气垫船（平台）侧体水动力和内自由面非定常兴波问题的方法，主要包括 CFD 方法，基于 Rankine 源的格林函数法和零航速自由面格林函数法等。其中，现有的零航速自由面格林函数法主要用于分析零航速气垫平台或气垫船的水动力性能，无法解决高速气垫船的水动力问题；而 CFD 方法和基于 Rankine 源的格林函数法则因计算量较大暂未在工程中获得广泛应用。也就是说，目前缺少一种高效率的可统一解决高速气垫船水动力问题的计算方法。

为了解决上述问题，本章先把解决排水型船舶水动力问题的二维半理论（包括传统的无黏性二维半理论和上一章发展的准黏性二维半理论）发展为可解决侧壁式气垫船水动力问题的混合边值二维半理论，及可解决全垫升气垫船水动力问题的狄里克莱边值二维半理论；再通过移动脉动压力面兴波（不带侧壁的气垫气动力兴波）来验证二维半理论在狄里克莱边值问题上的适用条件；最后检验黏性系数对自由面脉动压力辐射兴波的影响。

4.2　侧壁式气垫船的混合边值二维半理论

4.2.1　侧壁式气垫船的混合边值问题

图 4.1 描述的是气垫船简化绕流场及内部开拓流场的边界组成，图中S_F、S_B、S_P、S_∞分别表示气垫船的平均外自由面、侧体平均湿表面边界、平均内自由面和无穷远处的边界（本章暂时假定气垫船的内外自由面高度是相同的），Ω 是由边界$S_F \cup S_B \cup S_P \cup S_\infty$围成的封闭

流域；图中Ω_i是物体内部的开拓流场，S_{Fi}是开拓流场的自由面。

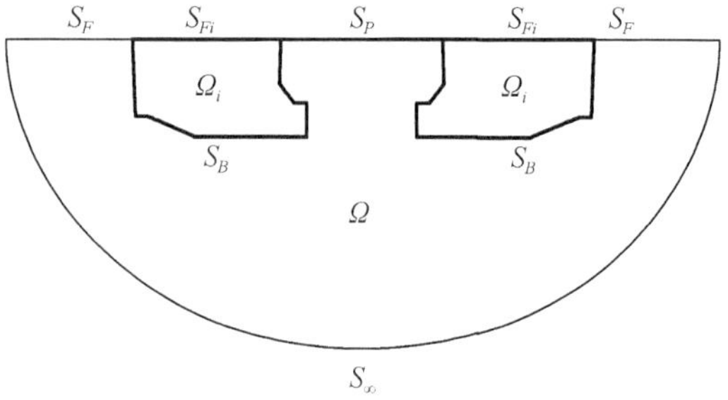

图 4.1　气垫船简化绕流场及内部开拓流场的边界组成

设气垫船的两个坐标系（大地坐标系 $O-XYZ$ 和伴随坐标系 $o-xyz$）如图 1.5 所示，入射势、侧体辐射势和绕射势如第 3 章式（3－1）至式（3－8）所示。此外，设作用在气垫船内自由面S_P上的气动力（简谐脉动压力）为$\tilde{p}(x,y,t)=\hat{p}(x,y)\mathrm{e}^{\mathrm{i}\omega t}$，水流场因气动力$\tilde{p}$的作用而产生的辐射势为$\phi_P(x,y,z,t)=\phi_8(x,y,z)\mathrm{e}^{\mathrm{i}\omega t}$，则内自由面上满足的条件为

$$\left(\left(\mathrm{i}\omega-U\frac{\partial}{\partial x}\right)^2+g\frac{\partial}{\partial z}\right)\phi_8=-\frac{1}{\rho_w}\left(\mathrm{i}\omega-U\frac{\partial}{\partial x}\right)\hat{p} \tag{4-1}$$

综上，在线性假设下，气垫船的（水）绕流场中的非定常势可写成

$$\phi_T=\phi_I+\phi_R+\phi_D+\phi_P=\left\{\zeta_0\phi_0+\sum_{j=1}^{6}\eta_j\phi_j+\zeta_0\phi_7+\phi_8\right\}\mathrm{e}^{\mathrm{i}\omega t} \tag{4-2}$$

式中，各速度势的空间变量ϕ_j，$j=1,2,\cdots,8$ 满足如下定解条件

$$\begin{cases}\nabla^2\phi_j=0, & \text{在域 }\Omega\text{ 中}\\ \left[\left(\mathrm{i}\omega-U\frac{\partial}{\partial x}\right)^2+g\frac{\partial}{\partial z}\right]\phi_j=0, & \text{在平均外自由面}S_F\text{上}\\ \left[\left(\mathrm{i}\omega-U\frac{\partial}{\partial x}\right)^2+g\frac{\partial}{\partial z}\right]\phi_j=\begin{cases}0, & j=1,\cdots,7\\ -\frac{\left(\mathrm{i}\omega-U\frac{\partial}{\partial x}\right)}{\rho_w}\hat{p}, & j=8\end{cases}, & \text{在平均内自由面}S_P\text{上}\\ \frac{\partial\phi_j}{\partial n}=\begin{cases}\mathrm{i}\omega n_j+Um_j, & j=1,\cdots,6\\ -\frac{\partial\phi_0}{\partial n}, & j=7\\ 0, & j=8\end{cases}, & \text{在平均湿表面}S_B\text{上}\\ \phi_j=\nabla\phi_j=0, & \text{在无穷远边界}S_\infty\text{上}\end{cases} \tag{4-3}$$

一般情况下侧壁式气垫船满足高速、细长的特征，因此可以引入高速细长体假设，同时定解条件（4－3）中的纵荡速度势（ϕ_1）可以忽略，剩余速度势（ϕ_j，$j=2,3,\cdots,8$）满足的定解条件变成

$$\begin{cases} \dfrac{\partial^2 \phi_j}{\partial y^2} + \dfrac{\partial^2 \phi_j}{\partial z^2} = 0, & \text{在域 } \Omega \text{ 中} \\ \left[\left(\mathrm{i}\omega - U\dfrac{\partial}{\partial x} \right)^2 + g\dfrac{\partial}{\partial z} \right] \phi_j = 0, & \text{在平均外自由面} S_F \text{上} \\ \left[\left(\mathrm{i}\omega - U\dfrac{\partial}{\partial x} \right)^2 + g\dfrac{\partial}{\partial z} \right] \phi_j = \begin{cases} 0, & j = 2, \cdots, 7 \\ -\dfrac{\left(\mathrm{i}\omega - U\dfrac{\partial}{\partial x} \right)}{\rho_w} \hat{p}, & j = 8 \end{cases}, & \text{在平均内自由面} S_P \text{上} \\ \dfrac{\partial \phi_j}{\partial n} = \begin{cases} \mathrm{i}\omega N_j + U m_j, & j = 2, \cdots, 6 \\ -\dfrac{\partial \phi_0}{\partial n}, & j = 7 \\ 0, & j = 8 \end{cases}, & \text{在平均湿表面} S_B \text{上} \\ \phi_j = \dfrac{\partial \phi_j}{\partial x} = 0, & \text{在船首前方 } x > x_0 \\ \phi_j = \nabla \phi_j = 0, & \text{在无穷远边界} S_\infty \text{上} \end{cases} \tag{4-4}$$

从定解问题(4-4)可以看出,$\phi_j(j=1,2,\cdots,7)$对应的定解问题实际上属于纽曼边值问题,其黏性修正和无黏的二维半解法已分别在上一章和文献中给出;而ϕ_8对应的定解问题

$$\begin{cases} \dfrac{\partial^2 \phi_8}{\partial y^2} + \dfrac{\partial^2 \phi_8}{\partial z^2} = 0, & \text{在域 } \Omega \text{ 中} \\ \left[\left(\mathrm{i}\omega - U\dfrac{\partial}{\partial x} \right)^2 + g\dfrac{\partial}{\partial z} \right] \phi_8 = \begin{cases} -\dfrac{\left(\mathrm{i}\omega - U\dfrac{\partial}{\partial x} \right)}{\rho_w} \hat{p}, & \text{在平均内自由面} S_P \text{上} \\ 0, & \text{在平均外自由面} S_F \text{上} \end{cases} \\ \dfrac{\partial \phi_8}{\partial n} = 0, & \text{在平均湿表面} S_B \text{上} \\ \phi_8 = \dfrac{\partial \phi_8}{\partial x} = 0, & \text{在船首前方 } x > x_0 \text{（} x_0 \text{表示船首坐标）} \\ \phi_8 = \nabla \phi_8 = 0, & \text{在无穷远边界} S_\infty \text{上} \end{cases} \tag{4-5}$$

属于混合边值问题,该问题的二维半解法尚未获得研究,所以本章的核心工作就是研究ϕ_8的二维半解法。

4.2.2 混合边值问题的二维半解法

混合边值问题式(4-5)的自由面条件是三维有航速的,控制方程是二维的,满足艏前无波的假设,所以它与纽曼边值问题一样也是二维半理论。同样的,求解式(4-5)需引入下列变换

$$\begin{cases} t(x) = (x_0 - x)/U \\ \psi_8(t,y,z) = \mathrm{e}^{\mathrm{i}\omega t(x)} \phi_8(x,y,z) \\ \Pi(t,y) = \mathrm{e}^{\mathrm{i}\omega t(x)} \hat{p}(x,y) \end{cases} \tag{4-6}$$

把式(4-6)代入(4-5)中,在内外自由面上计入黏性修正项,得

$$\begin{cases}\dfrac{\partial^2\psi_8}{\partial y^2}+\dfrac{\partial^2\psi_8}{\partial z^2}=0, & \text{在域}\,\Omega\,\text{中}\\ \dfrac{\partial^2\psi_8}{\partial t^2}+2\upsilon\dfrac{\partial\psi_8}{\partial t}+g\dfrac{\partial\psi_8}{\partial z}=\begin{cases}-\dfrac{1}{\rho_w}\dfrac{\partial\Pi}{\partial t},\\ 0,\end{cases} & \text{在平均内自由面}S_P\text{上,在平均外自由面}S_F\text{上}\\ \dfrac{\partial\psi_8}{\partial n}=0, & \text{在平均湿表面}S_B\text{上}\\ \psi_8=0, & t\leqslant 0\\ \dfrac{\partial\psi_8}{\partial t}=\begin{cases}-\dfrac{\Pi(0,y)}{\rho_w},\\ 0,\end{cases} & t=0,\text{在平均内自由面}S_P\text{上}\\ t=0,\text{在平均内自由面}S_F\text{上} & \\ \psi_8=\nabla\psi_8=0, & \text{在无穷远边界}S_\infty\text{上}\end{cases}$$

(4-7)

定解问题(4-7)中的域 Ω 及其边界指的是气垫船二维横剖面内的流域和边界(参考图4.1)。

下面开始求解定解问题(4-7)。引入二维时域自由面格林函数

$$G(\boldsymbol{p},t;\boldsymbol{q},\tau;\upsilon)=I(\boldsymbol{p},\boldsymbol{q},\upsilon)\delta(t-\tau)-H(t-\tau)\widetilde{G}(\boldsymbol{p},t;\boldsymbol{q},\tau;\upsilon)\tag{4-8}$$

上式是黏性修正($\upsilon>0$)的或者无黏性($\upsilon=0$)的二维时域自由面格林函数的统一表达式,式中 $I(\boldsymbol{p},\boldsymbol{q},\upsilon)$,$\widetilde{G}(\boldsymbol{p},t;\boldsymbol{q},\tau;\upsilon)$ 的表达式分别如式(3-33)和式(3-34)所示。

对 $\psi_8(\tau,q)$ 和 $\widetilde{G}(\boldsymbol{p},t;\boldsymbol{q},\tau;\upsilon)$ 应用格林公式,得

$$\int_{S_F+S_B+S_P+S_\infty}\left(\psi_8\frac{\partial\widetilde{G}}{\partial n_q}-\widetilde{G}\frac{\partial\psi_8}{\partial n_q}\right)\mathrm{d}s_q=0\tag{4-9}$$

注意到式(4-9)在无穷边界 S_∞ 上的积分为0,且式(4-9)对任一时刻 $\tau\in[0,t]$ 都成立,所以式(4-9)又可变成

$$\int_0^t\mathrm{d}\tau\int_{S_F+S_B+S_P}\left(\psi_8\frac{\partial\widetilde{G}}{\partial n_q}-\widetilde{G}\frac{\partial\psi_8}{\partial n_q}\right)\mathrm{d}s_q=0\tag{4-10}$$

由式(3-23)知,式(4-10)在外自由面 S_F 上的积分可转化为

$$\int_0^t\mathrm{d}\tau\int_{S_F}\left(\psi_8(\tau,\boldsymbol{q})\frac{\partial\widetilde{G}}{\partial n_q}-\widetilde{G}\frac{\partial\psi_8(\tau,\boldsymbol{q})}{\partial n_q}\right)\mathrm{d}s_q=\int_{S_F}\psi_8(t,\boldsymbol{q})\frac{\partial}{\partial\zeta}I(\boldsymbol{p},\boldsymbol{q},\upsilon)\mathrm{d}s_q$$

(4-11)

再对 $\psi_8(t,\boldsymbol{q})$ 和 $I(\boldsymbol{p},\boldsymbol{q},\upsilon)$ 应用格林公式,得

$$\int_{S_F}\psi_8(t,\boldsymbol{q})\frac{\partial}{\partial\zeta}I(\boldsymbol{p},\boldsymbol{q},\upsilon)\mathrm{d}s_q$$

$$=2\pi\psi_8(t,\boldsymbol{p})-\int_{S_B+S_P}\left(\psi_8(t,\boldsymbol{q})\frac{\partial I(\boldsymbol{p},\boldsymbol{q},\upsilon)}{\partial n_q}-I(\boldsymbol{p},\boldsymbol{q},\upsilon)\frac{\partial\psi_8(t,\boldsymbol{q})}{\partial n_q}\right)\mathrm{d}s_q$$

$$=2\pi\psi_8(t,\boldsymbol{p})-\int_{S_B}\left(\psi_8(t,\boldsymbol{q})\frac{\partial I(\boldsymbol{p},\boldsymbol{q},\upsilon)}{\partial n_q}-I(\boldsymbol{p},\boldsymbol{q},\upsilon)\frac{\partial\psi_8(t,\boldsymbol{q})}{\partial n_q}\right)\mathrm{d}s_q-$$

$$\int_{S_P}\psi_8(t,\boldsymbol{q})\frac{\partial I(\boldsymbol{p},\boldsymbol{q},\upsilon)}{\partial\zeta}\mathrm{d}s_q \tag{4-12}$$

类似地，式(4－10)在内自由面S_P上的积分可转化为

$$\int_0^t\mathrm{d}\tau\int_{S_P}\left(\psi_8\frac{\partial\widetilde{G}}{\partial n_q}-\widetilde{G}\frac{\partial\psi_8}{\partial n_q}\right)\mathrm{d}s_q$$

$$=-\frac{1}{g}\int_0^t\mathrm{d}\tau\int_{S_P}\left(\psi_8\left(\frac{\partial^2\widetilde{G}}{\partial\tau^2}-2\upsilon\frac{\partial\widetilde{G}}{\partial\tau}\right)-\widetilde{G}\left(\frac{\partial^2\psi_8}{\partial\tau^2}+2\upsilon\frac{\partial\psi_8}{\partial\tau}\right)-\frac{\widetilde{G}}{\rho_w}\frac{\partial\Pi}{\partial\tau}\right)\mathrm{d}s_q$$

$$=-\frac{1}{g}\int_{S_P}\left(\psi_8\frac{\partial\widetilde{G}}{\partial\tau}\bigg|_{\tau=t}+\widetilde{G}\frac{\partial\psi_8}{\partial\tau}\bigg|_{\tau=0}\right)\mathrm{d}s_q+\frac{1}{\rho_w g}\int_{S_P}\left(\widetilde{G}\Pi\bigg|_{\tau=0}^{t}-\int_0^t\Pi\frac{\partial\widetilde{G}}{\partial\tau}\mathrm{d}\tau\right)\mathrm{d}s_q$$

$$=\frac{1}{g}\int_{S_P}\left(\psi_8\frac{\partial I(\boldsymbol{p},\boldsymbol{q},\upsilon)}{\partial\zeta}+\frac{1}{\rho_w}\widetilde{G}\bigg|_{\tau=0}\Pi(0,\eta)\right)\mathrm{d}s_q-$$

$$\frac{1}{\rho_w g}\int_{S_P}\left(\widetilde{G}\bigg|_{\tau=0}\Pi(0,\eta)+\int_0^t\Pi\frac{\partial\widetilde{G}}{\partial\tau}\mathrm{d}\tau\right)\mathrm{d}s_q$$

$$=\int_{S_P}\psi_8(t,\boldsymbol{q})\frac{\partial I(\boldsymbol{p},\boldsymbol{q},\upsilon)}{\partial\zeta}\mathrm{d}s_q-\frac{1}{\rho_w g}\int_0^t\mathrm{d}\tau\int_{S_P}\Pi(\tau,\eta)\frac{\partial\widetilde{G}}{\partial\tau}\mathrm{d}s_q \tag{4-13}$$

由式(4－10)至式(4－13)，得边界积分方程

$$2\pi\psi_8(t,\boldsymbol{p})-\int_{S_B}\left(\psi_8(t,\boldsymbol{q})\frac{\partial I(\boldsymbol{p},\boldsymbol{q},\upsilon)}{\partial n_q}-I(\boldsymbol{p},\boldsymbol{q},\upsilon)\frac{\partial\psi_8(t,\boldsymbol{q})}{\partial n_q}\right)\mathrm{d}s_q$$

$$=-\int_0^t\mathrm{d}\tau\int_{S_B}\left(\psi_8(\tau,\boldsymbol{q})\frac{\partial\widetilde{G}}{\partial n_q}-\widetilde{G}\frac{\partial\psi_8(\tau,\boldsymbol{q})}{\partial n_q}\right)\mathrm{d}s_q+\frac{1}{\rho_w g}\int_0^t\mathrm{d}\tau\int_{S_P}\Pi(\tau,\eta)\frac{\partial\widetilde{G}}{\partial\tau}\mathrm{d}s_q \tag{4-14}$$

不难发现，式(4－14)的右边最后一项体现了作用在内自由面上的气垫气动力对流场速度势的影响。除去该气动力作用项之外，式(4－14)的剩余部分与式(3－32)所代表的排水型船舶的边界积分方程是相同的。

为了在物面上得到点源形式的格林函数分布，对船体内部Ω_i开拓流场（如图 4.1 所示），记ψ_{i8}为开拓流场内的速度势。对$\psi_{i8}(\tau,q)$和$\widetilde{G}(\boldsymbol{p},t;\boldsymbol{q},\tau;\upsilon)$ $(p\in\Omega,q\in\Omega_i)$应用格林公式，得

$$\int_{S_B}\left(\psi_{i8}(t,\boldsymbol{q})\frac{\partial I(\boldsymbol{p},\boldsymbol{q},\upsilon)}{\partial n_q}-I(\boldsymbol{p},\boldsymbol{q},\upsilon)\frac{\partial\psi_{i8}(t,\boldsymbol{q})}{\partial n_q}\right)\mathrm{d}s_q$$

$$=\int_0^t\mathrm{d}\tau\int_{S_B}\left(\psi_{i8}(\tau,\boldsymbol{q})\frac{\partial\widetilde{G}}{\partial n_q}-\widetilde{G}\frac{\partial\psi_{i8}(\tau,\boldsymbol{q})}{\partial n_q}\right)\mathrm{d}s_q \tag{4-15}$$

将式(4－14)与式(4－15)求和,得点源分布形式的边界积分方程

$$2\pi\psi_8(t,\boldsymbol{p})+\int_{S_B}\sigma_8(t,\boldsymbol{q})I(\boldsymbol{p},\boldsymbol{q},\upsilon)\mathrm{d}s_q$$

$$=\int_0^t\mathrm{d}\tau\int_{S_B}\sigma_8(\tau,\boldsymbol{q})\widetilde{G}\mathrm{d}s_q+\frac{1}{\rho_w g}\int_0^t\mathrm{d}\tau\int_{S_P}\Pi(\tau,\eta)\frac{\partial\widetilde{G}}{\partial\tau}\mathrm{d}s_q \tag{4-16}$$

式中,$\sigma_8(\tau,\boldsymbol{q})=\dfrac{\partial\psi_8(\tau,\boldsymbol{q})}{\partial n_q}-\dfrac{\partial\psi_{i8}(\tau,\boldsymbol{q})}{\partial n_q}$为分布点源的源强密度。

把式(4－16)的左右两边分别对$n_p(\boldsymbol{p}\in S_B)$进行求导,并计及物面条件$\dfrac{\partial\psi_8(t,\boldsymbol{p})}{\partial n_p}=0$,得源强密度$\sigma_8$的计算式

$$-\pi\sigma_8(t,\boldsymbol{p})+\int_{S_B}\sigma_8(t,\boldsymbol{q})\frac{\partial I(\boldsymbol{p},\boldsymbol{q},\upsilon)}{\partial n_p}\mathrm{d}s_q$$

$$=\int_0^t\mathrm{d}\tau\int_{S_B}\sigma_8(\tau,\boldsymbol{q})\frac{\partial\widetilde{G}}{\partial n_p}\mathrm{d}s_q+\frac{1}{\rho_w g}\int_0^t\mathrm{d}\tau\int_{S_P}\Pi(\tau,\eta)\frac{\partial^2\widetilde{G}}{\partial z\partial\tau}\mathrm{d}s_q \tag{4-17}$$

从而,当内自由面上的气动力Π已知时,即可根据式(4－17)求得侧体湿表面S_B上的源强密度σ_8,进而根据式(4－16)求得侧体平均湿表面S_B上的速度势ψ_8。

对内自由面兴波、侧体水动力的具体求解方法,将在下一章的多域二维半理论中统一开展。

4.2.3 与气动力相关的二维时域格林函数的数值计算

与第3章相比,在本章的边界积分方程式(4－16)和式(4－17)中,因气垫气动力的引进产生了若干新的格林函数积分项,如$\int_{\Delta s_j}\dfrac{\partial\widetilde{G}_{ij}}{\partial\tau}\mathrm{d}s$,$\int_{\Delta s_j}\dfrac{\partial^2\widetilde{G}_{ij}}{\partial z\partial\tau}\mathrm{d}s$等。本小节简要介绍这些新出现的积分项的数值计算方法。

根据变换公式(3－52)至式(3－54),可推导得

$$\frac{\partial\widetilde{G}}{\partial\tau}=4E_tE_z\sqrt{\frac{g}{r_1}}\left[-\sqrt{\frac{g}{r_1}}(C_vG_{1CC}-S_vG_{1SC})+\boldsymbol{\upsilon}(C_vG_{0CS}-S_vG_{0SS})\right] \tag{4-18}$$

$$\frac{\partial^2\widetilde{G}}{\partial z\partial\tau}=4E_tE_z\sqrt{\frac{g}{r_1}}\left[\boldsymbol{\upsilon}\left(\frac{C_vG_{2CS}-S_vG_{2SS}}{r_1}+\mu(C_vG_{0CS}-S_vG_{0SS})\right)-\sqrt{\frac{g}{r_1}}\left(\frac{C_vG_{3CC}-S_vG_{3SC}}{r_1}+\mu(C_vG_{1CC}-S_vG_{1SC})\right)\right] \tag{4-19}$$

其中

$$\begin{cases}G_{3CC}=\int_0^\infty X^3\mathrm{e}^{-X^2C}\cos(X^2S)\cos(XT)\mathrm{d}X\\ G_{3SC}=\int_0^\infty X^3\mathrm{e}^{-X^2C}\sin(X^2S)\cos(XT)\mathrm{d}X\end{cases} \tag{4-20}$$

可见,新产生格林函数的计算最终也可以归结为G_{0CS}和G_{0SS}的计算(详见文献)。

4.3 全垫升气垫船的狄里克莱边值二维半理论

全垫升气垫船的狄里克莱边值问题是气垫船水动力学中常见的一类问题,包括有航速全垫升气垫船的气垫水动力问题,或者有航速侧壁式气垫船的简化的气垫水动力问题(忽略侧壁对气垫脉动压力兴波的影响),这类问题也是本章第4.2节导出的侧壁式气垫船的气垫水动力问题(混合边值问题)的一种简化。在早期研究工作中(Doctors, Kim、Tsakonas),一般采用三维线性势流理论方法求解狄里克莱边值问题(移动脉动压力面兴波问题),但由于需要处理多种奇异、振荡函数的积分(见附录C),其数值计算工作相当烦琐,而且对压力面的形状也有所要求(一般为矩形);近年来随着计算机运算速度的提升和数值计算方法的发展,更多的研究工作倾向于采用计算量相对较大的三维Rankine源法或CFD方法来解决移动脉动压力面兴波问题。

同时,近年来在高速排水型船舶的水动力领域中兴起的二维半理论,实际上也为自由面上移动脉动压力面兴波问题的研究工作带来了启示:能否通过高效便捷的二维半理论来解决该问题? 遗憾的是,至今没有相关研究工作在这个方向上做过尝试。

为此,本节试图通过二维半理论研究狄里克莱边值问题,一方面回答上述可行性问题,另一方面也是在为下文对混合边值二维半理论的应用研究作铺垫。

4.3.1 狄里克莱边值问题的二维半理论

由公式(4-16),得二维时域中自由面S_F或压力面S_P上的速度势表达式

$$\psi_8(t,y,0) = \frac{1}{2\pi\rho_w g}\int_0^t \mathrm{d}\tau\int_{S_P}\Pi(\tau,\eta)\frac{\partial\widetilde{G}}{\partial\tau}\mathrm{d}s_q \tag{4-21}$$

将上式对时间t求导,得

$$\frac{\partial\psi_8(t,y,0)}{\partial t} = \frac{1}{2\pi\rho_w g}\int_{S_P}\Pi(t,y,0)\left.\frac{\partial\widetilde{G}}{\partial\tau}\right|_{\tau=t}\mathrm{d}s_q - \frac{1}{2\pi\rho_w g}\int_0^t \mathrm{d}\tau\int_{S_P}\Pi(\tau,\eta)\frac{\partial^2\widetilde{G}}{\partial t^2}\mathrm{d}s_q \tag{4-22}$$

根据式(3-22),式(4-22)右边第一式可转化为

$$\frac{1}{2\pi\rho_w g}\int_{S_P}\Pi(t,y,0)\left.\frac{\partial\widetilde{G}}{\partial\tau}\right|_{\tau=t}\mathrm{d}s_q = -\frac{1}{2\pi\rho_w}\int_{S_P}\Pi(t,y,0)\frac{\partial I(\boldsymbol{p},\boldsymbol{q},\boldsymbol{v})}{\partial\zeta}\mathrm{d}s_q \tag{4-23}$$

对$\Pi(t,y,0)$和$I(\boldsymbol{p},\boldsymbol{q},\boldsymbol{v})$应用格林公式,并考虑到在除压力面$S_P$外的自由面$S_F$上$\Pi(t,y,0)=0$,式(4-23)可进一步转化为

$$\frac{1}{2\pi\rho_w g}\int_{S_P}\Pi(t,y,0)\left.\frac{\partial\widetilde{G}}{\partial\tau}\right|_{\tau=t}\mathrm{d}s_q = -\frac{\Pi(t,y,0)}{\rho_w} \tag{4-24}$$

把式(4-24)代入式(4-22)中,并根据式(3-15)第2式,得

$$\frac{\partial\psi_8(t,y,0)}{\partial t} = -\frac{\Pi(t,y)}{\rho_w} + \frac{1}{2\pi\rho_w}\int_0^t \mathrm{d}\tau\int_{S_P}\Pi(\tau,\eta)\left(\frac{2v}{g}\cdot\frac{\partial\widetilde{G}}{\partial t} + \frac{\partial\widetilde{G}}{\partial z}\right)\mathrm{d}s_q \tag{4-25}$$

另一方面,根据黏性修正的伯努利方程

$$\frac{\partial\psi_8(t,y,0)}{\partial t}+2\upsilon\,\psi_8(t,y,0)+g\,\zeta_8(t,y)+\frac{\Pi(t,y)}{\rho_w}=0 \tag{4-26}$$

式中,ζ_8表示二维时域中自由面S_F或压力面S_P上的脉动压力兴波。联立式(4-21)、式(4-25)和式(4-26),并通过时空转换得三维频域中自由面上的移动脉动压力兴波的复幅值

$$\zeta_8(x,y)=-\frac{e^{-i\omega t(x)}}{2\pi\rho_w g}\int_0^t d\tau\int_{S_P}\Pi(\tau,\eta)\frac{\partial\widetilde{G}}{\partial z}ds_q \tag{4-27}$$

本节所考虑的移动脉动压力为单位幅值的简谐振荡压力,即$\Pi(\tau,\eta)=e^{i\omega\tau}$,压力面的宽度为$b$,从而使式(4-27)简化为

$$\zeta_8(x,y)=-\frac{e^{-i\omega t(x)}}{2\pi\rho_w g}\int_0^t e^{i\omega\tau}d\tau\int_{-b/2}^{b/2}\frac{\partial\widetilde{G}}{\partial z}ds_q \tag{4-28}$$

4.3.2 狄里克莱边值二维半理论与三维势流理论的计算结果对比

如前文所述,本小节以作用在自由面上且以速度U沿x轴正方向移动的矩形脉动压力面$\tilde{p}(\xi,\eta,t)=ev$(尺寸为$l\times b$,分布于伴随坐标系$o-xyz$的区间$-l/2\leq\xi\leq l/2$,$-b/2\leq\eta\leq b/2$中)为研究对象,根据式(4-28)(取$\upsilon=0$)计算该移动脉动压力面引起的自由面兴波,并与三维势流理论方法(计算公式及其验证见附录C)的计算结果进行对比,分析(无黏性)二维半理论解决狄里克莱边值问题的可行性。

图4.2至图4.4展示了矩形压力面$\tilde{p}$的长宽比(l/b)分别为10,2,1时中纵剖面$y=0$上的兴波波幅ζ_8的实部和虚部,各图中压力面的移动速度U都等于$\sqrt{2gl}/2$,Brard数$\varepsilon=U\omega/g$都等于0.275。图中"2.5D""3D"分别表示二维半和三维方法的计算结果。

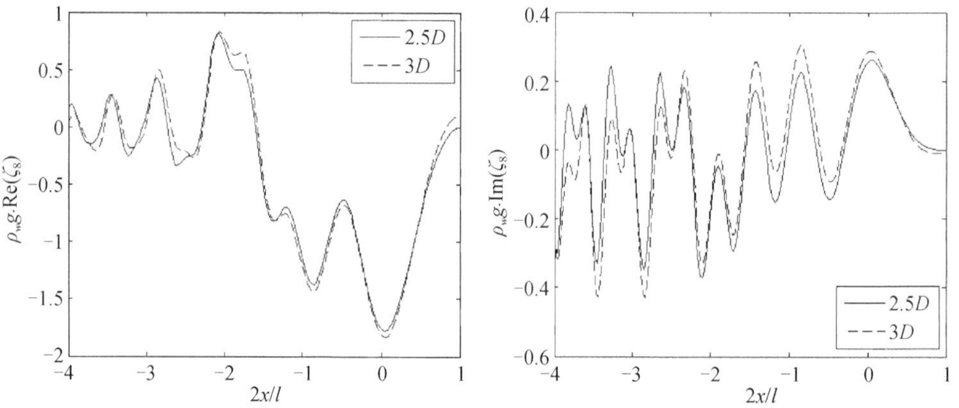

图4.2 中纵剖面$y=0$上的移动脉动压力兴波的计算结果($l/b=10,U=\sqrt{2gl}/2,\varepsilon=0.275$)

(左:实部;右:虚部)

可以看出,图4.2中二维半与三维方法的计算结果吻合得较好。不难验证,在本计算工况下压力面基本满足高速细长体的假设

(1)压力面的长宽比为$l/b=10$,压力面形状满足细长体的假设;

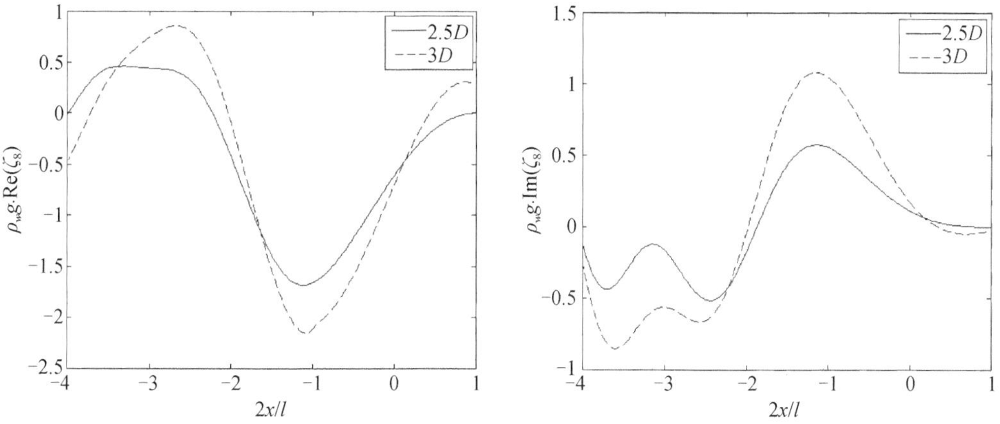

图 4.3 中纵剖面 $y=0$ 上的移动脉动压力兴波的计算结果($l/b=2, U=\sqrt{2gl}/2, \varepsilon=0.275$)

(左:实部;右:虚部)

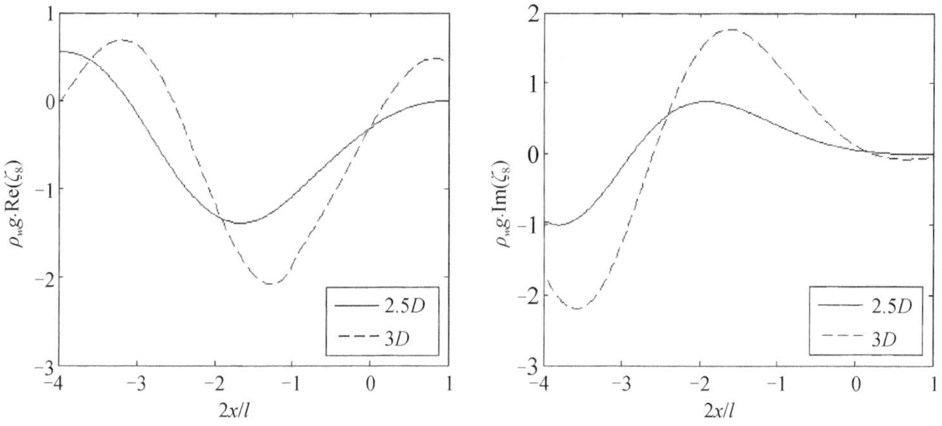

图 4.4 中纵剖面 $y=0$ 上的移动脉动压力兴波的计算结果($l/b=1, U=\sqrt{2gl}/2, \varepsilon=0.275$)

(左:实部;右:虚部)

(2)在 $x=l/2$ 上,三维方法的计算结果表明压力面前方基本是无波的,满足艏前无波的假设;

(3)Brard 数 $\varepsilon=0.275>\sqrt{2/27}$,基本满足要求(Chen 和 Noblesse 建议 $\varepsilon \gg \sqrt{2/27}$)。

而图 4.3 和图 4.4 中二维半和三维方法的计算结果相差较大(三维方法的结果更陡峭),主要是因为

(1)压力面的长宽比较小(分别为 2 和 1),不满足细长体假设;

(2)三维方法的计算结果表明在压力面前端($x=l/2$)有非定常兴波(实部不为 0),不满足艏前无波的假设。以上因素使得压力面不满足高速细长体的假设,造成二维半方法的计算误差。从另一个角度看,二维半方法只计及压力面的非定常散波,而忽略了非定常横波。当压力面为高速细长体时,非定常散波是兴波的主要成分,二维半方法就能取得良好的预报效果;而当压力面长宽比比较小不满足细长体假设时,非定常横波在兴波中所占的比重增大,使得二维半方法的计算结果与三维方法相比有一定的偏差。

除了要求压力面是细长体外，二维半理论还对压力面的移动速度 U 和脉动频率 ω 做了进一步的限制，一般要求 $\varepsilon = U\omega/g \gg \sqrt{2/27}$。不过，在实际计算中移动速度 U 和脉动频率 ω 的具体限定范围是多少并没有定论。为此，本小节拟针对该问题进行数值研究，确定二维半理论在移动脉动压力面兴波分析中的适用条件。

注意到压力面的平均兴波 $\bar{\zeta}_8$ 是气垫水动力中最重要的参数，所以以三维方法（详见附录 C）的计算结果 $\bar{\zeta}_8^{3D}$ 为基准（三维方法对压力面的长宽比、移动速度和脉动频率没有过多的限制，适用条件相对较广），对二维半理论的计算结果 $\bar{\zeta}_8^{2.5D}$ 进行验证。

图 4.5 展示了参数平面 $F_{rL}-\lambda/l$ 上压力面平均兴波 $\bar{\zeta}_8$ 的二维半方法计算结果 $\bar{\zeta}_8^{2.5D}$ 相对于三维方法计算结果 $\bar{\zeta}_8^{3D}$ 的 15% 偏差的等高线，即满足下式的点集

$$\varepsilon\left(F_{rL},\frac{\lambda}{l}\right)=\left|\frac{\bar{\zeta}_8^{2.5D}\left(F_{rL},\frac{\lambda}{l}\right)-\bar{\zeta}_8^{3D}\left(F_{rL},\frac{\lambda}{l}\right)}{\bar{\zeta}_8^{3D}\left(F_{rL},\frac{\lambda}{l}\right)}\right|=15\% \tag{4-29}$$

式中，$F_{rL}=U/\sqrt{gl}$；λ 是等效波长，表示压力面的脉动频率 ω 等于压力面在波长为 λ 的规则波中迎浪航行（航速为 U）时的遭遇频率。本书把二维半方法对压力面平均兴波的计算结果偏差 15%（与三维方法的计算结果相比）的等高线当作分界线，认为偏差小于 15% 时二维半理论是适用的，偏差大于 15% 时二维半理论不太适用。参数平面 $F_{rL}-\lambda/l$ 实际上与双变量参数 $\varepsilon(U,\omega)=U\omega/g$ 是对应的，不难发现两者的关系如下

$$\varepsilon=\sqrt{2\pi}\frac{F_{rL}}{\sqrt{\lambda/l}}\left(1+\sqrt{2\pi}\frac{F_{rL}}{\sqrt{\lambda/l}}\right) \tag{4-30}$$

但本书用 λ/l 表示压力面的脉动频率、F_{rL} 表示压力面的航速有更直观的工程意义：在气垫船的运动中，气垫正是因为入射波的激励才产生气压脉动的，且脉动频率等于入射波的遭遇频率，所以可以用入射波的波长与气垫（压力面）长度的比值 λ/l 表示压力面的脉动频率 ω，用无量纲的气垫（压力面）长度傅汝德数 F_{rL} 表示压力面的航速 U。

此外，图 4.5 中的 Brard 线（虚线）$\varepsilon=\sqrt{2/27}$ 表示参数空间 $F_{rL}-\lambda/l$ 满足 $U\omega/g=\sqrt{2/27}$ 的点集，不难验证就是下式所描述的抛物线

$$\frac{\lambda}{l}=\frac{4\pi}{1+2\sqrt{2/27}-\sqrt{1+4\sqrt{2/27}}}F_{rL}^2 \tag{4-31}$$

值得一提的是，在作图计算中压力面的长宽比 l/b 的取值范围为 1 ~ 20，压力面的傅汝德数 F_{rL} 的取值范围为 0.06 ~ 2.4（不过在 $F_{rL}>0.8$（图 4.5(a) 至 (d)）或 $F_{rL}>1.5$（图 4.5(e) 至 (h)）的区域内没有包含更多信息，为了使图像比例更协调，各图中适当缩小了横坐标 F_{rL} 的显示范围），等效波长与压力面长度比值 λ/l 的取值范围为 0.25 ~ 10，这些参数的取值范围基本覆盖了所有有工程应用价值的工况条件。

根据高速细长体理论，二维半理论成立的必要条件是 $\varepsilon>\sqrt{2/27}$，也就是工况参数 $(F_{rL},\lambda/l)$ 必须位于图 4.5 中的 Brard 线 $\varepsilon=\sqrt{2/27}$ 右侧的空间内。在图 4.5(a) 至 (d) 所示的长波（$\lambda/l>1$）中，可以发现 Brard 线 $\varepsilon=\sqrt{2/27}$ 与等高线 $\varepsilon=15\%$ 的走势基本相同，也就是说 $\varepsilon<15\%$ 的区域（二维半理论适用的工况）基本上位于 $\varepsilon>\sqrt{2/27}$ 的空间内；然而，在短波（$\lambda/l<1$）中，即便在 $\varepsilon>\sqrt{2/27}$ 的空间内，仍存在 $\varepsilon>15\%$ 的区域（二维半理论不适用的

工况)。深入研究发现,在短波中,二维半方法的计算结果不稳定,较难随压力面的纵向切片数N_S或横向线元数N_P的增加而收敛。图 4.6 展示了二维半方法在工况 $l/b=10$,$F_{rL}=\sqrt{2}/2$,$\lambda/l=0.25$(位于图 4.5(b)$\varepsilon>15\%$ 的区域中)下的计算偏差 ε 随N_P变化(N_S固定于 60)或随N_S变化(N_P固定于 540)的趋势,可见二维半方法在这种工况下的收敛性相当差。究其原因,主要是在短波中压力面的高频脉动产生密集且快速变化的波形(这种情况下还可能存在非线性效应,三维方法的计算结果也未必准确),需要非常精细的网格才能获得与三维方法相当的结果。

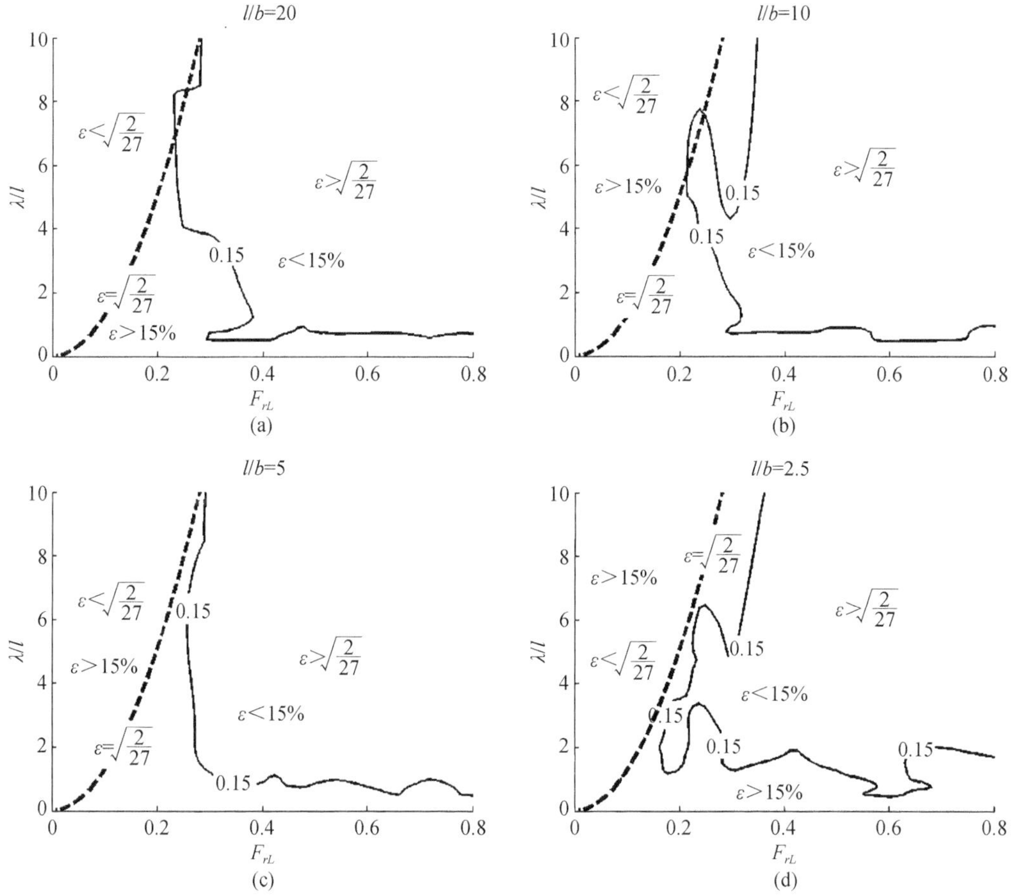

图 4.5 在参数平面 $F_{rL}-\lambda/l$ 上,压力面平均兴波的 2.5D 结果$\bar{\zeta}_8^{2.5D}$相对于 3D 结果$\bar{\zeta}_8^{3D}$的 15% 偏差的等高线图((a)至(h)对应不同的压力面长宽比 l/b)

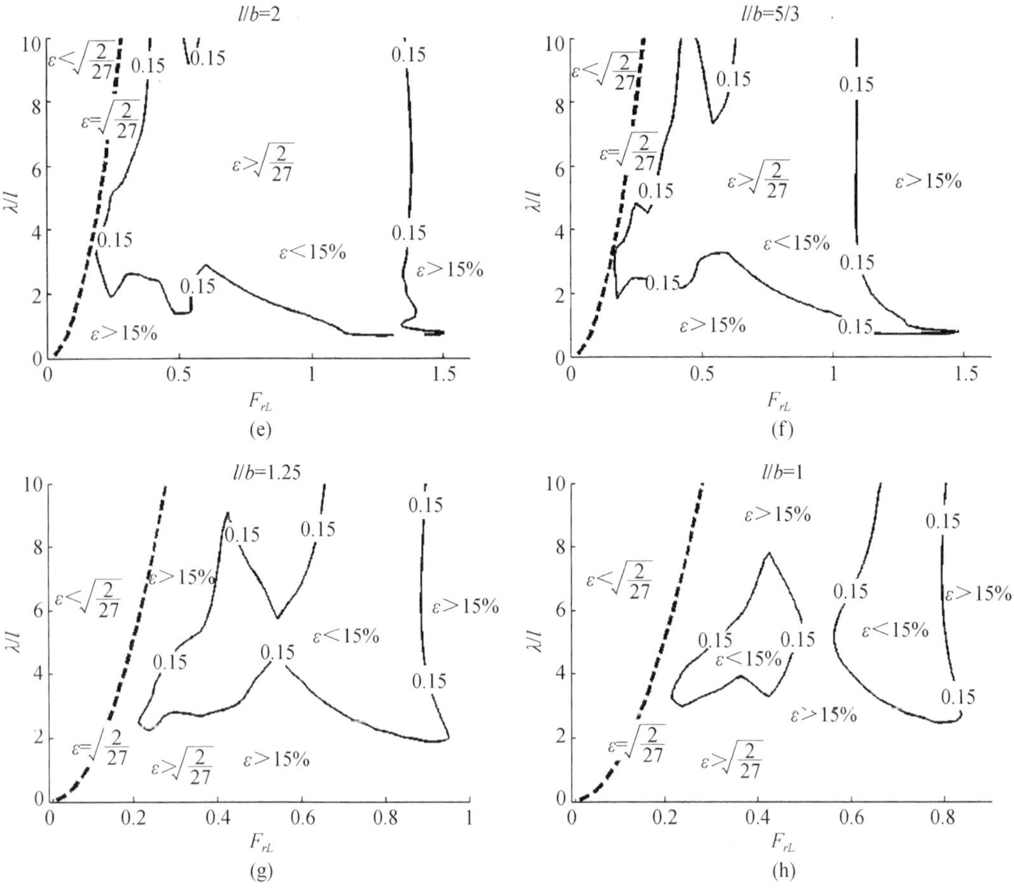

图 4.5(续)

从图 4.5(e)至(h)中可以发现,随着压力面长宽比 l/b 的减小,在高航速下(包括 $\varepsilon \gg \sqrt{2/27}$ 且 $\lambda/l \gg 1$ 的部分区域)也出现了 $\varepsilon > 15\%$ 的区域($F_{rL} > 1.5, \lambda/l > 2$)。如上一小节分析,这种情况的主要原因是压力面不满足细长体假设,在高航速下产生了显著的非定常横波,使得二维半理论的计算结果偏差较大。因而,二维半理论对肥大型压力面($l/b < 2$)并不适用。

综上,通过与三维势流理论的计算结果进行对比,分析了无黏二维半理论在移动脉动压力面兴波问题中的适用条件,这些条件大致可归纳如下:压力面必须是细长体(长宽比大于 2);压力面的航速较高($F_{rL} > 0.4$)、脉动频率较低(等效遭遇波长大于 1 倍气垫长度),同时 Brard 数必须大于 $\sqrt{2/27}$。

4.3.3 基于准黏性二维半理论的移动脉动压力面兴波计算

对于本书的主要研究对象槽道气垫船,其气垫(即移动脉动压力面,如图 4.7 所示)的长宽分别为 $l = 2.5$ m、$b = 0.24$ m,长宽比约为 10,其航速为 $U = 3.6 \sim 5.0$ m/s,即 $F_{rL} = 0.73 \sim 1.0$,水池试验中迎浪规则波波长范围为 $\lambda = 4 \sim 12$ m,即 $\lambda/l = 1.6 \sim 4.8$。由图 4.5(b)可知在上述工况下二维半理论适用于该气垫的脉动压力兴波分析。

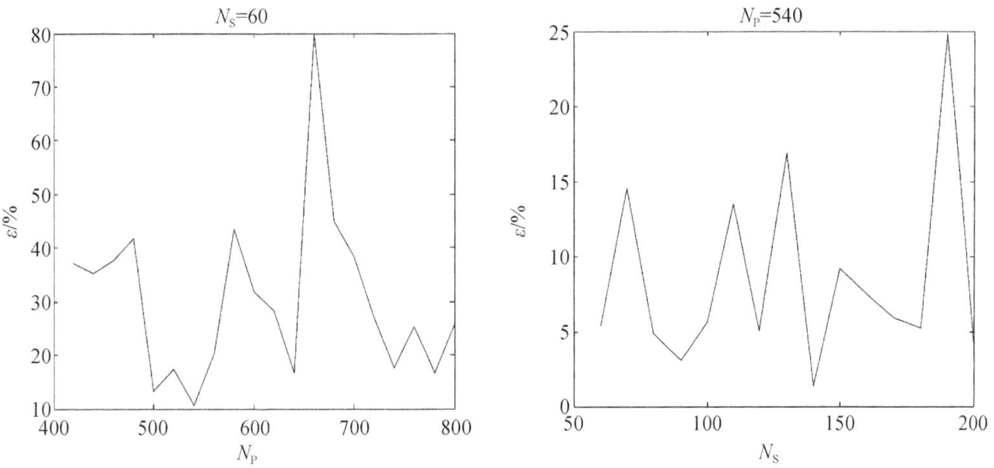

图 4.6　二维半方法的计算偏差随网格数目的变化($l/b=10, F_{rL}=\sqrt{2}/2, \lambda/l=0.25$)

(左:随横向线元数目的变化;右:随纵向切片数目的变化)

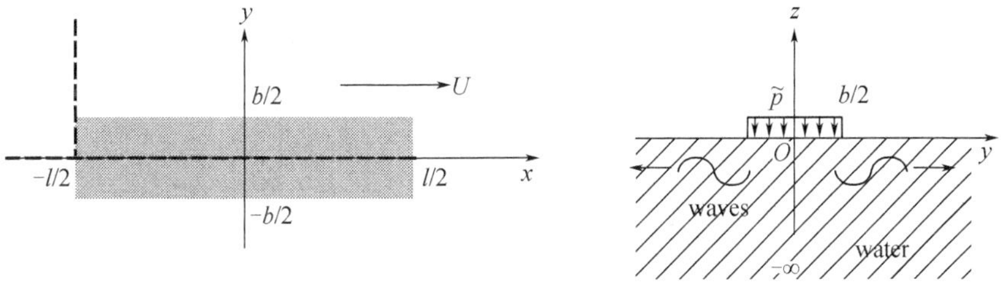

图 4.7　移动脉动压力面($l=2.5$ m, $b=0.24$ m, $\tilde{p}=e^{i\omega t}$ Pa)示意图(虚线是波剖面)

(左:俯视图;右:前视图)

图 4.7 中两条相互垂直的虚线表示纵、横两个剖面,它们可分别用方程 $y=0$ 和 $x=-l/2$ 描述。图 4.8 至图 4.11 展示了不同航速(用压长傅汝德数 F_{rL} 表示)和脉动频率(用等效波长压长比 λ/l 表示)下图 4.7 所示的压力面(脉动压力表达式为 $\tilde{p}=e^{i\omega t}$)在上述两个剖面上的无量纲辐射波波形。

在纵剖面 $y=0$ 上,也就是压力面前进的方向上(如各图(a)所示),脉动压力的辐射波由压力面的前缘从零开始发展,至压力面的尾缘($x=-l/2$)后脉动压力消失,但辐射波波形没有立即消失,而是连续、光滑地向后过渡,并在 1 倍压力面长度后逐渐趋于零,在整个纵剖面上,压力面辐射波的波形相当光顺。还可以看到,随着黏性系数的增大,辐射波的幅值逐渐下降,波形变得扁平。

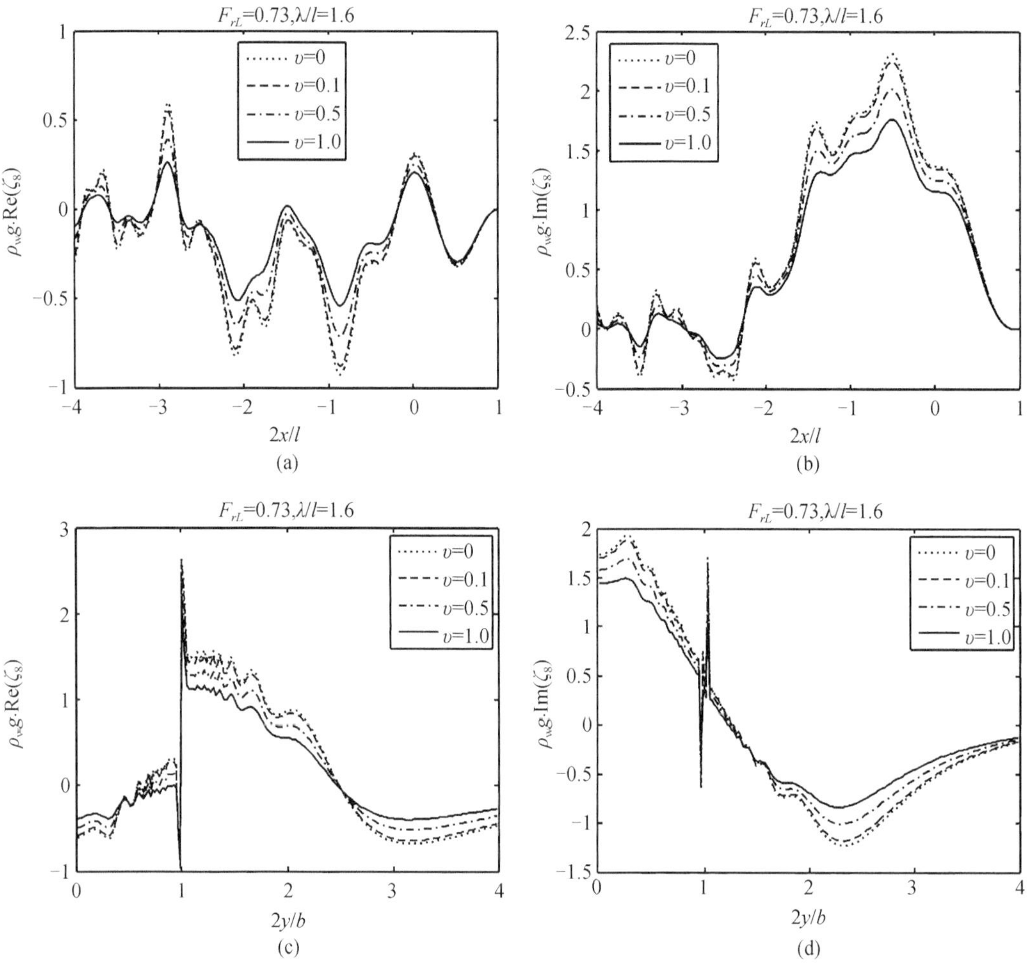

图 4.8　移动脉动压力面的辐射兴波

(a)纵剖面 $y=0$ 上的无量纲波形图(左:实部;右:虚部);

(b)横剖面 $x=-l/2$ 上的无量纲波形图(左:实部;右:虚部)

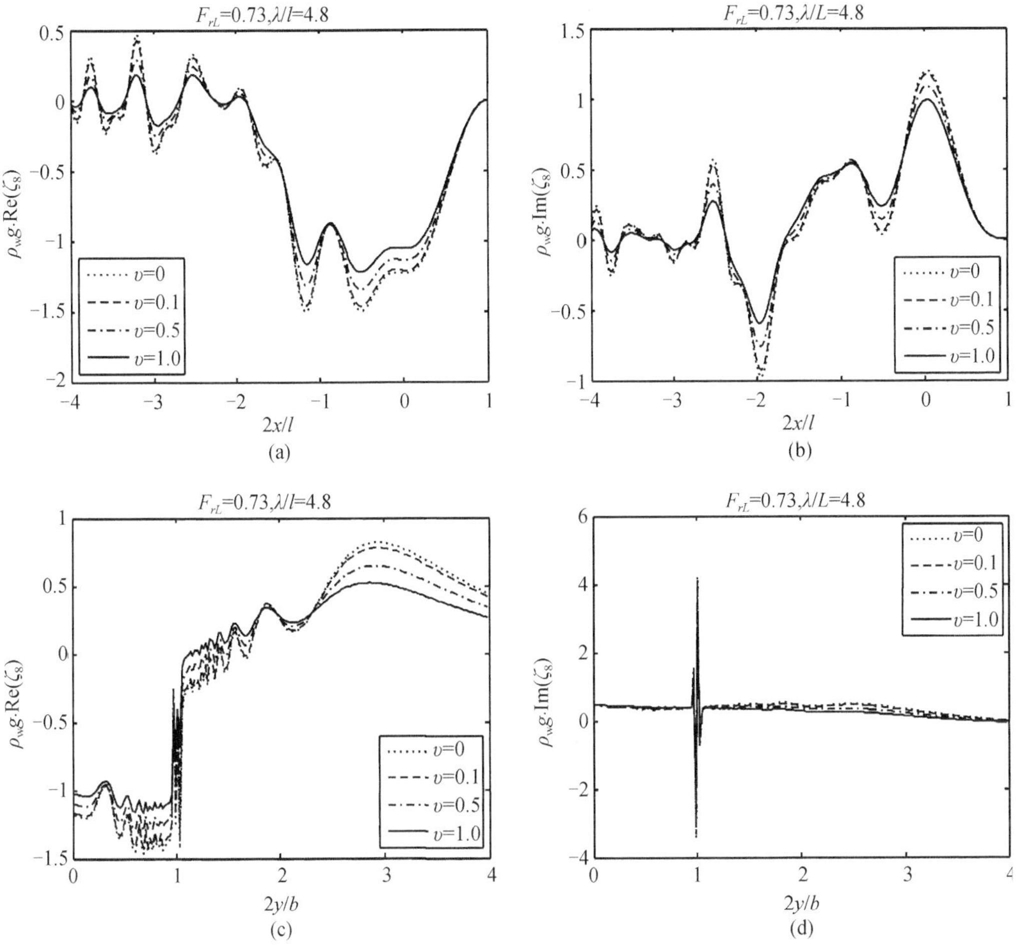

图 4.9 移动脉动压力面的辐射兴波

(a)纵剖面 $y=0$ 上的无量纲波形图(左:实部;右:虚部);

(b)横剖面 $x=-l/2$ 上的无量纲波形图(左:实部;右:虚部)

在横剖面 $x=-l/2$ 上,从压力面中心往侧边方向($0\leq y<b/2$),辐射波的振荡频率逐渐增大,波形渐趋密集,从侧边往远离压力面的方向上($y>b/2$)则是相反的趋势。在现实中一般很少出现这种现象,这是由于势流理论中没有考虑自由表面张力和波陡应受到的限制,使得辐射波的波陡被夸大了。尽管如此,由于峰谷相消,统计压力面或自由面上的平均波幅时这种特性不会导致计算结果出现大幅偏差。此外还可以发现,随着黏性系数的增大,辐射波临近侧边时剧烈振荡现象得到了遏制,波形变化相对平缓。另外,在贴近侧边的位置($y\to b/2$)上,辐射波的振幅急剧增大,这是由数值奇异性引起的,因为在二维半理论中奇点被布置在侧边上,在贴近侧边的位置上格林函数值剧烈振荡。解决该问题的简单办法是把产生奇异的结果替换为相邻点的值即可(从图中可以发现此处的计算结果是收敛的)。

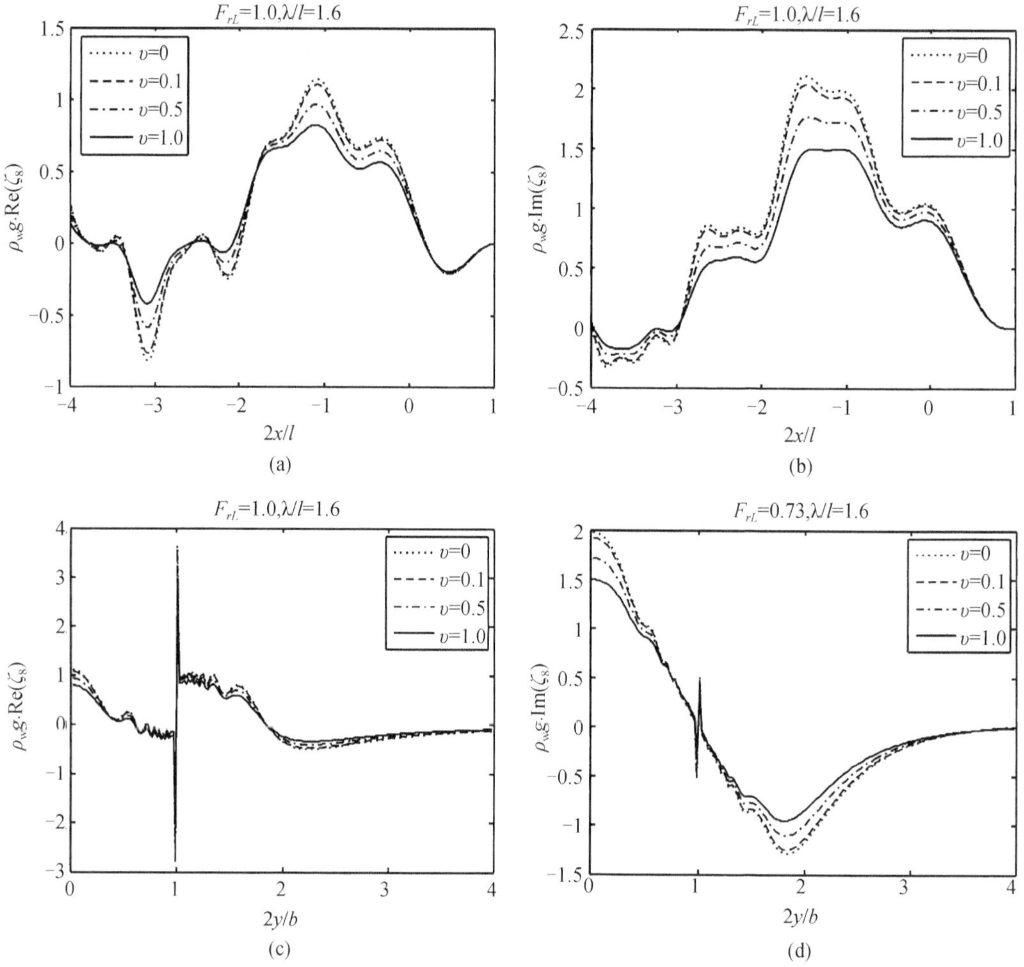

图 4.10 移动脉动压力面的辐射兴波

(a)纵剖面 $y=0$ 上的无量纲波形图(左:实部;右:虚部);

(b)横剖面 $x=-l/2$ 上的无量纲波形图(左:实部;右:虚部)

还有一个值得注意的现象是,辐射波的实部在压力面侧边的两侧是间断的,但虚部在剔除奇异结果后是连续的,这与所施加的脉动压力的初相位相关,若初始时刻的脉动压力有虚部分量,则辐射波的虚部在侧边上也会产生间断。实际上,对于全垫升气垫船,由于气垫泄流的影响,气垫边缘的脉动压力是光滑过渡至外界最后变成零的,所以辐射波也是连续的,不会出现突然中断的情况。

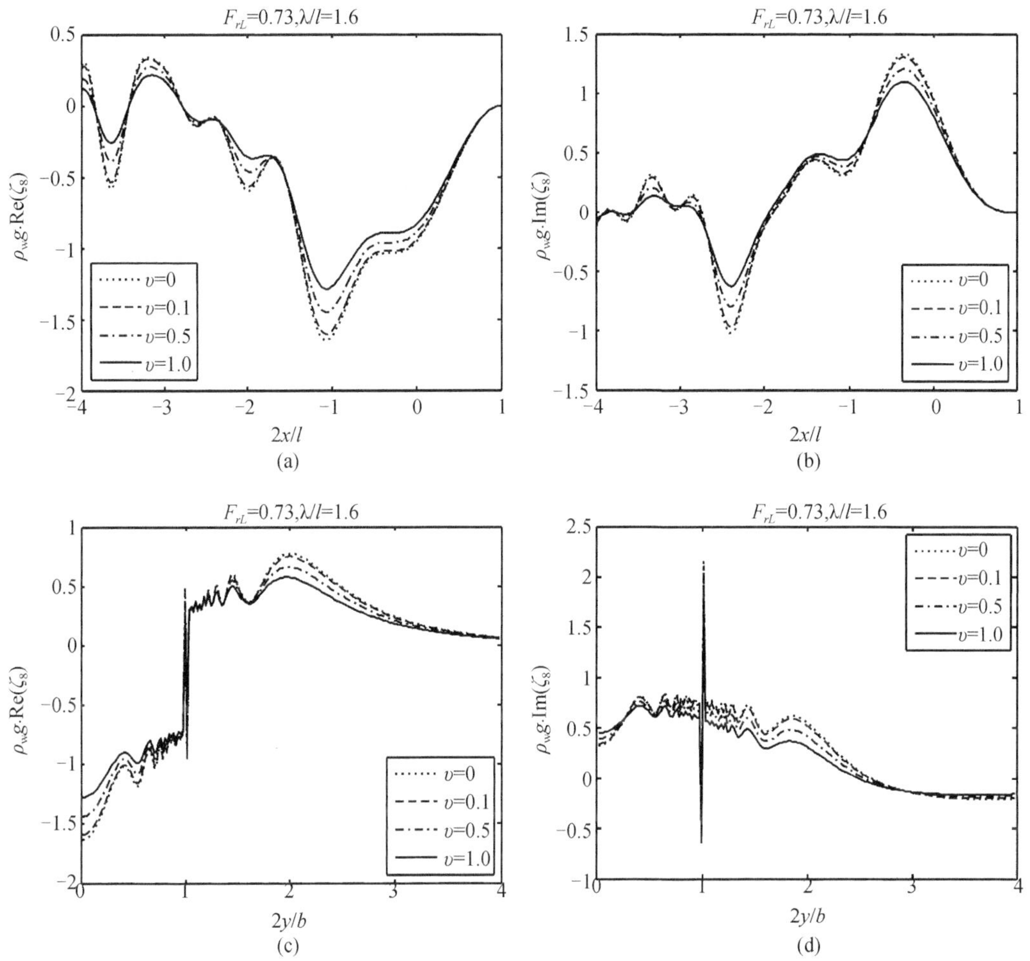

图 4.11 移动脉动压力面的辐射兴波

(a)纵剖面 $y=0$ 上的无量纲波形图(左:实部;右:虚部);

(b)横剖面 $x=-l/2$ 上的无量纲波形图(左:实部;右:虚部)

4.4 本章小结

本章分别发展了可求解侧壁式气垫船水动力的混合边值二维半理论和全垫升气垫船水动力的狄里克莱边值二维半理论,并以移动脉动压力面在自由面上的兴波为例,对所发展的狄里克莱边值二维半理论在纯气垫的水动力问题上进行验证。理论研究和数值结果表明:

(1)在所发展的混合边值二维半理论中,内自由面上的压力边条件主要以自由面记忆项的形式对水动力产生影响;除去与内自由面压力条件相关的记忆项外,边界积分方程的形式与纽曼边值问题中边界积分方程的形式相同。

(2)在所发展的狄里克莱边值二维半理论中,气动力(移动脉动压力面)的兴波计算公式仅含一个与自由面压力条件相关的记忆项,没有瞬时项。

（3）采用狄里克莱边值二维半理论研究纯气垫的脉动压力兴波问题时，把二维半理论的计算结果与三维势流理论的计算结果进行对比，发现要使二维半理论适用于解决这类问题，除了要求气垫满足高速（气垫长傅汝德数大于0.4）、细长（气垫长宽比大于2）、Brard数大于$\sqrt{2/27}$的前提条件外，还需要保证气垫的脉动频率不能过大（等价于气垫船迎浪航行时的波长应大于气垫长度），否则容易产生数值稳定性问题。此外，还发现黏性可以降低、平滑气垫脉动压力兴波的波形。

第5章 气垫船水动力的多域二维半理论

5.1 概 述

气垫船水动力可分解为侧体水动力和内自由面非定常兴波两方面问题,但无论是侧体水动力还是内自由面非定常兴波,都与侧体内侧的吃水状态密切相关,而气垫船侧体内侧的平均吃水又取决于气垫的定常压力,在气垫船处于垫升状态时,气垫内侧吃水一般低于外侧吃水。气垫船实船中气垫内的定常气压一般保持在5 kPa左右,可使侧体内侧吃水(也是内自由面高度)下降0.5 m左右,因此是否考虑气垫定常压力将对气垫船水动力产生一定的影响。

传统上气垫船的侧体水动力采用二维切片法计算,无法计及内外自由面高度差对水动力的影响;从已公开的文献上看,其他具有较高计算效率的数值方法如零航速自由面格林函数法(主要用于分析零航速气垫平台或气垫船的水动力性能),也没有妥善处理内外自由面高度差的问题。实际上,由于自由面格林函数法中格林函数的定义与自由面相关,一般含有 $e^{k(z+\zeta)}$ 项,从而使场点和原点不能超过自由面的高度,否则将导致计算发散。因此,基于自由面格林函数法求解水动力问题时,一般仅允许定义一个自由面(多个不同高度的自由面将会导致格林函数的计算产生歧义),显然为了保证计算结果不发散,只能在外自由面上定义 $z=0$。这种定义方式导致计算内侧体水动力或内自由面非定常兴波时,内自由面被迫上调到与外自由面相同的高度上。

为此,本章将借鉴多域边界元法的思想发展多域二维半理论,通过流场分域的方式来解决气垫船内外自由面高度差的问题。多域边界元法(Multi - domain boundary element method,MDBEM)是固体力学中常用的一种数值方法,近年来开始在计算流体力学、海洋工程水动力等领域中得到应用。Chen 和 Duan 发现与常规边界元法相比,采用多域边界元法计算月池的水动力可获得更快的收敛速度和更精确的结果。不过,本书引入多域边界元法更重要的目的是把不等高的内外自由面划入不同的流域,以便于在每个流域中分别应用自由面格林函数法求解船体或气垫的水动力,避免出现传统的自由面格林函数法无法妥善处理内外自由面高度差的问题。还需要指出的是,多域边界元法与匹配边界元法有所不同,后者一般是在不同的流域内使用不同的方法,而前者是在不同的流域内使用同一方法。

本章首先发展气垫船水动力的多域二维半理论,然后推导所发展的二维半理论的数值求解方法,包括侧体水动力和内自由面非定常兴波的计算公式,气垫水动力和气垫气动力的解耦方法等;之后以文献中公开的高速双体船 Delft 372 为算例,验证所发展的多域二维半理论。

5.2 多域二维半理论的分布源边界积分方程

图5.1是气垫船横剖面上的典型流场边界示意图。与图4.1相比，图5.1所示的平均内自由面S_P的高度低于外自由面S_F。为了使二维时域格林函数对内外平均自由面都适用，在气垫船左右内侧壁的下缘点之间连线形成分割线S_C（分割线S_C可以是直线也可以是某种形状的折线或曲线，也称作控制线，在三维流场里称作控制面），从而把气垫船的流场划分为外流场域Ω^e（由边界$S_F \cup S_B^e \cup S_C \cup S_\infty$围成）和内流场域$\Omega^i$（由边界$S_P \cup S_B^i \cup S_C$围成）。这里的$S_B^e$是外域$\Omega^e$中的平均湿表面，$S_B^i$是内域$\Omega^i$中的平均湿表面，$S_B^e \cup S_B^i$组成了气垫船侧体的完整湿表面$S_B$。

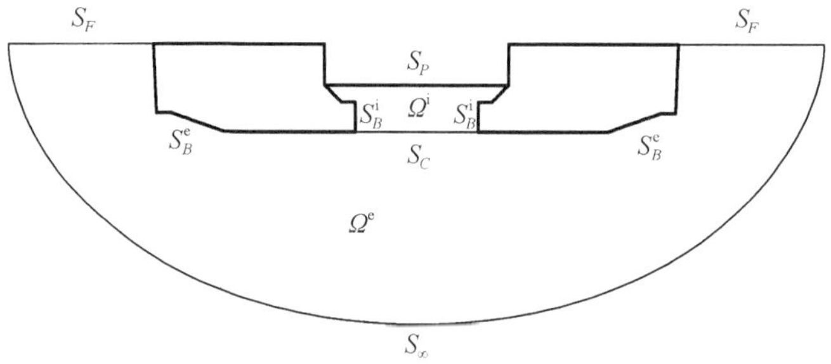

图5.1 气垫船绕流场的边界组成

为了在内外流场域中得到点源形式的格林函数分布，分别对内外流场进行开拓。外流场Ω^e向内开拓的流场为Ω_i^e，由边界$S_{Fi} \cup S_B^e \cup S_C$围成，$S_{Fi}$为开拓流场的自由面，与外流场的平均自由面$S_F$的高度相等（如图5.2所示）；内流场$\Omega^i$向外开拓的流场为$\Omega_e^i$，由边界$S_{Fe} \cup S_B^i \cup S_C \cup S_\infty$围成，$S_{Fe}$为开拓流场的自由面，与内流场平均自由面$S_P$的高度相等（如图5.3）。外、内流场域的局部坐标系分别记作$o^e-y^ez^e$，$o^i-y^iz^i$，其中坐标原点o^e，o^i分别落在外内流场的平均自由面上。

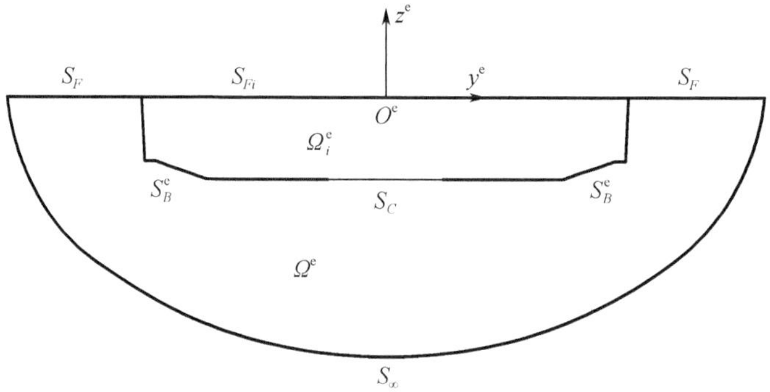

图5.2 气垫船外流场及内部开拓流场的边界组成

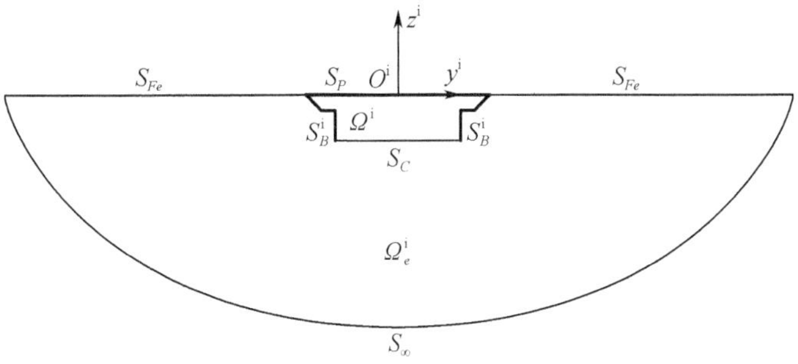

图 5.3 气垫船内流场及外部开拓流场的边界组成

记外域内的速度势和分布源密度分别为ψ_j^{e}，σ_j^{e}，内域内的速度势和分布源密度分别为ψ_j^{i}，$\sigma_j^{\mathrm{i}}(j=2,\cdots,8)$。则外域的速度势和分布源密度所满足的边界积分方程可写成($j=2,\cdots,7$的方程参见式(3－36)和式(3－37)，$j=8$的方程见式(4－16)和式(4－17))

$$\begin{cases}2\pi\psi_j^{\mathrm{e}}(t,\boldsymbol{p})+\int_{S_B^{\mathrm{e}}+S_C}I(\boldsymbol{p},\boldsymbol{q},\upsilon)\,\sigma_j^{\mathrm{e}}(t,\boldsymbol{q})\mathrm{d}s_q=\int_0^t\mathrm{d}\tau\int_{S_B^{\mathrm{e}}+S_C}\widetilde{G}\,\sigma_j^{\mathrm{e}}(\tau,\boldsymbol{q})\mathrm{d}s_q, & \boldsymbol{p}\in S_C\\ \int_{S_B^{\mathrm{e}}+S_C}\sigma_j^{\mathrm{e}}(t,\boldsymbol{q})\dfrac{\partial I(\boldsymbol{p},\boldsymbol{q},\upsilon)}{\partial n_p^{\mathrm{e}}}\mathrm{d}s_q-\pi\sigma_j^{\mathrm{e}}(t,\boldsymbol{p})=-2\pi\dfrac{\partial\psi_j^{\mathrm{e}}(t,\boldsymbol{p})}{\partial n_p^{\mathrm{e}}}+\int_0^t\mathrm{d}\tau\int_{S_B^{\mathrm{e}}+S_C}\dfrac{\partial\widetilde{G}}{\partial n_p^{\mathrm{e}}}\sigma_j^{\mathrm{e}}(\tau,\boldsymbol{q})\mathrm{d}s_q, & \boldsymbol{p}\in S_B^{\mathrm{e}}\\ 2\pi\dfrac{\partial\psi_j^{\mathrm{e}}(t,\boldsymbol{p})}{\partial n_p^{\mathrm{e}}}+\int_{S_B^{\mathrm{e}}+S_C}\sigma_j^{\mathrm{e}}(t,\boldsymbol{q})\dfrac{\partial I(\boldsymbol{p},\boldsymbol{q},\upsilon)}{\partial n_p^{\mathrm{e}}}\mathrm{d}s_q-\pi\sigma_j^{\mathrm{e}}(t,\boldsymbol{p})=\int_0^t\mathrm{d}\tau\int_{S_B^{\mathrm{e}}+S_C}\dfrac{\partial\widetilde{G}}{\partial n_p^{\mathrm{e}}}\sigma_j^{\mathrm{e}}(\tau,\boldsymbol{q})\mathrm{d}s_q & \boldsymbol{p}\in S_C\end{cases}\tag{5-1}$$

内域的速度势和分布源密度所满足的边界积分方程可写成

$$\begin{cases}2\pi\psi_j^{\mathrm{i}}(t,\boldsymbol{p})+\int_{S_B^{\mathrm{i}}+S_C}I(\boldsymbol{p},\boldsymbol{q},\upsilon)\,\sigma_j^{\mathrm{i}}(t,\boldsymbol{q})\mathrm{d}s_q=\int_0^t\mathrm{d}\tau\int_{S_B^{\mathrm{i}}+S_C}\widetilde{G}\,\sigma_j^{\mathrm{i}}(\tau,\boldsymbol{q})\mathrm{d}s_q+ & \\ \dfrac{H(j-7.5)}{\rho_w g}\int_0^t\mathrm{d}\tau\int_{S_P}\Pi(\tau,\eta)\dfrac{\partial\widetilde{G}}{\partial\tau}\mathrm{d}s_q & \boldsymbol{p}\in S_C\\ \int_{S_B^{\mathrm{i}}+S_C}\sigma_j^{\mathrm{i}}(t,\boldsymbol{q})\dfrac{\partial I(\boldsymbol{p},\boldsymbol{q},\upsilon)}{\partial n_p^{\mathrm{i}}}\mathrm{d}s_q-\pi\sigma_j^{\mathrm{i}}(t,\boldsymbol{p})=-2\pi\dfrac{\partial\psi_j^{\mathrm{i}}(t,\boldsymbol{p})}{\partial n_p^{\mathrm{i}}}+ & \\ \int_0^t\mathrm{d}\tau\int_{S_B^{\mathrm{i}}+S_C}\dfrac{\partial\widetilde{G}}{\partial n_p^{\mathrm{i}}}\sigma_j^{\mathrm{i}}(\tau,\boldsymbol{q})\mathrm{d}s_q+\dfrac{H(j-7.5)}{\rho_w g}\int_0^t\mathrm{d}\tau\int_{S_P}\Pi(\tau,\eta)\dfrac{\partial^2\widetilde{G}}{\partial z\partial\tau}\mathrm{d}s_q, & \boldsymbol{p}\in S_B^{\mathrm{i}}\\ 2\pi\dfrac{\partial\psi_j^{\mathrm{i}}(t,\boldsymbol{p})}{\partial n_p^{\mathrm{i}}}+\int_{S_B^{\mathrm{i}}+S_C}\sigma_j^{\mathrm{i}}(t,\boldsymbol{q})\dfrac{\partial I(\boldsymbol{p},\boldsymbol{q},\upsilon)}{\partial n_p^{\mathrm{i}}}\mathrm{d}s_q-\pi\sigma_j^{\mathrm{i}}(t,\boldsymbol{p})= & \\ \int_0^t\mathrm{d}\tau\int_{S_B^{\mathrm{i}}+S_C}\dfrac{\partial\widetilde{G}}{\partial n_p^{\mathrm{i}}}\sigma_j^{\mathrm{i}}(\tau,\boldsymbol{q})\mathrm{d}s_q+\dfrac{H(j-7.5)}{\rho_w g}\int_0^t\mathrm{d}\tau\int_{S_P}\Pi(\tau,\eta)\dfrac{\partial^2\widetilde{G}}{\partial z\partial\tau}\mathrm{d}s_q, & \boldsymbol{p}\in S_C\end{cases}\tag{5-2}$$

此外，内外域之间的各物理量不独立，要求内外域的速度势和速度在分割线S_C上相等，有

$$\begin{cases}\psi_j^{\mathrm{e}}(t,\boldsymbol{p}) - \psi_j^{\mathrm{i}}(t,\boldsymbol{p}) = 0, & \boldsymbol{p} \in S_C \\ \dfrac{\partial \psi_j^{\mathrm{e}}(t,\boldsymbol{p})}{\partial n_p^{\mathrm{e}}} + \dfrac{\partial \psi_j^{\mathrm{i}}(t,\boldsymbol{p})}{\partial n_p^{\mathrm{i}}} = 0, & \boldsymbol{p} \in S_C\end{cases} \tag{5-3}$$

式(5－1)至式(5－3)中n_p^{e}，n_p^{i}分别表示外域、内域中$\boldsymbol{p}$点的外法线方向，当$\boldsymbol{p}$点落在分割线S_C上时，n_p^{e}与n_p^{i}方向相反；$H(j-7.5)$是单位阶跃函数，当$j=2,\cdots,7$时其值为0，当$j=8$时值为1，即表示气垫的脉动压力项仅对内域中的辐射势ψ_8^{i}和源强密度σ_8^{i}产生影响。对于任一时刻t，式(5－1)至式(5－3)中各公式的右端项都是已知的，左端项中的速度势、速度势偏导数和分布源密度是待求的。由于内外域的物理量之间存在关联，式(5－1)至式(5－3)需要联立求解。

5.3 气垫船水动力的计算方法

5.3.1 气垫船的侧体水动力与内自由面非定常兴波

在解出气垫船侧体湿表面S_B及分割线S_C上的分布源密度后，可以通过下面方程计算二维时域内侧体湿表面S_B与内自由面S_P上的速度势

$$\begin{cases}\psi_j^{\mathrm{e}}(t,\boldsymbol{p}) = \dfrac{1}{2\pi}\left(\displaystyle\int_0^t \mathrm{d}\tau \int_{S_B^{\mathrm{e}}+S_C} \widetilde{G}\,\sigma_j^{\mathrm{e}}(\tau,\boldsymbol{q})\,\mathrm{d}s_q - \int_{S_B^{\mathrm{e}}+S_C} I(\boldsymbol{p},\boldsymbol{q},v)\,\sigma_j^{\mathrm{e}}(t,\boldsymbol{q})\,\mathrm{d}s_q\right), & \boldsymbol{p} \in S_B^{\mathrm{e}} \\ \psi_j^{\mathrm{i}}(t,\boldsymbol{p}) = \dfrac{1}{2\pi}\left(\displaystyle\int_0^t \mathrm{d}\tau \int_{S_B^{\mathrm{i}}+S_C} \widetilde{G}\,\sigma_j^{\mathrm{i}}(\tau,\boldsymbol{q})\,\mathrm{d}s_q - \int_{S_B^{\mathrm{i}}+S_C} I(\boldsymbol{p},\boldsymbol{q},v)\,\sigma_j^{\mathrm{i}}(t,\boldsymbol{q})\,\mathrm{d}s_q\right) + & \\ \dfrac{H(j-7.5)}{2\pi\rho_w g}\displaystyle\int_0^t \mathrm{d}\tau \int_{S_P} \Pi(\tau,\eta)\,\dfrac{\partial \widetilde{G}}{\partial \tau}\mathrm{d}s_q, & \boldsymbol{p} \in S_B^{\mathrm{i}} \cup S_P\end{cases} \tag{5-4}$$

为了描述的方便，记

$$\psi_j(t,y,z) = \psi_j(t,\boldsymbol{p}) = \begin{cases}\psi_j^{\mathrm{e}}(t,\boldsymbol{p}), & \boldsymbol{p} \in S_B^{\mathrm{e}} \\ \psi_j^{\mathrm{i}}(t,\boldsymbol{p}), & \boldsymbol{p} \in S_B^{\mathrm{i}} \cup S_P\end{cases}, j=2,\cdots,8 \tag{5-5}$$

则三维频域内的侧体湿表面S_B或内自由面S_P上的速度势可写成

$$\phi_j(x,y,z) = \psi_j(t,y,z)\mathrm{e}^{-\mathrm{i}\omega t(x)}, j=2,\cdots,8 \tag{5-6}$$

由此可求出气垫船侧体的水动力，有

$$\begin{cases}F_i^{\mathrm{R}} = \sum_{j=2}^{6}(-a_{ij}^w \ddot{\tilde{\eta}}_j - b_{ij}^w \dot{\tilde{\eta}}_j - c_{ij}^w \tilde{\eta}_j), \\ F_i^{\mathrm{D}} = \zeta_0 \cdot \Lambda_{i7} \cdot \mathrm{e}^{\mathrm{i}\omega t}, & i = 2,\cdots,6 \\ F_i^{\mathrm{P}} = \Lambda_{i8} \cdot \mathrm{e}^{\mathrm{i}\omega t},\end{cases} \tag{5-7}$$

$$\begin{cases}a_{ij}^w = \mathrm{Re}\{\Lambda_{ij}\}/\omega^2, \\ b_{ij}^w = -\mathrm{Im}\{\Lambda_{ij}\}/\omega, i,\end{cases} j=2,\cdots,6 \tag{5-8}$$

式中，F_i^{R}、F_i^{D}、F_i^{P}分别是气垫船侧体受到的辐射力、波浪绕射力和气垫辐射兴波作用力；参考文献中不难获得带黏性修正的矩阵$\Lambda_{ij}(i=2,\cdots,6;j=2,\cdots,8)$的表达式为

$$\Lambda_{ij} = -(\mathrm{i}\omega + 2v)\rho_w \iint_{S_B} \phi_j n_i \mathrm{d}s + \rho_w U \iint_{S_B} \phi_j m_i \mathrm{d}s - \rho_w U \int_{C_A} \phi_j n_i \mathrm{d}l \tag{5-9}$$

其中,C_A表示艉横剖线。

另外,波浪主干扰力和侧体受到的总波浪力的计算表达式分别为

$$F_i^I = -\zeta_0 \cdot i\rho_w \omega_0 \iint_{S_B} \phi_0 n_i \mathrm{d}s \cdot \mathrm{e}^{\mathrm{i}\omega t} \tag{5-10}$$

$$F_i^W = F_i^I + F_i^D + F_i^P \tag{5-11}$$

除波浪力外,内自由面上的非定常兴波也是本书所关心的物理量。由伯努利方程,在平均内自由面$(x,y,0)$上得

$$\left(\mathrm{i}\omega + 2v - U\frac{\partial}{\partial x}\right)\phi_j(x,y,0) + g\zeta_j(x,y) + H(j-7.5)\frac{\hat{p}(x,y)}{\rho_w} = 0, j = 2,\cdots,8 \tag{5-12}$$

所以三维频域中内自由面非定常兴波的空间变量可写成

$$\zeta_j(x,y) = -\frac{1}{g}\left(\left(\mathrm{i}\omega + 2v - U\frac{\partial}{\partial x}\right)\phi_j(x,y,0) + H(j-7.5)\frac{\hat{p}(x,y)}{\rho_w}\right), j = 2,\cdots,8 \tag{5-13}$$

从而,可得到内自由面兴波的总表达式$\zeta(x,y,t)$

$$\zeta(x,y,t) = \left(\zeta_0 \mathrm{e}^{\mathrm{i}k_0(x\cos\theta + y\sin\theta)} + \sum_{j=2}^{6} \eta_j \zeta_j(x,y) + \zeta_0 \zeta_7(x,y) + \zeta_8(x,y)\right)\mathrm{e}^{\mathrm{i}\omega t} \tag{5-14}$$

或者写成

$$\begin{cases} \zeta(x,y,t) = \zeta_I(x,y,t) + \zeta_R(x,y,t) + \zeta_D(x,y,t) + \zeta_P(x,y,t) \\ \zeta_I(x,y,t) = \zeta_0 \mathrm{e}^{\mathrm{i}k_0(x\cos\theta + y\sin\theta)} \cdot \mathrm{e}^{\mathrm{i}\omega t} \\ \zeta_R(x,y,t) = \sum\limits_{j=2}^{6} \eta_j \zeta_j(x,y) \cdot \mathrm{e}^{\mathrm{i}\omega t} \\ \zeta_D(x,y,t) = \zeta_0 \zeta_7(x,y) \cdot \mathrm{e}^{\mathrm{i}\omega t} \\ \zeta_P(x,y,t) = \zeta_8(x,y) \cdot \mathrm{e}^{\mathrm{i}\omega t} \end{cases} \tag{5-15}$$

式中,ζ_I、ζ_R、ζ_D、ζ_P分别表示入射波、侧体辐射兴波、侧体绕射兴波和气垫辐射兴波。

5.3.2 气垫水动力与气垫气动力的解耦

不难发现,当$j=2,\cdots,7$时,式(5-9)中Λ_{ij}与式(5-13)中ζ_j的结果可以根据气垫船侧体的船型参数和航行工况直接计算出来;而当$j=8$时,Λ_{i8}和ζ_8的计算还需要提前知道气垫气动力$\hat{p}(x,y)$,但根据上一章所建立的气垫气动力与气垫船运动模型,气动力$\hat{p}(x,y)$事先是未知的(内含α、β两个未知数),必须联立气垫船的运动方程才能求解,也就是说气垫水动力和气垫气动力是耦合的。为了在频域内高效率地计算气垫船的运动,必须对气垫水动力与气动力进行解耦(当然还需要证明气垫水动力与气动力是能解耦的),更具体地说就是把φ_8写成α、β的线性表达式(需要证明该线性表达式是存在的)。由于式(5-4)和式(5-6)是线性的,实际上就是要求把$\sigma_8^{\mathrm{e,i}}$表示成α、β的线性组合。下面将证明$\sigma_8^{\mathrm{e,i}}$确实可以表示成α、β的线性组合并给出具体表达式。

1. 源强密度方程的离散

根据式(2－16)，得气垫气动力的空间变量表达式

$$\hat{p}(x,y)=p_0\alpha-\rho_0\beta\sin\frac{\pi x}{l} \tag{5-16}$$

则二维时域中气垫气动力的表达式为

$$\Pi(\tau,\eta)\approx\left(p_0\alpha-\rho_0\beta\cos\frac{\pi U\tau}{l}\right)\mathrm{e}^{\mathrm{i}\omega\tau} \tag{5-17}$$

令 $j=8$，把式(5－3)代入式(5－1)、式(5－2)中消去分割线 S_C 上未知的速度势 $\psi_8^{\mathrm{e,i}}$ 和速度 $\partial\psi_8^{\mathrm{e,i}}(t,\boldsymbol{p})/\partial n_p^{\mathrm{e,i}}$，并代入物面条件 $\partial\psi_8^{\mathrm{e,i}}(t,\boldsymbol{p})/\partial n_p^{\mathrm{e,i}}=0$ 和气垫气动力表达式(5－17)，可得关于内外域中源强密度 $\sigma_8^{\mathrm{e,i}}$ 的方程组

$$\begin{cases}
\int_{S_B^e+S_C}\sigma_8^e(t,\boldsymbol{q})\dfrac{\partial I(\boldsymbol{p},\boldsymbol{q},\upsilon)}{\partial n_p^e}\mathrm{d}s_q-\pi\sigma_8^e(t,\boldsymbol{p})=\int_0^t\mathrm{d}\tau\int_{S_B^e+S_C}\dfrac{\partial\widetilde{G}}{\partial n_p^e}\sigma_8^e(\tau,\boldsymbol{q})\mathrm{d}s_q, & \boldsymbol{p}\in S_B^e\\
-\int_{S_B^e+S_C}I(\boldsymbol{p},\boldsymbol{q},\upsilon)\sigma_8^e(t,\boldsymbol{q})\mathrm{d}s_q+\int_{S_B^i+S_C}I(\boldsymbol{p},\boldsymbol{q},\upsilon)\sigma_8^i(t,\boldsymbol{q})\mathrm{d}s_q & \\
=-\int_0^t\mathrm{d}\tau\int_{S_B^e+S_C}\widetilde{G}\sigma_8^e(\tau,\boldsymbol{q})\mathrm{d}s_q+\int_0^t\mathrm{d}\tau\int_{S_B^i+S_C}\widetilde{G}\sigma_8^i(\tau,\boldsymbol{q})\mathrm{d}s_q+ & \\
\dfrac{p_0\alpha}{\rho_w g}\int_0^t\mathrm{e}^{\mathrm{i}\omega\tau}\mathrm{d}\tau\int_{S_P}\dfrac{\partial\widetilde{G}}{\partial\tau}\mathrm{d}s_q+\dfrac{\rho_0\beta}{\rho_w g}\int_0^t\left(-\cos\dfrac{\pi U\tau}{l}\right)\mathrm{e}^{\mathrm{i}\omega\tau}\mathrm{d}\tau\int_{S_P}\dfrac{\partial\widetilde{G}}{\partial\tau}\mathrm{d}s_q, & \boldsymbol{p}\in S_C\\
\int_{S_B^i+S_C}\sigma_8^i(t,\boldsymbol{q})\dfrac{\partial I(\boldsymbol{p},\boldsymbol{q},\upsilon)}{\partial n_p^i}\mathrm{d}s_q-\pi\sigma_8^i(t,\boldsymbol{p}) & \\
=\int_0^t\mathrm{d}\tau\int_{S_B^i+S_C}\dfrac{\partial\widetilde{G}}{\partial n_p^i}\sigma_8^i(\tau,\boldsymbol{q})\mathrm{d}s_q+\dfrac{p_0\alpha}{\rho_w g}\int_0^t\mathrm{e}^{\mathrm{i}\omega\tau}\mathrm{d}\tau\int_{S_P}\dfrac{\partial^2\widetilde{G}}{\partial z\partial\tau}\mathrm{d}s_q+ & \\
\dfrac{\rho_0\beta}{\rho_w g}\int_0^t\left(-\cos\dfrac{\pi U\tau}{l}\right)\mathrm{e}^{\mathrm{i}\omega\tau}\mathrm{d}\tau\int_{S_P}\dfrac{\partial^2\widetilde{G}}{\partial z\partial\tau}\mathrm{d}s_q, & \boldsymbol{p}\in S_B^i\\
\int_{S_B^e+S_C}\sigma_8^e(t,\boldsymbol{q})\dfrac{\partial I(\boldsymbol{p},\boldsymbol{q},\upsilon)}{\partial n_p^e}\mathrm{d}s_q-\pi\sigma_8^e(t,\boldsymbol{p})+\int_{S_B^i+S_C}\sigma_8^i(t,\boldsymbol{q})\dfrac{\partial I(\boldsymbol{p},\boldsymbol{q},\upsilon)}{\partial n_p^i}\mathrm{d}s_q- & \\
\pi\sigma_8^i(t,\boldsymbol{p})=\int_0^t\mathrm{d}\tau\int_{S_B^e+S_C}\dfrac{\partial\widetilde{G}}{\partial n_p^e}\sigma_8^e(\tau,\boldsymbol{q})\mathrm{d}s_q+\int_0^t\mathrm{d}\tau\int_{S_B^i+S_C}\dfrac{\partial\widetilde{G}}{\partial n_p^i}\sigma_8^i(\tau,\boldsymbol{q})\mathrm{d}s_q+ & \\
\dfrac{p_0\alpha}{\rho_w g}\int_0^t\mathrm{e}^{\mathrm{i}\omega\tau}\mathrm{d}\tau\int_{S_P}\dfrac{\partial^2\widetilde{G}}{\partial z\partial\tau}\mathrm{d}s_q+\dfrac{\rho_0\beta}{\rho_w g}\int_0^t\left(-\cos\dfrac{\pi U\tau}{l}\right)\mathrm{e}^{\mathrm{i}\omega\tau}\mathrm{d}\tau\int_{S_P}\dfrac{\partial^2\widetilde{G}}{\partial z\partial\tau}\mathrm{d}s_q, & \boldsymbol{p}\in S_C
\end{cases} \tag{5-18}$$

把边界 S_B^{e}，S_B^{i}，S_C 分别均匀离散为 N_B^{e}，N_B^{i}，N_C 段线元，记 $N_1=N_B^{\mathrm{e}}+N_C$，$N_2=N_B^{\mathrm{i}}+N_C$，则内外域的所有边界可以离散为 $N=N_B^{\mathrm{e}}+N_C+N_B^{\mathrm{i}}+N_C=N_1+N_2$ 段边界元(其中分割线 S_C 在内外域中各离散一次)。把离散后的各线元记作 $\Delta t\ S_j$，$j=1,\cdots,N$，其中 $j=1,\cdots,N_B^{\mathrm{e}}$ 表示外域物面上 S_B^{e} 的线元，$j=N_B^{\mathrm{e}}+1,\cdots,N_1$ 表示外域分割线 S_C 上的线元，$j=N_1+1,\cdots,N_1+N_B^{\mathrm{i}}$ 表示内域物面 S_B^{i} 上的线元，$j=N_1+N_B^{\mathrm{i}}+1,\cdots,N$ 表示内域分割线 S_C 上的线元。设 $\Delta t\ S_j$ 上的源强密度 $\sigma_8^{\mathrm{e,i}}(t,y_j^{\mathrm{e,i}},z_j^{\mathrm{e,i}})$ 是常数，其中 $(y_j^{\mathrm{e,i}},z_j^{\mathrm{e,i}})$ 是线元 ΔS_j 的中点在域的局部坐标系(见图 5.2，图 5.3)中的坐标，由于内外自由面存在高度差，在 S_C 上相同线元的中点坐标是不同的：$(y_j^{\mathrm{e}},z_j^{\mathrm{e}})\neq$

$(y_j^{\mathrm{i}}, z_j^{\mathrm{i}})$。设 $t=K\Delta t$，$\tau=k\Delta t$（$\Delta t=\Delta tx/U$，Δx 表示侧体相邻两个切片间的距离，k、K 是整数），记 $\sigma_j^K=\sigma_8^{\mathrm{e,i}}(t, y_j^{\mathrm{e,i}}, z_j^{\mathrm{e,i}})$，$\sigma_j^k=\sigma_8^{\mathrm{e,i}}(\tau, y_j^{\mathrm{e,i}}, z_j^{\mathrm{e,i}})$（忽略下标"8"），用列向量 $\sigma^K=[\sigma_1^K, \sigma_2^K, \cdots, \sigma_N^K]^{\mathrm{T}}$，$\sigma^k=[\sigma_1^k, \sigma_2^k, \cdots, \sigma_N^k]^{\mathrm{T}}$ 分别表示离散后的方程组（5-18）左端待求的，以及右端已知的源强密度，则方程组（5-18）可简写成

$$\boldsymbol{D}^K\boldsymbol{\sigma}^K=\Delta t\sum_{k=0}^{K-1}\varepsilon_k(\boldsymbol{E}^k\boldsymbol{\sigma}^k)+p_0\alpha\cdot\boldsymbol{P}_a^K+\rho_0\beta\cdot\boldsymbol{P}_b^K \tag{5-19}$$

式中，$\varepsilon_0=0.5$，$\varepsilon_k=1(k>0)$；$\boldsymbol{D}^K$，$\boldsymbol{E}^k$ 是 $N\times N$ 的系数矩阵，$\boldsymbol{P}_a^K$、$\boldsymbol{P}_b^K$ 是 $N\times 1$ 的列向量。$\boldsymbol{D}^K$、$\boldsymbol{E}^k$、$\boldsymbol{P}_a^K$、$\boldsymbol{P}_b^K$ 内部已经不包含 α、β 等未知数了，可以直接计算得出，具体表达式参见附录 D。

2. 源强密度方程中气垫水动力和气动力的解耦

下面用数学归纳法证明：对于任意整数 K、σ^K 都可以用 $p_0\alpha$ 和 $\rho_0\beta$ 的线性组合表达，即

$$\boldsymbol{\sigma}^K=p_0\alpha\cdot\sigma_a^K+\rho_0\beta\cdot\sigma_b^K \tag{5-20}$$

式中，σ_a^K、σ_b^K 是与 $p_0\alpha$、$\rho_0\beta$ 无关的列向量。

①$K=0$

当 $K=0$ 时，方程（5-19）右端项为 0，$\sigma^0=0$ 显然可以用 $p_0\alpha$ 和 $\rho_0\beta$ 的线性组合表达，即 $\sigma^0=p_0\alpha\cdot\sigma_a^0+\rho_0\beta\cdot\sigma_b^0$，其中

$$\begin{cases}\sigma_a^0=0\\ \sigma_b^0=0\end{cases} \tag{5-21}$$

②假设 $K<m$ 时，$\boldsymbol{\sigma}^K=p_0\alpha\cdot\sigma_a^K+\rho_0\beta\cdot\sigma_b^K$ 成立，且 σ_a^K、σ_b^K 与 $p_0\alpha$、$\rho_0\beta$ 无关，则 $K=m$ 时有

$$\begin{aligned}\sigma^m&=(D^m)^{-1}\left(\Delta t\sum_{k=0}^{m-1}\varepsilon_k(\boldsymbol{E}^k\sigma^k)+p_0\alpha\cdot\boldsymbol{P}_a^m+\rho_0\beta\cdot\boldsymbol{P}_b^m\right)\\&=(\boldsymbol{D}^m)^{-1}\left(\Delta t\sum_{k=0}^{m-1}\varepsilon_k(\boldsymbol{E}^k(p_0\alpha\cdot\sigma_a^k+\rho_0\beta\cdot\sigma_b^k))+p_0\alpha\cdot\boldsymbol{P}_a^m+\rho_0\beta\cdot\boldsymbol{P}_b^m\right)\\&=p_0\alpha\cdot\left((\boldsymbol{D}^m)^{-1}\left(\boldsymbol{P}_a^m+\Delta t\sum_{k=0}^{m-1}\varepsilon_k\boldsymbol{E}^k\sigma_a^k\right)\right)+\rho_0\beta\cdot\left((\boldsymbol{D}^m)^{-1}\left(\boldsymbol{P}_b^m+\Delta t\sum_{k=0}^{m-1}\varepsilon_k\boldsymbol{E}^k\sigma_b^k\right)\right)\\&=p_0\alpha\cdot\sigma_a^m+\rho_0\beta\cdot\sigma_b^m\end{aligned} \tag{5-22}$$

式中，$(\boldsymbol{D}^m)^{-1}$ 表示矩阵 $\boldsymbol{D}^m$ 的逆，σ_a^m，σ_b^m 的表达式是

$$\begin{cases}\sigma_a^m=(\boldsymbol{D}^m)^{-1}\left(\boldsymbol{P}_a^m+\Delta t\sum\limits_{k=0}^{m-1}\varepsilon_k\boldsymbol{E}^k\sigma_a^k\right)\\ \sigma_b^m=(\boldsymbol{D}^m)^{-1}\left(\boldsymbol{P}_b^m+\Delta t\sum\limits_{k=0}^{m-1}\varepsilon_k\boldsymbol{E}^k\sigma_b^k\right)\end{cases} \tag{5-23}$$

显然，σ_a^m，σ_b^m 也是与 $p_0\alpha$，$\rho_0\beta$ 无关的列向量。

综上，证明了对于任意整数 K，σ^K 都可以用 $p_0\alpha$ 和 $\rho_0\beta$ 的线性组合表达，表达式如式（5-20）所示，且表达式（5-20）中的系数 σ_a^K，σ_b^K 由式（5-21）和式（5-23）递推计算。

3. 气垫辐射兴波速度势的计算公式

记 $N_B=N_B^{\mathrm{e}}+N_B^{\mathrm{i}}$ 为侧体湿表面 S_B 上的线元数，N_P 为内自由面 S_P 上的线元数，$N_H=N_B+N_P$，记 $\psi_i^K=\psi_8(t,y,z)=\psi_8(t,\boldsymbol{p})$，$i=1,\cdots,N_H$（忽略下标 8，$i$ 表示 $t=K\Delta t$ 时刻的场点 $\boldsymbol{p}$），其中 $i=1,\cdots,N_B^{\mathrm{e}}$ 表示 S_B^{e} 上的线元，$i=N_B^{\mathrm{e}}+1,\cdots,N_B$ 表示 S_B^{i} 上的线元，$i=N_B+1,\cdots,N_H$ 表示 S_P 上的线元，用列向量 $\psi^K=[\psi_1^K,\psi_2^K,\cdots,\psi_{N_H}^K]^{\mathrm{T}}$ 表示离散后的方程组（5-4）左端待求的速

度势，则方程组(5-4)可简写成

$$\psi^K = S^K \boldsymbol{\sigma}^K + \Delta t \sum_{k=0}^{K-1} \varepsilon_k \boldsymbol{R}^k \boldsymbol{\sigma}^k + p_0 \alpha \cdot \Pi_a^K + \rho_0 \beta \cdot \Pi_b^K \tag{5-24}$$

式中，$\boldsymbol{S}^K$、$\boldsymbol{R}^k$是$N_H \times N$的矩阵，Π_a^K、Π_b^K是$N_H \times 1$的列向量，它们的表达式见附录D。把源强密度关于气动力变量的表达式(5-22)代入式(5-24)中，得

$$\psi^K = p_0 \alpha \cdot \left(\boldsymbol{S}^K \sigma_a^K + \Pi_a^K + \Delta t \sum_{k=0}^{K-1} \varepsilon_k R^k \sigma_a^k\right) + \rho_0 \beta \cdot \left(S^K \sigma_b^K + \Pi_b^K + \Delta t \sum_{k=0}^{K-1} \varepsilon_k \boldsymbol{R}^k \sigma_b^k\right) \tag{5-25}$$

设船体的切片总数为N_S+1，记$\phi^K = [\phi_1^K, \phi_2^K, \cdots, \phi_{N_H}^K]^{\mathrm{T}}$，$\phi_i^K = \phi_8(x,y,z)$，$K=0,\cdots,N_S$；$i=1,\cdots,N_H$（忽略下标“8”，$\phi_i^K$表示第$K$个切片上第$i$个场点的速度势，$N_S$为船体切片数目，$K=0$表示艏部第一个切片，$K=N_S$表示艉部最后一个切片)，由式(5-6)与式(5-25)，得三维空间内速度势的简化表达式

$$\phi^K = p_0 \alpha \cdot \phi_a^K + \rho_0 \beta \cdot \phi_b^K \tag{5-26}$$

其中，$\phi_a^K = [\phi_{a1}^K, \phi_{a2}^K, \cdots, \phi_{aN_H}^K]^{\mathrm{T}}$，$\phi_b^K = [\phi_{b1}^K, \phi_{b2}^K, \cdots, \phi_{bN_H}^K]^{\mathrm{T}}$是$N_H \times 1$的列向量，表达式如下

$$\begin{cases} \phi_a^K = \left(S^K \sigma_a^K + \Pi_a^K + \Delta t \sum\limits_{k=0}^{K-1} \varepsilon_k R^k \sigma_a^k\right) \mathrm{e}^{-\mathrm{i}\omega K \Delta t} \\ \phi_b^K = \left(S^K \sigma_b^K + \Pi_b^K + \Delta t \sum\limits_{k=0}^{K-1} \varepsilon_k R^k \sigma_b^k\right) \mathrm{e}^{-\mathrm{i}\omega K \Delta t} \end{cases} \tag{5-27}$$

4. 气垫辐射兴波对侧体作用力的计算公式

取式(5-26)中速度势列向量ϕ^K的前N_B项（也就是侧体湿表面S_B上的速度势），则气垫辐射兴波对侧体作用力的表达式为

$$F_i^P = \Lambda_{i8} \cdot \mathrm{e}^{\mathrm{i}\omega t} = (p_0 \alpha \cdot \Lambda_{i8}^a + \rho_0 \beta \cdot \Lambda_{i8}^b) \mathrm{e}^{\mathrm{i}\omega t} \tag{5-28}$$

$$\begin{cases} \Lambda_{i8}^a = \rho_w \Delta x \sum\limits_{K=0}^{N_S} \sum\limits_{j=1}^{N_B} \phi_{aj}^K \cdot s_j \left(-(\mathrm{i}\omega + 2\upsilon) n_{ij}^K + U m_{ij}^K\right) - \rho_w U \sum\limits_{j=1}^{N_B} \phi_{aj}^{N_S} \cdot s_j n_i^{N_S j} \\ \Lambda_{i8}^b = \rho_w \Delta x \sum\limits_{K=0}^{N_S} \sum\limits_{j=1}^{N_B} \phi_{bj}^K \cdot s_j \left(-(\mathrm{i}\omega + 2\upsilon) n_{ij}^K + U m_{ij}^K\right) - \rho_w U \sum\limits_{j=1}^{N_B} \phi_{bj}^{N_S} \cdot s_j n_i^{N_S j} \end{cases} \tag{5-29}$$

式中，n_{ij}^K、m_{ij}^K分别表示第K个切片上第j个场点在i方向上的广义法向量和定常兴波参数，Δs_j表示切片上第j段线元的长度。

5. 内自由面上气垫气动力(辐射)兴波的表达式

取式(5-26)中速度势列向量ϕ^K的第N_B+1至N_H项（也就是内自由面S_P上的N_P个速度势），记$\zeta_{8i}^K = \zeta_8(x,y)$，$i=1,\cdots,N_P$；$K=0,\cdots,N_S$，采用数值差分方法计算式(5-13)中的$\partial\phi_8/\partial x$项，得内自由面上气垫气动力兴波（气垫辐射兴波）的表达式

$$\zeta_{8i}^K = p_0 \alpha \cdot \zeta_{8i}^{aK} + \rho_0 \beta \cdot \zeta_{8i}^{bK}, K=0,\cdots,N_S; i=1,\cdots,N_P \tag{5-30}$$

$$\begin{cases} \zeta_{8i}^{aK} = -\dfrac{1}{g}\left((\mathrm{i}\omega + 2\upsilon)\phi_{ai}^K + H(K-0.5)U\dfrac{\phi_{ai}^K - \phi_{ai}^{K-1}}{\Delta x} + \dfrac{1}{\rho_w}\right) \\ \zeta_{8i}^{bK} = -\dfrac{1}{g}\left((\mathrm{i}\omega + 2\upsilon)\phi_{bi}^K + H(K-0.5)U\dfrac{\phi_{bi}^K - \phi_{bi}^{K-1}}{\Delta x} - \dfrac{\cos\dfrac{\pi K}{N_S}}{\rho_w}\right) \end{cases} \tag{5-31}$$

式(5-31)中单位阶跃函数$H(K-0.5)$表示$K=0$时其值为0，$K \geqslant 1$时其值为1。

实际上，根据气垫船气动力方程组(2－35)，内自由面上的(加权)平均兴波才是最终需要的结果。气垫气动力兴波的(加权)平均值可表示成

$$\bar{\zeta}_8(x)=p_0\alpha\cdot\bar{\zeta}_8^a(x)+\rho_0\beta\cdot\bar{\zeta}_8^b(x) \tag{5-32}$$

$$\begin{cases}\bar{\zeta}_8^a(x)=-\dfrac{1}{g}\left(\dfrac{\mathrm{i}\omega+2\upsilon}{N_P}\sum\limits_{i=1}^{N_P}\phi_{ai}^K+\dfrac{H(K-0.5)U\sum\limits_{i=1}^{N_P}(\phi_{ai}^K-\phi_{ai}^{K-1})}{\Delta x\,N_P}+\dfrac{1}{\rho_w}\right)\\ \bar{\zeta}_8^b(x)=-\dfrac{1}{g}\left(\dfrac{\mathrm{i}\omega+2\upsilon}{N_P}\sum\limits_{i=1}^{N_P}\phi_{bi}^K+\dfrac{H(K-0.5)U\sum\limits_{i=1}^{N_P}(\phi_{ai}^K-\phi_{ai}^{K-1})}{\Delta x\,N_P}-\dfrac{\cos\dfrac{\pi K}{N_S}}{\rho_w}\right)\end{cases},K=\frac{(L-2x)N_S}{2l} \tag{5-33}$$

$$\bar{\zeta}_8=p_0\alpha\cdot\bar{\zeta}_8^a+\rho_0\beta\cdot\bar{\zeta}_8^b \tag{5-34}$$

$$\begin{cases}\bar{\zeta}_8^a=-\dfrac{1}{g}\left(\dfrac{\mathrm{i}\omega+2\upsilon}{N_P N_S}\sum\limits_{K=0}^{N_S}\sum\limits_{i=1}^{N_P}\phi_{ai}^K+\dfrac{U\sum\limits_{i=1}^{N_P}\phi_{ai}^{N_S}}{\Delta x\,N_P N_S}+\dfrac{1}{\rho_w}\right)\\ \bar{\zeta}_8^b=-\dfrac{1}{g}\left(\dfrac{\mathrm{i}\omega+2\upsilon}{N_P N_S}\sum\limits_{K=0}^{N_S}\sum\limits_{i=1}^{N_P}\phi_{bi}^K+\dfrac{U\sum\limits_{i=1}^{N_P}\phi_{bi}^{N_S}}{\Delta x\,N_P N_S}\right)\end{cases} \tag{5-35}$$

$$\bar{\hat{\zeta}}_8=p_0\alpha\cdot\bar{\hat{\zeta}}_8^a+\rho_0\beta\cdot\bar{\hat{\zeta}}_8^b \tag{5-36}$$

$$\begin{cases}\bar{\hat{\zeta}}_8^a=-\dfrac{1}{g}\left(\dfrac{\mathrm{i}\omega+2\upsilon}{N_P N_S}\sum\limits_{K=0}^{N_S}\sum\limits_{i=1}^{N_P}\phi_{ai}^K\cos\dfrac{\pi K}{N_S}+\dfrac{U\sum\limits_{K=1}^{N_S}\sum\limits_{i=1}^{N_P}(\phi_{ai}^K-\phi_{ai}^{K-1})\cos\dfrac{\pi K}{N_S}}{\Delta x\,N_P N_S}\right)\\ \bar{\hat{\zeta}}_8^b=-\dfrac{1}{g}\left(\dfrac{\mathrm{i}\omega+2\upsilon}{N_P N_S}\sum\limits_{K=0}^{N_S}\sum\limits_{i=1}^{N_P}\phi_{bi}^K\cos\dfrac{\pi K}{N_S}+\dfrac{U\sum\limits_{K=1}^{N_S}\sum\limits_{i=1}^{N_P}(\phi_{bi}^K-\phi_{bi}^{K-1})\cos\dfrac{\pi K}{N_S}}{\Delta x\,N_P N_S}-\dfrac{\pi}{2\rho_w}\right)\end{cases} \tag{5-37}$$

5.4　多域二维半理论在高速双体船 Delft 372 上的验证

本节以高速双体船 Delft 372 为例对所发展的多域二维半理论进行验证，包括内外域分割线的网格数目、分割线的形状，以及有无黏性等对运动预报精度的影响。为了简化工作，在分析内外域分割线的网格数目和分割线的形状对运动预报结果的影响时，仍使用无黏性的二维半方法。

5.4.1 Delft 372 的船型参数

Delft 372 双体船是高速多体船水动力性能研究中常用的一种船型，船型方案最早由荷兰 Delft 大学于 1998 年提出，至今对该船型的研究已涵盖了船型优化、片体间水动力干扰、深水和浅水中的操纵性、喷水推进、耐波性等领域。

图 5.4 是文献给出的 Delft 372 双体船的型线图，表 5.1 是 Delft 372 双体船的主要参数，更多的船型信息可参考文献。表 5.2 是 Delft 372 双体船的耐波性试验工况。从表 5.2 中看出，共开展了 3 个航速段的试验（均为高航速），每个航速段中取 6 个波长，这 6 个波长基本覆盖了船体的运动响应峰值。另外，在所有试验工况中波陡（波幅波长比）保持在 1/120不变，在这种波陡下双体船的运动基本满足线性的假设。在本节的计算设置中，Delft 372 均被切成 30 站，每站的片体湿表面被均匀划分为 64 段线元。

表 5.1 Delft 372 双体船的主要参数

参数（符号）	值/m	参数（符号）	值
艏艉柱间距（L）	3	重心距艉（x_g）	1.41 m
型宽（B）	0.94	重心距基线高（z_g）	0.34 m
片体宽（b）	0.24	排水量（Δ）	87.07 kg
片体中心距（d）	0.70	纵摇转动惯量（I_{55}）	53.245 kg · m^2
吃水（T）	0.15	纵摇回转半径（k_{yy}）	0.782 m

表 5.2 Delft 372 双体船的耐波性试验工况

试验参数	值/m
航速（F_{rL}）	0.60，0.70，0.75
波陡（ζ_0/λ）	1/120
波长船长比（λ/L）	1.00，1.30，1.50，1.75，2.00，2.5

5.4.2 内外域分割线的线元数目对运动预报精度的影响

一般说来在数值计算中网格密度对计算结果是有影响的，只有网格数目达到足够的数量后数值结果才会趋于稳定。因此，本小节重点研究多域无黏性二维半方法中内外域的分割线S_C上的线元数目对 Delft 372 双体船耐波性运动计算结果的影响，并与文献给出的船模试验结果，以及单域无黏性二维半方法的计算结果进行对比。

在单域和多域二维半方法的计算设置中，Delft 372 双体船均被切成 30 站，每站的片体湿表面均划分为 64 段线元。此外，在多域二维半方法中，分割线的起点和终点分别设置在两片体湿表面的最低点上，本小节暂时将分割线S_C的形状定为开口向上的半圆，如图 5.5 所示，边界$S_F^i \cup S_B^i \cup S_C$所围的区域为内域，边界$S_F^e \cup S_B^e \cup S_C$以及无穷远边界（图中未画出）所围的区域为外域。为了对比分割线S_C上的线元数目对多域二维半方法计算结果的影响，在保持其他设置不变的前提下，把分割线S_C分别划分为 31 段、63 段和 95 段，再考察每种划分工况下多域二维半方法的计算结果。

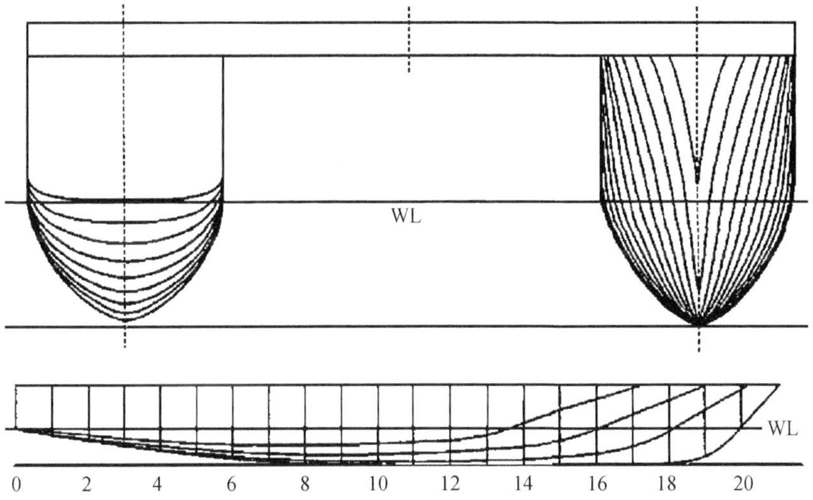

图 5.4 Delft 372 双体船的型线图[110]

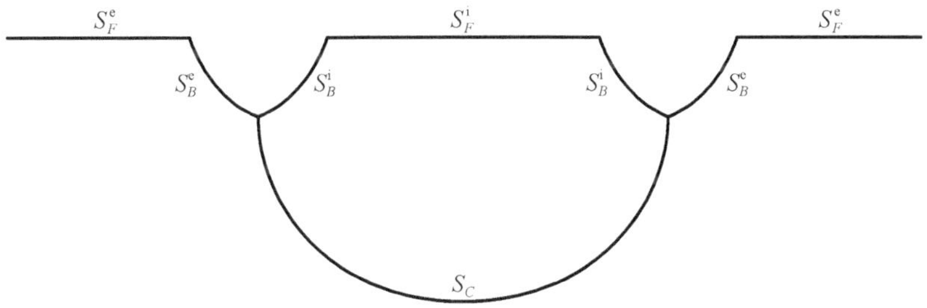

图 5.5 Delft 372 双体船内外域划分的示意图

图 5.6 至图 5.8 显示的是 Delft 372 双体船在$F_{rL}=0.60$,$F_{rL}=0.70$,$F_{rL}=0.75$ 3 个航速下、迎浪规则波中的垂荡和纵摇的运动响应。图中标记为“MD:N_C = MD:N_C = 31,MD:N_C = 63,MD:N_C = 95”的三条线分别表示多域无黏性二维半方法中分割线S_C上的线元数目分别为 31、63、95 段时的计算结果;标记为“SD”的线段表示单域无黏性二维半方法的计算结果(近水线单元上的源强密度不做修正处理);“EFD”表示文献给出的船模试验结果。从图中可以看出,内外域分割线S_C上的线元数目大于 63 段后对多域二维半方法的预报结果基本没有影响。尽管分割线S_C上的线元数目越多,多域二维半方法的运动预报结果越接近单域二维半方法的预报结果,但在纵摇运动中单域和多域的结果整体上有明显的差别。

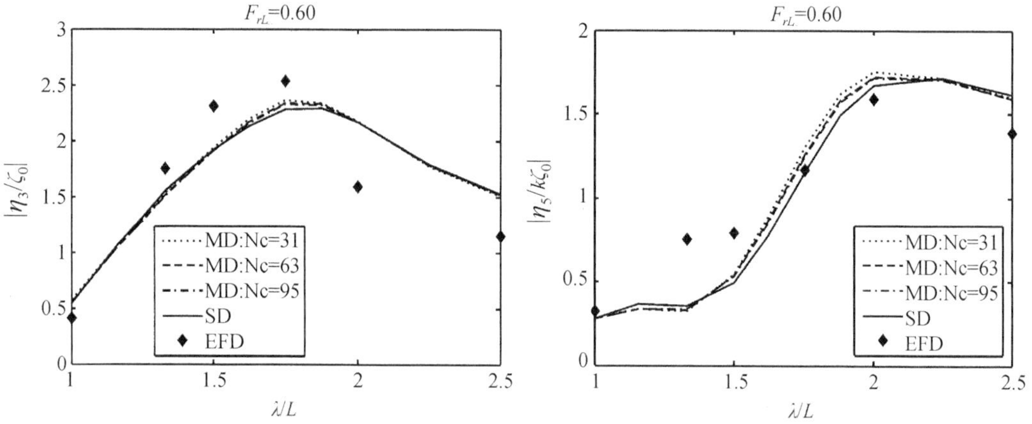

图 5.6　分割线线元数目对 **Delft 372** 双体船的垂荡(左)和纵摇(右)运动响应的影响

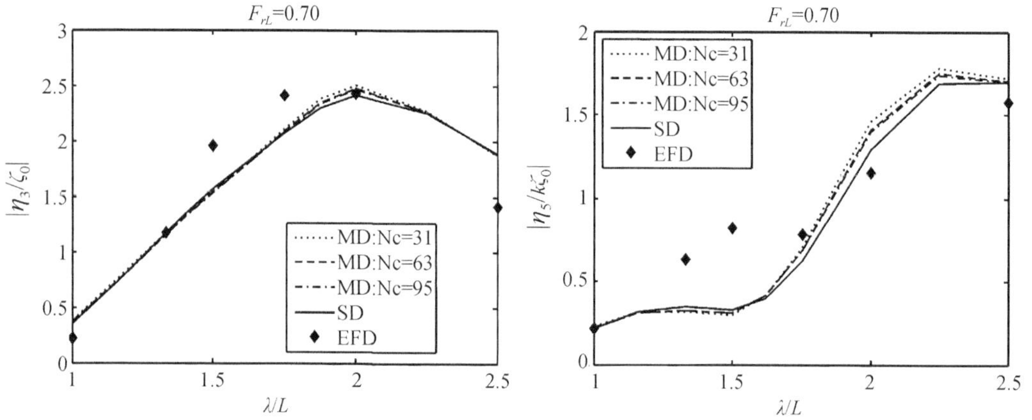

图 5.7　分割线线元数目对 **Delft 372** 双体船的垂荡(左)和纵摇(右)运动响应的影响

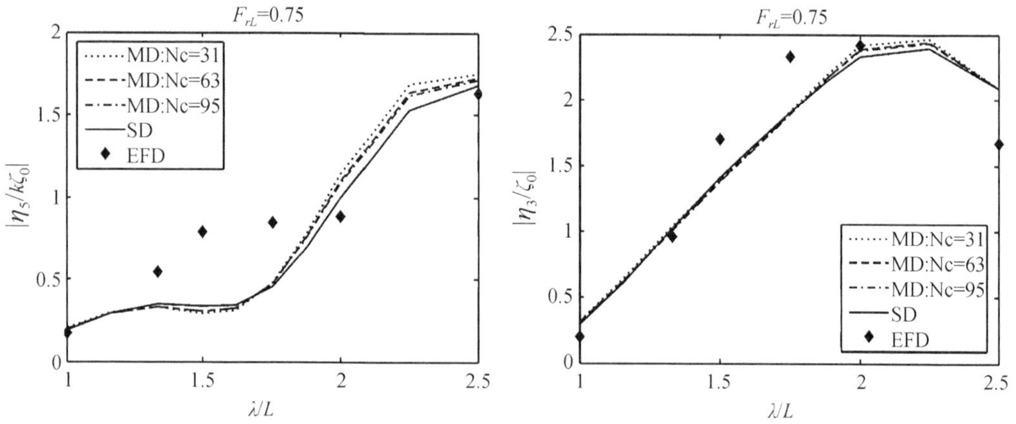

图 5.8　分割线线元数目对 **Delft 372** 双体船的垂荡(左)和纵摇(右)运动响应的影响

5.4.3 内外域分割线的形状对运动预报结果的影响

上小节验证了半圆形分割线及其线元数目在多域二维半理论计算中的使用效果，本小节进一步研究其他形状的分割线对预报结果的影响。为此，选取了：直线分割线、三角形分割线、矩形分割线与半圆形分割线进行对比（见图5.9）。各分割线的起点、终点与圆弧分割一样，都设在片体切片的湿表面最低点处，其中三角形分割线的高等于底边长度（即双体船片体中心距）；矩形分割线的宽等于双体船片体中心距，高等于宽的一半。根据上一小节的结果，分割线上的线元数目取63段即可获得稳定收敛的计算结果，考虑到不同分割线的长度不同，这里把所有分割线都均匀离散为95段线元。

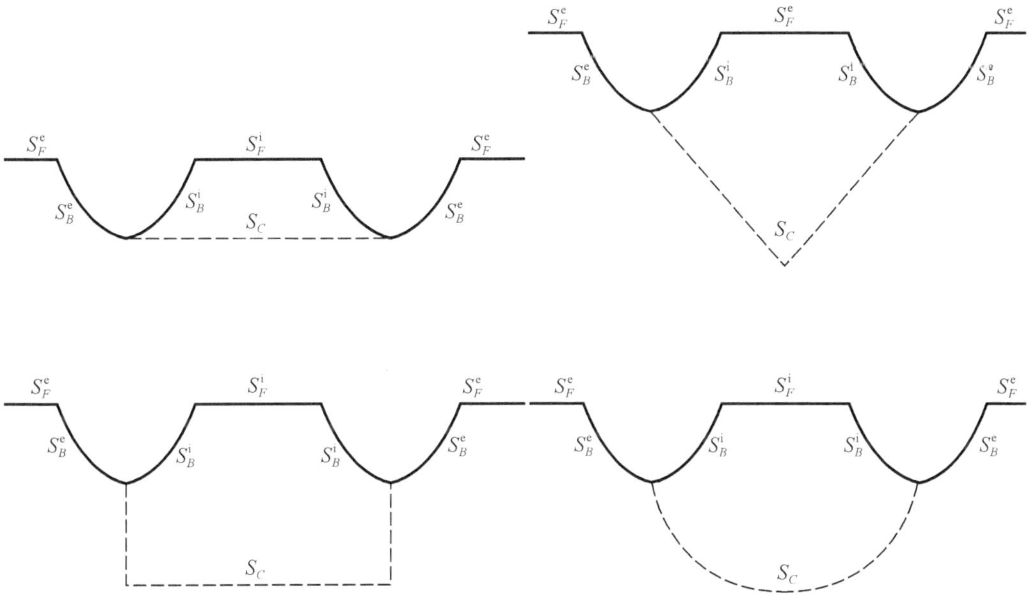

图5.9 Delft 372双体船内外域间不同分割线的示意图

(a)直线分割线；(b)三角形分割线；(c)矩形分割线；(d)半圆弧分割线

图5.10至图5.12展示了Delft 372双体船在$F_{rL}=0.60$，$F_{rL}=0.70$，$F_{rL}=0.75$航速下、迎浪规则波中的垂荡和纵摇的运动响应。图中标记为“MD：Line”“MD：Triangle”“MD：Rectangle”和“MD：Semi－circle”的四条线表示多域二维半方法中分割线S_C的形状分别为直线、三角形、矩形和半圆形时的运动预报结果；标记为“SD”的线段表示单域二维半方法的预报结果；“EFD”表示文献给出的船模试验结果。

从图5.10至图5.12中看到，采用直线分割线的多域二维半方法与单域二维半方法计算结果吻合得非常好，而尽管采用三角形、矩形和半圆形等分割线的多域二维半方法计算结果彼此十分接近，但都与单域二维半方法的结果有明显差异，尤其是纵摇运动夸大了响应幅值（与试验值相比）。因而在本书后续的气垫船水动力的多域二维半方法计算中，将采用直线来分割内外流场域。

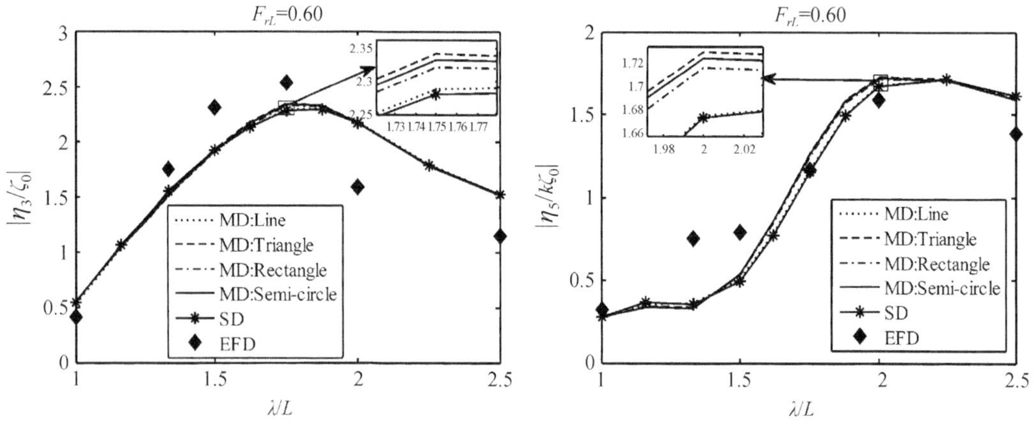

图 5.10　分割线形状对 Delft 372 双体船的垂荡(左)和纵摇(右)运动响应的影响

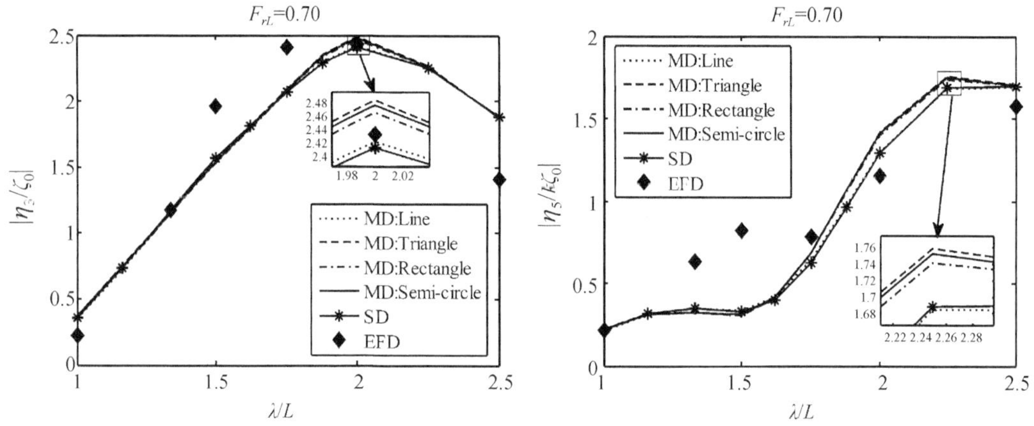

图 5.11　分割线形状对 Delft 372 双体船的垂荡(左)和纵摇(右)运动响应的影响

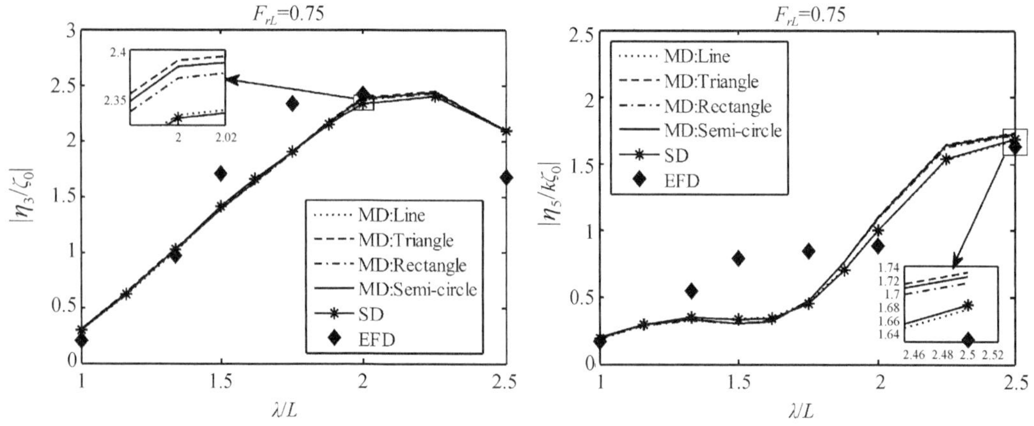

图 5.12　分割线形状对 Delft 372 双体船的垂荡(左)和纵摇(右)运动响应的影响

5.4.4 基于多域准黏性二维半理论的运动预报

由于多域二维半方法中直线分割线对结果的影响最小,本小节以直线为分割线研究准黏性多域二维半方法对 Delft 372 双体船运动响应的预报结果,并与单域方法、无黏方法及试验结果进行对比,所得的结果如图 5.13 至图 5.15 所示。图中“MD:$\upsilon=0$”“SD:$\upsilon=0$”分别表示多域、单域无黏性二维半方法,“MD:$\upsilon=1E-4\ \omega^4$”“SD:$\upsilon=1E-4\ \omega^4$”分别表示多域、单域准黏性二维半方法(黏性系数取 $1E-4\ \omega^4$),“EFD”表示船模试验结果。

从图 5.13 至图 5.15 中可以看出,无论有无黏性修正,多域方法与单域方法的运动预报结果非常接近;与无黏性的多域方法或单域方法预报结果相比,经过适当黏性修正(如取 $\upsilon=1E-4\ \omega^4$)的预报结果在除垂荡运动共振峰外的其他区域内与试验值吻合得更好。

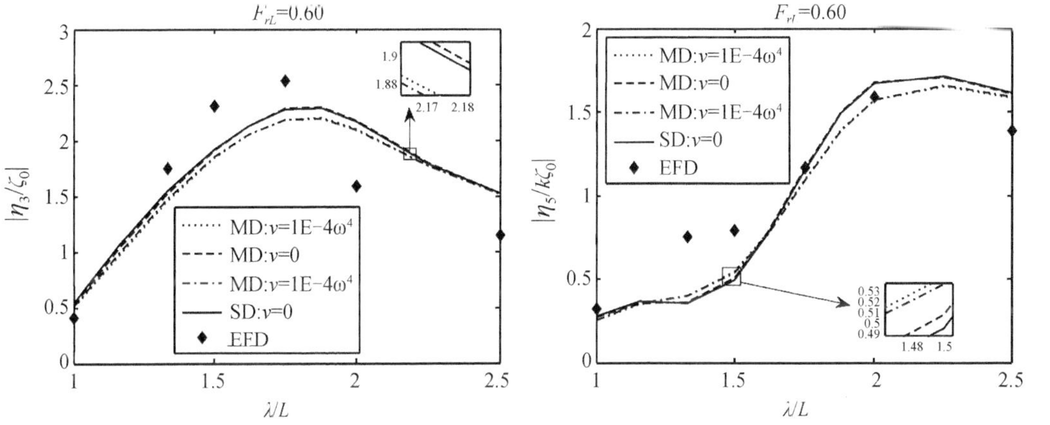

图 5.13 多种二维半方法对 Delft 372 双体船的垂荡(左)和纵摇(右)运动响应的预报结果

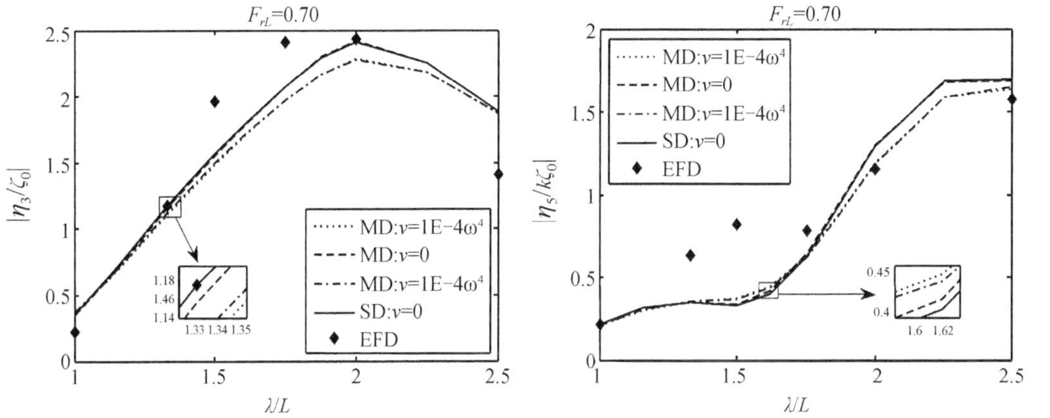

图 5.14 多种二维半方法对 Delft 372 双体船的垂荡(左)和纵摇(右)运动响应的预报结果

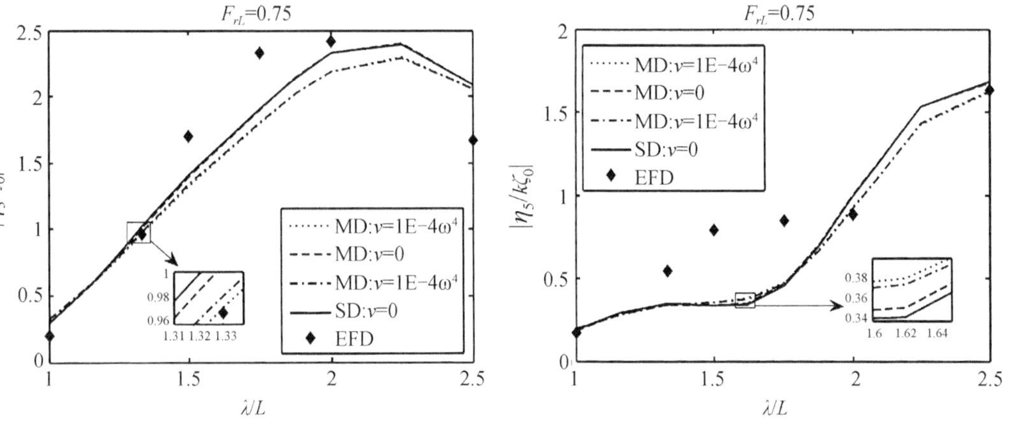

图 5.15　多种二维半方法对 Delft 372 双体船的垂荡(左)和纵摇(右)运动响应的预报结果

5.5　本章小结

本章发展了可解决内外自由面存在高度差的侧壁式气垫船水动力问题(混合边值问题)的多域二维半理论,并以高速双体船 Delft 372 为例,对所发展的多域二维半理论在排水型船舶上进行验证,理论研究和数值结果表明。

(1)采用分域的方法(多域二维半方法)解决内外自由面存在高度差的侧壁式气垫船的水动力问题时,内、外域中的局部坐标系原点可以分别落在内、外自由面上,从而可以在内外域中分别使用基于二维时域自由面格林函数法的二维半方法进行求解,并在域间的分割线上进行速度势及其法线导数的匹配(速度势及其法线导数与坐标系的选择无关)。

(2)由于气垫水动力问题(混合边值问题)的边界积分方程中含有内自由面压力(即气垫气动力)相关项,而在船体的运动响应和气垫气动力问题获得解决之前,内自由面上的压力是未知的。为此,通过数学归纳法证明了气垫气动力与气垫水动力是可以解耦的,并给出解耦后源强密度的计算公式(解耦后仅需求解单位压力气垫的水动力问题)。

(3)在高速双体船 Delft 372 的运动预报中,发现在多域二维半理论中采用直线分割内外域时,可获得与单域二维半理论最接近的运动预报结果;而采用其他形式如矩形、三角形或半圆形来分割内外域时,多域二维半理论的结果与单域二维半理论的结果相比有小幅偏差。

第6章　槽道气垫船的运动预报与结果分析

6.1　概　　述

在本书的前几章已经完成了槽道气垫船耐波性运动分析模型的建立工作，并通过若干典型算例对组成该运动分析模型的各关键子模型，如空间非均匀分布的气垫船气动力模型，准黏性二维半理论、混合边值问题的二维半理论和多域二维半理论等进行验证。本章的主要目的是通过槽道气垫船对本书发展的整个运动分析模型进行验证，实现本书所设定的研究目标，即获得高精度高效率的槽道气垫船（或侧壁式气垫船）运动分析模型。

本章首先简要回顾槽道气垫船模型在拖曳水池中的耐波性试验，包括试验设置、试验工况、试验数据处理等；然后利用本书所建立的运动分析模型对槽道气垫船在迎浪规则波中的纵向运动进行预报，并与试验结果进行对比，验证运动分析模型的预报精度，分析单域、多域、有无黏性等不同计算模型对内自由面非定常兴波、船体运动响应和气垫气动力等预报结果的影响。

6.2　槽道气垫船的水池模型试验

6.2.1　水池及试验设备参数

槽道气垫船的模型试验是在中国特种飞行器研究所（605所）的高速拖曳试验水池中开展的，该水池长510 m，宽6.5 m，深6.8 m，水深5.0 m，水池中槽道气垫船主要试验设备的技术参数如表6.1所示。

表6.1中各传感器的功能如下：位置传感器测量船体的升沉，垂直陀螺仪测量船体纵倾角，加速度传感器测量艏、舯的垂向加速度，空气压力传感器测量气垫压力，拉压传感器测量船体阻力（波浪增阻）。空气压力传感器安装在气垫中部（舯部）的侧壁上。

表6.1　槽道气垫船主要试验设备的技术参数

仪器名称	型号	量程	精度
拖车系统	—	0 ~ 22 m/s	0.2%
造波机	—	波长0.5 ~ 15 m 波高0.03 ~ 0.5 m	1.5%

表 6.1(续)

仪器名称	型号	量程	精度
数据采集系统	TDEC - PCI20016	±10 V	16 bit 0.3%
位置传感器	FWP - 1.2	1.2 m	0.2%
垂直陀螺仪	MTC - 1/0809009	±80°	0.5%
加速度传感器	FML - A	±5 g	<0.5%
空气压力传感器	Xjtu - winner	1 kPa	0.3%
拉压传感器	BLM - 1M(0.2 t)	200 kg	0.3%

6.2.2 槽道气垫船的水池试验模型

槽道气垫船的水池试验模型的主要参数如表 6.2 所示。模型总长为 3 m,水线长 2.5 m,型宽 0.7 m;气垫长、宽分别为 2.5 m、0.24 m。模型的排水量为 145 kg,垫升状态侧体排水量为 97.3kg,占总排水量的 67%,气垫排水量为 47.7kg,占总排水量的 33%,气垫压力为 750 Pa,垫升状态下模型有 0.96°的尾倾,模型舯部内、外吃水分别为 0.031 m 和 0.107 m;在非垫升状态舯部模型吃水为 0.136 m。模型的重心与船舯不完全重合,在舯后 8 cm,约占船长的 2.7%,在近似条件下可以认为重心在船舯处。

表 6.2 槽道气垫船的主要参数

参数(符号)	值	参数(符号)	值
排水量(Δ)	145 kg	非垫升状态吃水(T^{off})	0.136 m
侧体排水量(Δ_s)	97.3 kg	垫升状态外吃水(T_o^{on})	0.107 m
气垫排水量(Δ_c)	47.7 kg	垫升状态内吃水(T_c^{on})	0.031 m
总长(L)	3.0 m	纵摇转动惯量(I_{55})	77.4 kg·m^2
水线长(L_W)	2.5 m	垫升状态尾倾(ξ_5)	0.96°
型宽(B)	0.7 m	静态垫升压力(p_0)	750 Pa
气垫长(l)	2.5 m	风机流量(Q_0)	150 m^3/h
气垫宽(b)	0.24 m	风机特性参数$\left(\frac{\partial Q_{in}}{\partial p}\right)_0$	-7.2E-4 m^3/(s·Pa)
重心距舯(x_g)	-0.08 m		

图 6.1 展示了槽道气垫船在水池中的照片和三维模型图。槽道气垫船采用增压室垫升系统,压缩气体通过输气管(图 6.1(a)中白色的软管)从拖车上方的鼓风机内注入槽道气垫船模型的增压室内,再通过均匀分布在侧壁与湿甲板交界处的注气孔(如图 6.1(b)所示)注入气垫内,气垫为单气室。

图 6.2 展示的是槽道气垫船柔性艏艉气封的三维模型图,艏气封采用囊指型围裙,囊指与水平面的夹角为 45°,囊指上方的气囊具有气体储备功能,当囊指失压时可以快速补压。艉气封为双瓣气囊结构,下叶气囊的下表面设置有排气孔。由于艏艉气封内的气压略高于

气垫压力，艏囊指和艉下叶气囊内的高压空气将注入气垫内，形成的气幕有助于减小气垫的泄流。

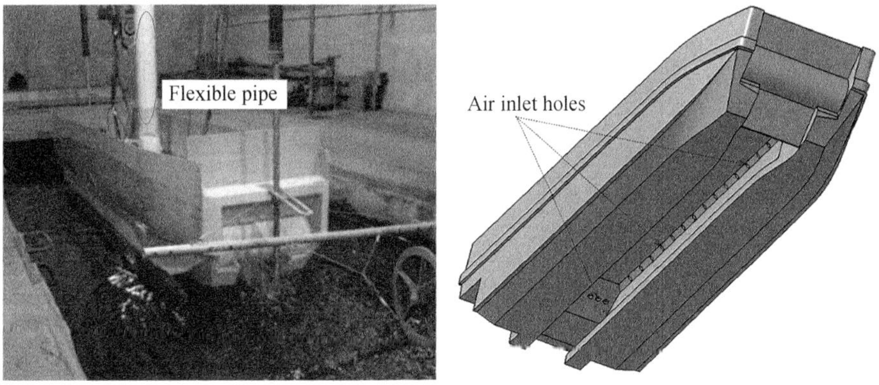

(a)　　(b)

图 6.1　槽道气垫船模型

(a)模型在水池中的照片；(b)三维模型；

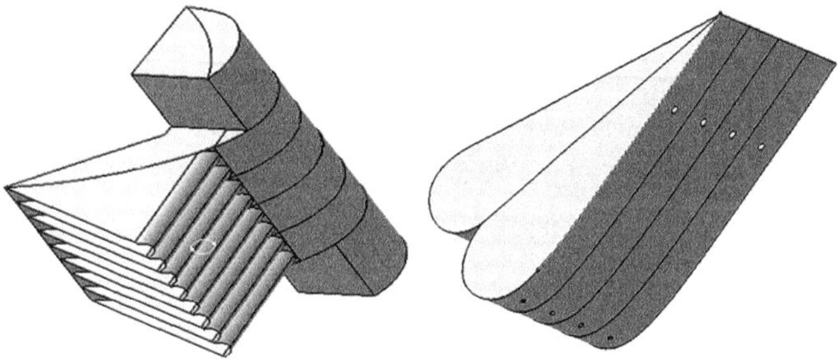

(a)　　(b)

图 6.2　槽道气垫船的气封模型

(a)艏气封模型；(b)艉气封模型；

6.2.3　槽道气垫船模型的耐波性试验工况和不确定性分析

槽道气垫船的耐波性试验工况如表 6.3 所示，包括 3.6 m/s 和 5 m/s 两个航速(对应实船的巡航速度和最高航速)，每个航速下各有 8 个波长，波长范围 4 ~ 14 m。在实际试验中，拖车每运行一趟完成两个航速的试验，即前半程以 3.6 m/s 的速度运行，后半程以 5 m/s 的航速运行，每个航速段可持续 30 s、遭遇 15 个以上周期的规则波。

表 6.4 给出了在 3.6 m/s 和 5 m/s 航速段下槽道气垫船的航行姿态和气垫压力。可以发现，两个航速段槽道气垫船的航行姿态几乎一致，但在 5 m/s 时船体吃水更浅，同时气垫垫升压力下降了大约 1/3，可以认为此时槽道气垫船进入滑行状态，动升力补偿了因船体抬高和垫升压力下降造成的支撑力损失。

表 6.3　槽道气垫船的耐波性试验工况

参数(符号)	值
航速(U)	3.6 m/s,5 m/s
船长(水线长)傅汝德数(F_{rL})	0.73,1.0
规则波波长(λ)	4 m,6 m,7 m,8 m,9 m,10 m,12 m,14 m
波长船长(水线长)比(λ/L_W)	1.6,2.4,2.8,3.2,3.6,4.0,4.8,5.6
波幅(ζ_a)	2.5 cm

表 6.4　槽道气垫船的航行姿态

航速($U=3.6$ m/s)			航速($U=5$ m/s)		
升沉(ξ_3)	艉倾(ξ_5)	气压(p_0)	升沉(ξ_3)	艉倾(ξ_5)	气压(p_0)
0.73 cm	3.42°	760 Pa	1.19 cm	3.47°	510 Pa

与常规排水型船舶相比,槽道气垫船的模型试验中有 4 个额外的不确定性影响因素。一是图 6.1(a)中从拖车上的鼓风机往船模内输气的软导管对船模施加的作用力,这一作用力可能随船模在波浪中的运动发生变化,对船模的运动产生影响,不过一般认为这种影响是很小的;二是鼓风机输出的压缩气体由导管进入船模上的增压室最后注入气垫内,传输路径相当复杂,尤其是在各转接头处偶尔会产生少量气体泄漏,因而最终进入气垫的风机流量可能会稍微小于鼓风机出口处的测量值(150 m^3/h);三是气垫泄流容易导致水花飞溅,不可避免有碎波飞溅到船模上,造成船模实际质量的增加,为了尽量避免这种情况的出现,在试验中为船模增加了挡浪板(见图 6.1(a));四是拖车上鼓风机的振动会传导到船模上,给船模上的运动传感器测量带来干扰,这部分影响可以通过数值处理滤除(具体方法在下小节介绍)。

6.2.4　槽道气垫船模型的试验数据处理

从槽道气垫船模型试验测量得到的原始数据看,除了垂荡运动外,其他数据十分不规则。主要有两个因素会对槽道气垫船模型试验数据的平整性造成影响,一是非线性运动特性,相对于普通排水型船模,槽道气垫船模型在波浪中运动的非线性更为显著;二是鼓风机或其他机械的高频振动对测量传感器的干扰。因此,有必要对原始试验数据进行处理,滤除噪声及次要的非线性成分,保留线性的主成分(本书仅考虑线性问题)。

对试验数据进行线性化最简单的办法是快速傅里叶变换法(FFT),但该方法只能获得幅值,较难得到相位。一种可同时获得幅值和相位的简单方法是基于最小二乘法、采用正弦曲线进行拟合(参见 Matlab 中的 lsqcurvefit 函数)。以航速$F_{rL}=1.0$、规则波波长 $\lambda=8$ m 的试验工况为例,图 6.3 至图 6.6 分别展示了槽道气垫船的垂荡、纵摇、气垫压力、艏加速度和舯加速度等处理前后的试验数据。各图中的时历曲线中标为“Original”的为原始测量数据,标为“Sinusoidal”的为正弦曲线拟合数据。各图中的频域结果为对原始测量数据的快速傅里叶变换结果,可见各测量数据的线性主部确实在船模的遭遇频率处。

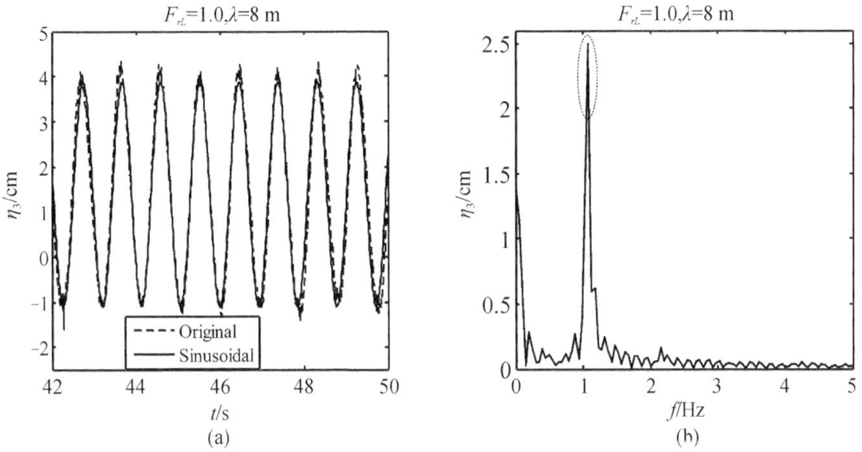

图 6.3 槽道气垫船的垂荡运动试验结果

(a)时历曲线;(b)频域结果

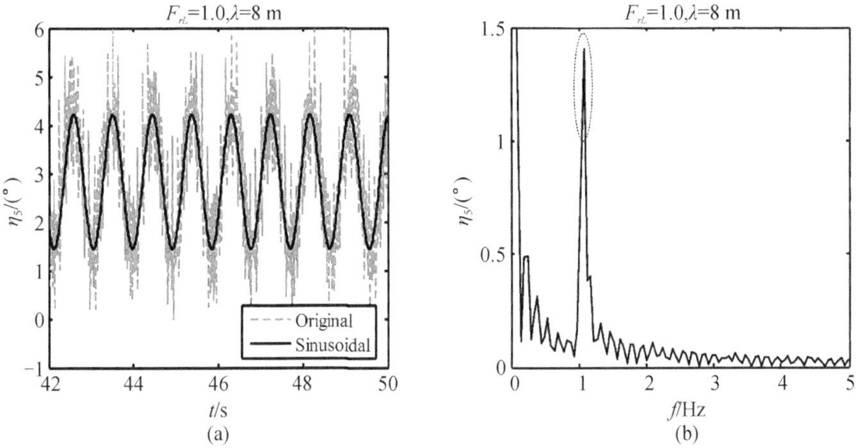

图 6.4 槽道气垫船的纵摇运动试验结果

(a)时历曲线;(b)频域结果

值得注意的是,图 6.5(b)至图 6.7(b)确实也展示了槽道气垫船非线性的特性,在遭遇频率的 2、3、4 倍频处有显著的幅频响应,尤其是气垫压力的非线性尤为明显。不过由于气垫排水量相对较低,气垫的非线性气动力对船体运动响应的影响相对较小。总体上,采用线性方法研究槽道气垫船的运动性能是可行的。

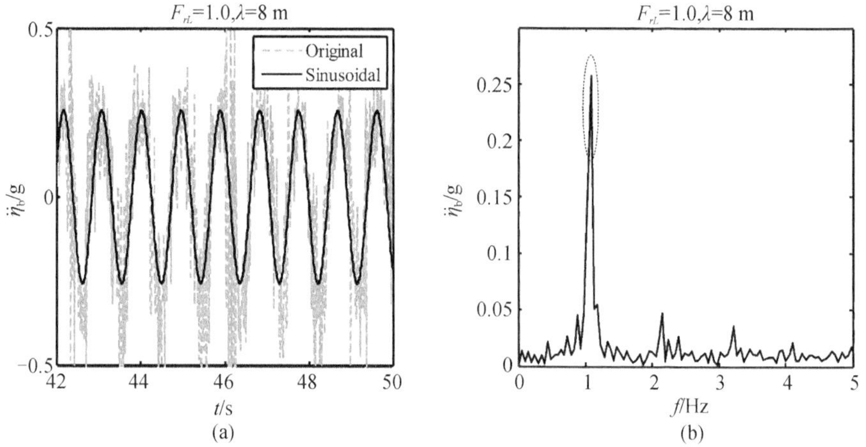

图 6.5　槽道气垫船的艏加速度试验结果

(a)时历曲线;(b)频域结果

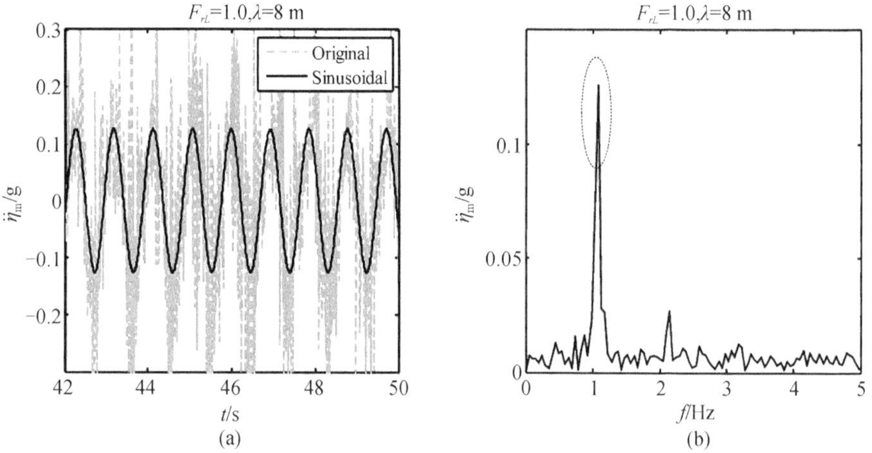

图 6.6　槽道气垫船的舯加速度试验结果

(a)时历曲线;(b)频域结果

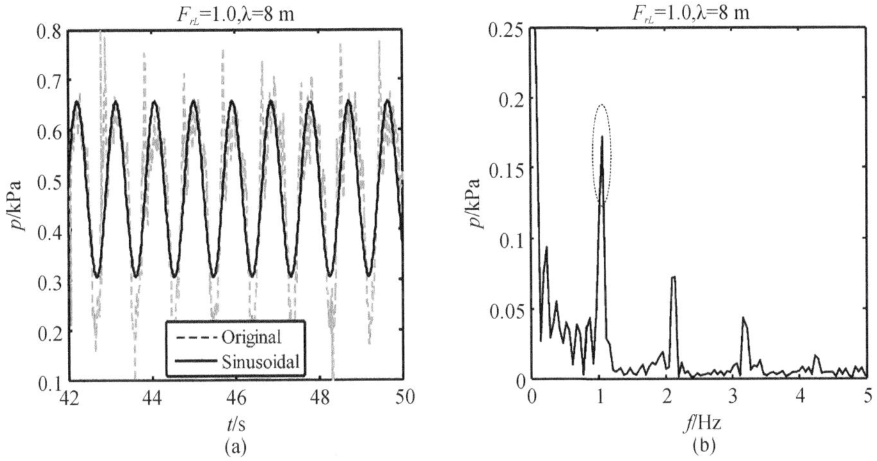

图6.7 槽道气垫船的气垫压力试验结果

(a)时历曲线;(b)频域结果

6.3 槽道气垫船的运动求解模型

本节首先回顾前几章所发展的气垫船气动力和水动力模型,给出槽道气垫船的数学运动模型,再简要介绍单域二维半理论和多域二维半理论中槽道气垫船模型的网格划分。

6.3.1 槽道气垫船的运动方程

假设槽道气垫船在微幅的迎浪规则波中做纵向运动,在线性化条件下,运动是微幅、简谐的,即$\tilde{\eta}_i=\eta_i \mathrm{e}^{\mathrm{i}\omega t}$,$i=3,5$,气垫气动力$\tilde{p}(x,y,t)$也是简谐振荡的,即

$$\tilde{p}(x,y,t)=\hat{p}(x,y)\mathrm{e}^{\mathrm{i}\omega t}=p_0\alpha \mathrm{e}^{\mathrm{i}\omega t}-\rho_0\beta \mathrm{e}^{\mathrm{i}\omega t}\sin\frac{\pi x}{l} \tag{6-1}$$

气垫气动力、侧体水动力与船体纵向运动的关系式如下

$$\begin{cases} M\ \ddot{\tilde{\eta}}_3=A\cdot p_0\alpha \mathrm{e}^{\mathrm{i}\omega t}+(F_3^R+F_3^W) \\ I_{55}\ \ddot{\tilde{\eta}}_5=\dfrac{2Al}{\pi^2}\cdot\rho_0\beta \mathrm{e}^{\mathrm{i}\omega t}+(F_5^R+F_5^W) \end{cases} \tag{6-2}$$

式(6-2)中,右端的F_i^R,F_i^W,$i=3,5$分别为侧体辐射力和波浪力。其中,侧体辐射力的表达式如下

$$F_i^R=\sum_{j=3,5}(-a_{ij}^w\ddot{\tilde{\eta}}_j-b_{ij}^w\dot{\tilde{\eta}}_j-c_{ij}^w\tilde{\eta}_j),\quad i=3,5 \tag{6-3}$$

上式中各水动力系数的求解公式如式(5-8)所示。

侧体波浪力的表达式如下

$$F_i^W=F_i^I+F_i^D+F_i^P,\quad i=3,5 \tag{6-4}$$

上式中F_i^I,F_i^D,F_i^P分别是$F-K$力、入射波在侧体上的绕射力、气垫气动力的辐射波在侧体上的绕射力,其计算公式参见式(5-7)和式(5-10),更详细的推导过程参见第5章

5.3节。

式(6－2)中，右端的气动力所满足的方程组（推导过程见第2章2.2.1）可写成

$$
\begin{cases}
\left(\dfrac{\mathrm{i}\omega hA}{\gamma(p_0+p_a)}+\dfrac{Q_0}{2p_0}-\left(\dfrac{\partial Q_{\mathrm{in}}}{\partial p}\right)_0\right)p_0\alpha\mathrm{e}^{\mathrm{i}\omega t}+\dfrac{(\tilde{h}_1-\tilde{h}_2)Q_0}{2p_0}\rho_0\beta\mathrm{e}^{\mathrm{i}\omega t}=-\dfrac{l(C_{d1}-C_{d2})Q_0}{2h_0}\eta_5\mathrm{e}^{\mathrm{i}\omega t}- \\
\left(\dfrac{(C_{d1}+C_{d2})Q_0}{h_0}+\mathrm{i}\omega A\right)\eta_3\mathrm{e}^{\mathrm{i}\omega t}+A\dot{\bar{\bar{\zeta}}}(t)+\dfrac{C_{d1}Q_0}{h_0}\bar{\zeta}\left(-\dfrac{l}{2},t\right)+\dfrac{C_{d2}Q_0}{h_0}\bar{\zeta}\left(\dfrac{l}{2},t\right) & \text{(a)} \\
\dfrac{(\tilde{h}_1-\tilde{h}_2)Q_0}{2p_0}p_0\alpha\mathrm{e}^{\mathrm{i}\omega t}+\left(\dfrac{Ah}{2\mathrm{i}\omega}\left(\dfrac{\pi^2}{\rho_0 l^2}-\dfrac{\omega^2}{\gamma(p_0+p_a)}\right)+\dfrac{Q_0}{2p_0}-\dfrac{1}{2}\left(\dfrac{\partial Q_{\mathrm{in}}}{\partial p}\right)_0\right)\rho_0\beta\mathrm{e}^{\mathrm{i}\omega t} \\
=\dfrac{(C_{d2}-C_{d1})Q_0}{h_0}\eta_3\mathrm{e}^{\mathrm{i}\omega t}-\left(\dfrac{l(C_{d1}+C_{d2})Q_0}{2h_0}+\mathrm{i}\omega\dfrac{2Al}{\pi^2}\right)\eta_5\mathrm{e}^{\mathrm{i}\omega t}-A\dot{\hat{\zeta}}(t)+ & \text{(b)} \\
\dfrac{C_{d1}Q_0}{h_0}\bar{\zeta}\left(-\dfrac{l}{2},t\right)-\dfrac{C_{d2}Q_0}{h_0}\bar{\zeta}\left(\dfrac{l}{2},t\right)
\end{cases}
\tag{6-5}
$$

式(6－5)中，气垫泄流高度h_0、$\tilde{h}_1$、$\tilde{h}_2$表达式如下

$$
\begin{cases}
h_0=C_{d1}h_1+C_{d2}h_2, \\
\tilde{h}_1=C_{d1}h_1/h_0 \\
\tilde{h}_2=C_{d2}h_2/h_0
\end{cases}
\tag{6-6}
$$

式(6－6)中对气垫泄流相关系数更具体的描述参见第2章2.2.1。

式(6－5)中，内自由面非定常波ζ的相关表达式如下

$$
\begin{cases}
\dot{\bar{\bar{\zeta}}}(t)=\dfrac{1}{A}\displaystyle\int_{-\frac{l}{2}}^{\frac{l}{2}}\int_{-\frac{b}{2}}^{\frac{b}{2}}\dot{\zeta}(x,y,t)\,\mathrm{d}y\mathrm{d}x \\
\dot{\hat{\zeta}}(t)=\dfrac{1}{A}\displaystyle\int_{-\frac{l}{2}}^{\frac{l}{2}}\int_{-\frac{b}{2}}^{\frac{b}{2}}\dot{\zeta}(x,y,t)\sin\dfrac{\pi x}{l}\mathrm{d}y\mathrm{d}x \\
\bar{\zeta}(x,t)=\dfrac{1}{b}\displaystyle\int_{-\frac{b}{2}}^{\frac{b}{2}}\zeta(x,y,t)\,\mathrm{d}y
\end{cases}
\tag{6-7}
$$

实际上，内自由面非定常波ζ可以进一步分解为入射波ζ_I、侧体摇荡运动的辐射波ζ_R、入射波遇到侧体产生的绕射波ζ_D及气垫气动力的辐射波ζ_P，即

$$
\begin{cases}
\zeta(x,y,t)=\zeta_I(x,y,t)+\zeta_R(x,y,t)+\zeta_D(x,y,t)+\zeta_P(x,y,t) \\
\zeta_I(x,y,t)=\zeta_0\mathrm{e}^{\mathrm{i}k_0(x\cos\theta+y\sin\theta)}\cdot\mathrm{e}^{\mathrm{i}\omega t} \\
\zeta_R(x,y,t)=\displaystyle\sum_{j=2}^{6}\eta_j\zeta_j(x,y)\cdot\mathrm{e}^{\mathrm{i}\omega t} \\
\zeta_D(x,y,t)=\zeta_0\zeta_7(x,y)\cdot\mathrm{e}^{\mathrm{i}\omega t} \\
\zeta_P(x,y,t)=\zeta_8(x,y)\cdot\mathrm{e}^{\mathrm{i}\omega t}
\end{cases}
\tag{6-8}
$$

上式中侧体的辐射波ζ_R、绕射波ζ_D的计算公式参见式(5－13)，而气垫气动力的辐射兴波ζ_P，经过与气垫气动力解耦（详见第5章5.3.2），最终计算公式如式(5－32)至式(5－37)所示。

在入射波、航速、船型等相关参数已知的条件下，在频域内求解上述方程，即可得到槽道气垫船的运动响应、气垫气动力等信息。在求解槽道气垫船的水动力相关参数时，可以采用第4章的单域二维半理论，也可以采用第5章的多域二维半理论。为了不引起混淆，下文将把基于单域二维半理论的槽道气垫船运动求解模型简称作单域运动求解模型，基于多域二维半理论的运动求解模型简称多域运动求解模型。

6.3.2 槽道气垫船模型的网格划分

图6.8展示了槽道气垫船的切片网格划分示意图，图中切片数目和网格数目比较稀疏以便于观察，实际计算中的切片数目为50片，每个切片上有150个网格。图6.8(a)表示忽略内自由面上的定常压力，内外自由面高度相同时的网格划分示意图，在单域二维半理论中将采用这种网格进行计算；图6.8(b)考虑内自由面上的定常压力，内自由面高度低于外自由面时的网格划分示意图。对于常规的侧壁式气垫船，内自由面一般也是水平面，只要根据垫升压力即可算出内自由面的高度。但是对于槽道气垫船，其侧体是滑行艇船型，在高速航行时产生的定常兴波及气垫压力的综合作用下，内自由面并不是水平面，而是一个前高后低的倾斜曲面。原则上应通过求解槽道气垫船的定常兴波来精确求解内自由面的形状，不过在近似条件下，可以粗略认为内自由面是一个倾斜平面，在艏部与外自由面相交、在重心处与内吃水位置相交，如图6.8(b)所示。

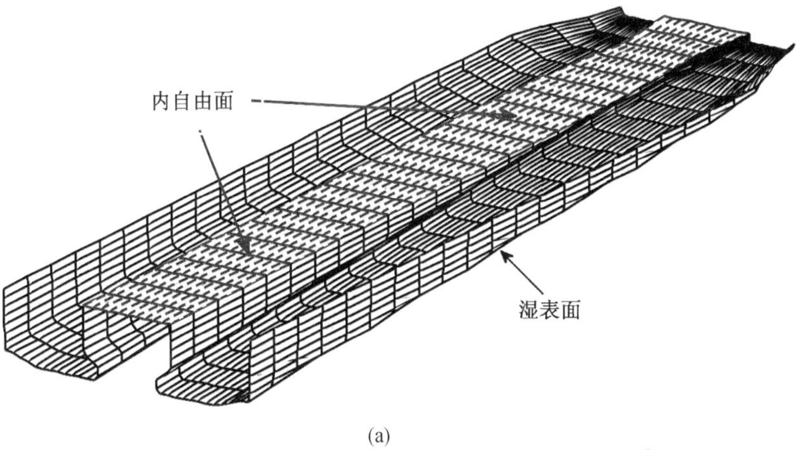

(a)

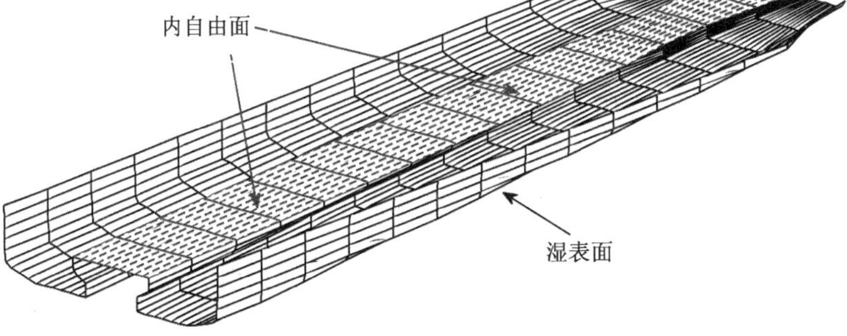

(b)

图6.8 槽道气垫船模型的切片网格划分

(a)内外自由面高度相同时的切片网格划分；(b)内外自由面高度不同时的切片网格划分

6.4 槽道气垫船的运动预报与结果分析

6.4.1 气垫气动力在内自由面上的辐射兴波

本小节考察侧体对槽道气垫船内自由面辐射兴波的影响。所选取的计算工况如下：波长气垫长比为 $\lambda/l=3.2$，气垫长 Froude 数为$F_{rL}=0.73$ 和$F_{rL}=1.0$，在这些工况下气垫满足高速细长体理论，可以使用二维半理论计算气垫气动力的辐射兴波。图 6.9 至图 6.12 展示了槽道气垫船的气垫气动力（$\tilde{p}=\mathrm{e}^{\mathrm{i}\omega t}$和$\tilde{p}=-\mathrm{e}^{\mathrm{i}\omega t}\sin(\pi x/l)$）在内自由面中纵剖面 $y=0$ 上的辐射兴波波幅。图中“Pressure”指不考虑侧体影响的纯气垫气动力辐射兴波（采用第 4 章 4.3.1 所发展的纯气垫二维半理论计算），“SD”指考虑槽道气垫船侧体影响但不考虑内自由面上定常压力影响（内外自由面等高，如图 6.8(a)所示）的气垫气动力辐射兴波（采用单域二维半理论计算），“MD”指同时考虑槽道气垫船侧体以及内自由面上定常压力影响（内外自由面不等高，如图 6.8(b)所示）的气垫气动力辐射兴波（采用多域二维半理论计算）。在上述计算模型中都不考虑黏性的影响。

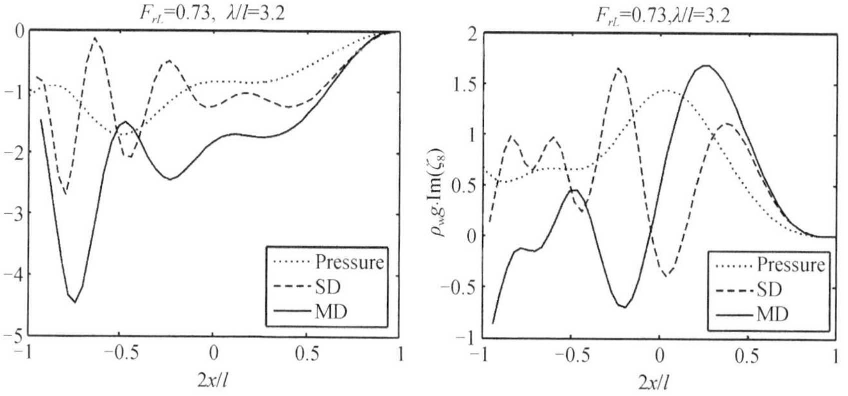

图 6.9　气垫气动力$\tilde{p}=\mathrm{e}^{\mathrm{i}\omega t}$在中纵剖面 $y=0$ 上的辐射兴波波形

（左：实部；右：虚部）

由图 6.9 至图 6.12 可以看到，不考虑侧体影响的波形（“Pressure”）最为平滑，考虑侧体影响但不考虑内自由面上定常压力影响的波形（“SD”）产生了相对密集的振荡，而同时考虑侧体和内自由面上定常压力影响的波形（“MD”）不仅产生了相对密集的振荡，而且振幅也比其他两种情况大。

对比“SD”和“MD”的波形还可以发现，两者十分相似，“SD”的波形相当于把“MD”的波形从气垫艉部向艏部方向压缩（幅值产生一定变化）；同理，“MD”的波形也相当于把“Pressure”的波形从气垫尾部向首部方向压缩（幅值产生一定变化）。值得注意的是，从“Pressure”到“MD”再到“SD”，相当于从无侧体到存在浅吃水侧体再到存在深吃水侧体（内侧吃水）。由此知道，侧体对气垫内自由面上的辐射兴波波形有显著的影响，相当于把波形从气垫艉部向艏部方向压缩，且随着侧体内吃水的增大，气垫内自由面上辐射兴波的波形从气垫艉部向艏部方向的压缩变得更厉害。

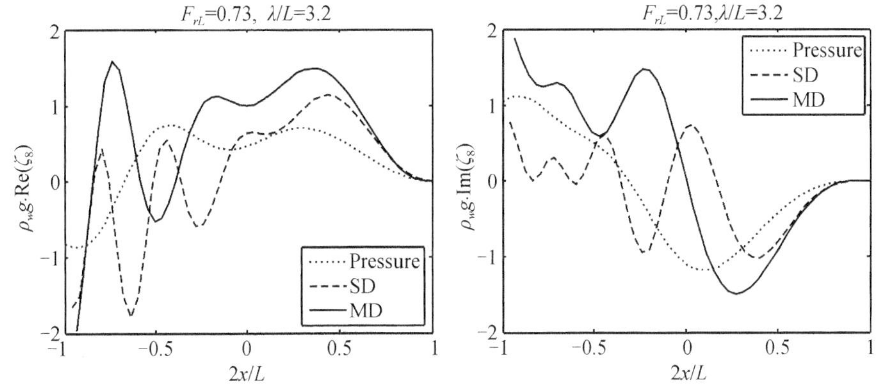

图 6.10　气垫气动力$\tilde{p}=-\mathrm{e}^{\mathrm{i}\omega t}\sin(\pi x/l)$在中纵剖面 $y=0$ 上的辐射兴波波形

（左：实部；右：虚部）

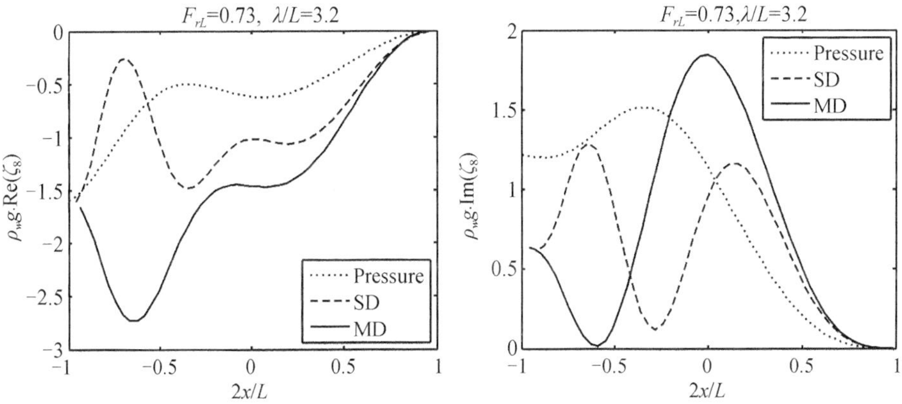

图 6.11　气垫气动力$\tilde{p}=\mathrm{e}^{\mathrm{i}\omega t}$在中纵剖面 $y=0$ 上的辐射兴波波形

（左：实部；右：虚部）

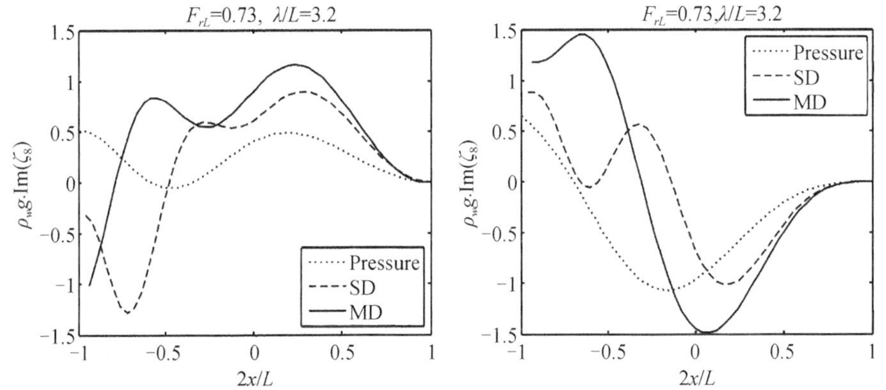

图 6.12　气垫气动力$\tilde{p}=-\mathrm{e}^{\mathrm{i}\omega t}\sin(\pi x/l)$在中纵剖面 $y=0$ 上的辐射兴波波形

（左：实部；右：虚部）

6.4.2 槽道气垫船的水动力系数和波浪力

本小节考察内自由面高度对槽道气垫船侧体水动力系数和侧体受到的波浪力的影响。为此，分别采用单域二维半理论（“SD”）和多域二维半理论（“MD”）对侧体水动力系数和波浪力进行计算，并在各计算模型中考虑了无黏性（“$\upsilon=0$”）和有黏性（“$\upsilon=1$”）的情况。在单域二维半理论的计算中不考虑内自由面上的定常压力，即内自由面的平均高度等于外自由面（如图6.8(a)所示）；在多域二维半理论的计算中考虑了内自由面上的定常压力，即内自由面的平均高度低于外自由面（如图6.8(b)所示）。在计算中波长范围取2～20 m，水线长 Froude 数为$F_{rL}=0.73$和$F_{rL}=1.0$。计算结果如图6.13至图6.18所示，图中的a'_{ii}, b'_{ii}, f'_i，$i=3,5$分别表示无量纲的附加质量、阻尼和波浪力（矩），它们的无量纲化公式如下

$$\begin{cases} a'_{33}=\dfrac{a_{33}^w}{\nabla}, a'_{55}=\dfrac{a_{55}^w}{\nabla L_w^2}, b'_{33}=\dfrac{b_{33}^w}{\nabla\sqrt{\dfrac{g}{L_W}}}, b'_{55}=\dfrac{b_{55}^w}{\nabla L_w^2\sqrt{\dfrac{g}{L_W}}} \\ f'_3=\dfrac{F_3^W}{\zeta_0 c_{33}^w}, f'_5=\dfrac{F_5^W}{k\zeta_0 c_{55}^w} \end{cases} \tag{6-9}$$

式中，$a_{ii}^w, b_{ii}^w, F_i^W, i=3,5$分别表示有量纲的附加质量、阻尼和波浪力（矩）。

图6.13至图6.16中可以看出，对于垂荡附加质量和纵摇阻尼，多域二维半的计算结果在短波中比单域结果小，但随着遭遇波长的增大，多域结果逐渐增大并超过单域结果；对于垂荡阻尼，多域结果则恒大于单域结果，而纵摇附加质量正好相反，多域结果恒小于单域结果。可见，内自由面高度对槽道气垫船侧体的水动力系数有显著且复杂的影响。另外，可以发现无论是单域还是多域方法，随着黏性系数的增大，附加质量的计算结果往往变小，而阻尼的计算结果则显著增大。

对于槽道气垫船侧体受到的垂荡力和纵摇力矩（F－K力（矩）和绕射力（矩）之和），图6.17和图6.18知道单域二维半和多域二维半的计算结果没有显著差别。这是由于侧体受到的主波浪力（F－K力）的垂向分量几乎完全由侧体底部承担，而侧体底部完全位于外域，该力在单域和多域二维半中的计算公式是相同的。在准黏性二维半理论模型中，黏性仅对绕射力产生影响。从图中看到，垂荡力随着黏性系数的增大而增大；纵摇力矩在短波中随黏性系数的增大而增大，在长波中则随黏性系数的增大而减小。

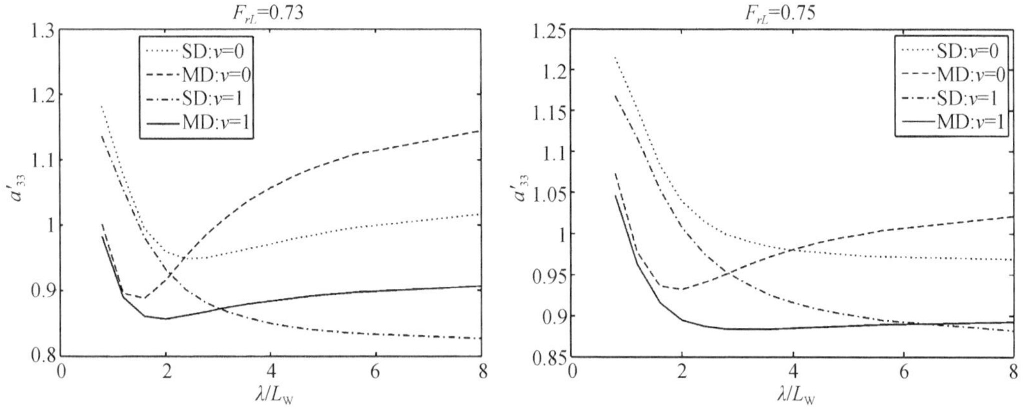

图6.13 无量纲垂荡附加质量的预报结果

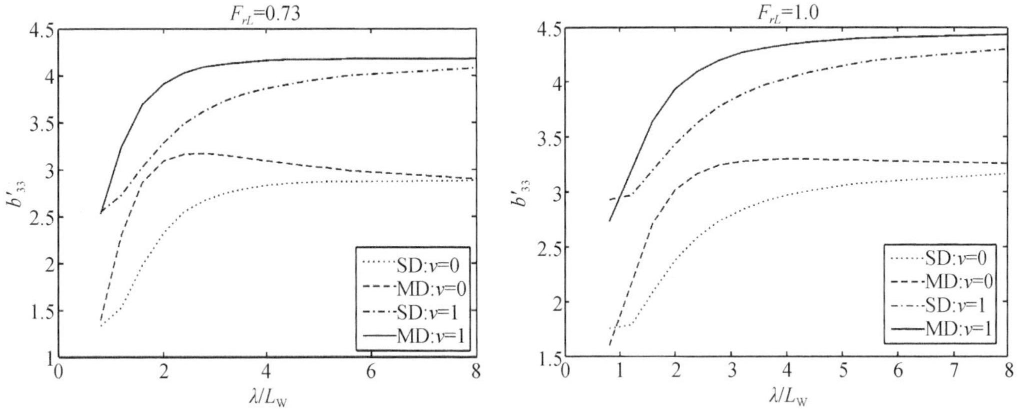

图 6.14 无量纲垂荡阻尼的预报结果

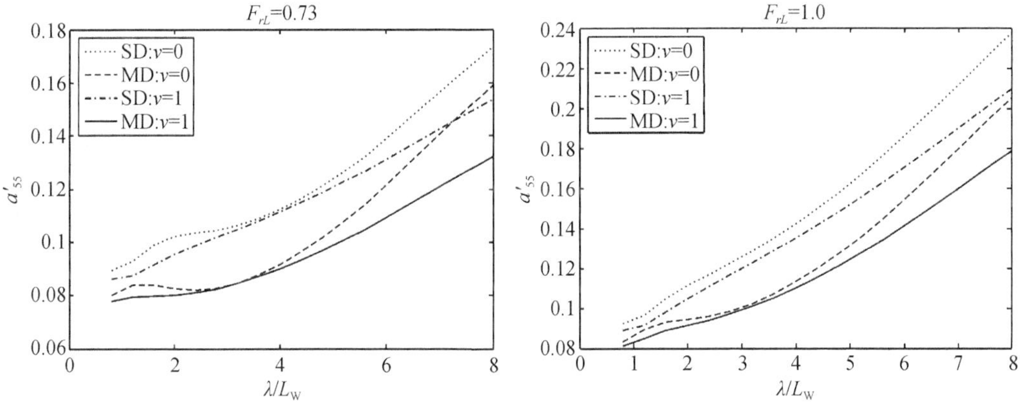

图 6.15 无量纲纵摇附加质量的预报结果

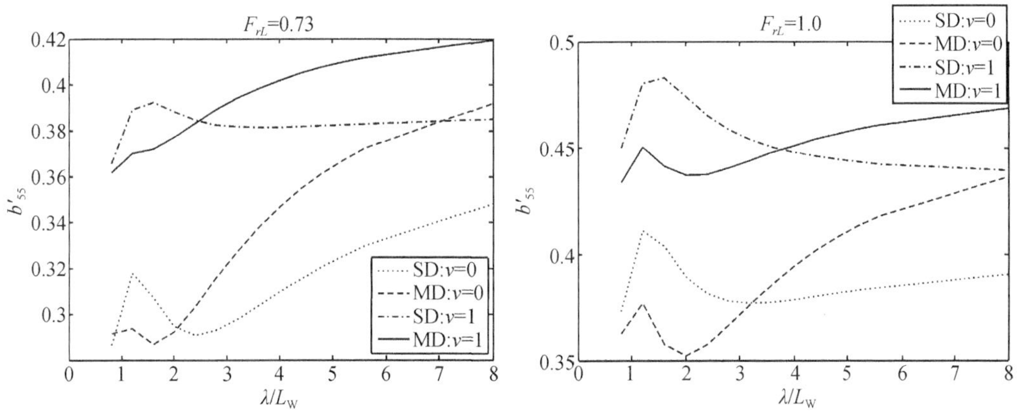

图 6.16 无量纲纵摇阻尼的预报结果

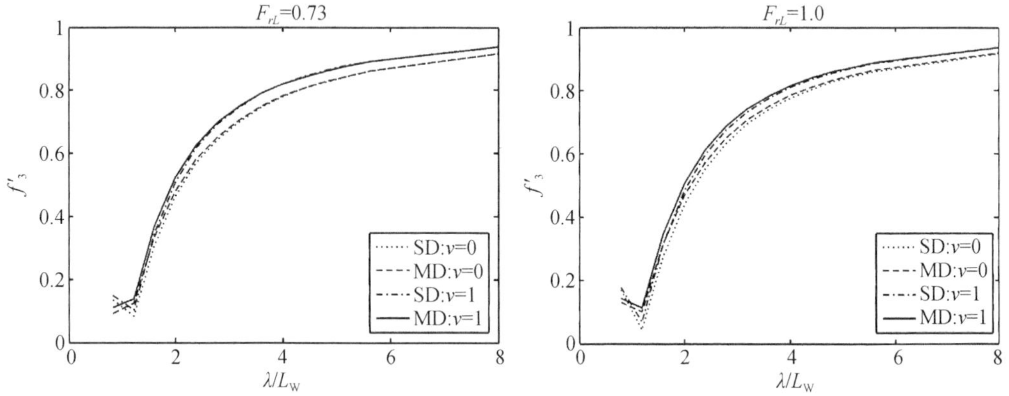

图 6.17　无量纲垂荡波浪力的预报结果

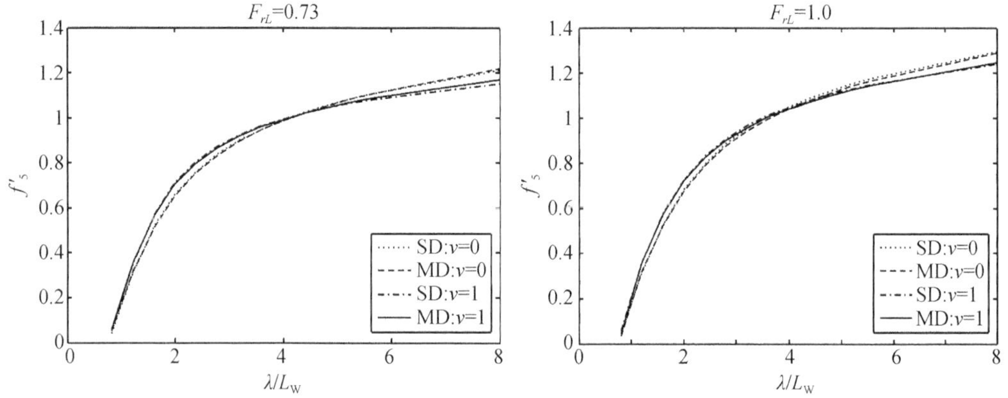

图 6.18　无量纲纵摇波浪力的预报结果

6.4.3　槽道气垫船的运动预报结果

本书所发展的单域和多域运动求解模型在不同黏性系数下对槽道气垫船的运动预报结果分别在附录 E、附录 F 中展示，可以发现在黏性系数取 1 时的预报结果（特别是垂荡运动的结果）与试验结果最接近。这是由于槽道气垫船 L 型船底（Toe，见图 1.3）在水中垂荡时黏性阻尼比较大，所以需要在准黏性二维半理论中设置一个较大的黏性系数来弥补缺失的黏性阻尼。

本小节的主要目的是，利用文献中公开的气垫船运动分析模型或可用于计算气垫船运动的既有数值方法，对槽道气垫船在波浪中的运动进行预报，把所得的预报结果与本书所发展的多域运动求解模型的预报结果进行对比，检验本书所发展的多域准黏性二维半理论及空间非均匀分布的气动力模型在槽道气垫船中的应用效果，各运动分析模型介绍如下。

（1）“F－K”模型：在内自由面上采用 F－K 假设，只考虑入射波，忽略其他非定常兴波及它们与侧体的相互作用，内外自由面高度被认为是相同的。F－K 假设在传统的气垫船运动预报方法中用得最多。不过与基于切片理论的传统气垫船运动预报方法不同的是，这里的“F－K”模型采用精度更高的（无黏性）二维半理论计算侧体水动力。

(2)“EP”模型:采用气压在空间均匀分布的气垫气动力模型,在内自由面的非定常兴波中只考虑入射波和气动力兴波,但忽略侧体的辐射、绕射兴波,以及侧体与气垫气动力兴波的相互作用,内外自由面高度被认为是相同的。这种模型相对复杂,在气垫船运动预报中也有所应用。同样的,这里的“EP”模型中也采用无黏性二维半理论计算侧体水动力。

(3)“UP”模型:采用气压沿船长非均匀分布的气垫气动力模型,其他设置同“EP”模型。这一模型的目的是验证非均匀分布的气动力模型对预报结果的影响。

(4)“MD”模型:本书所发展所用的多域运动求解模型(见 6.3.1),在该模型中完整考虑了内自由面的非定常兴波,包括入射波、气垫气动力辐射波、船体辐射和绕射波,既考虑了船体与气垫气动力辐射波相互作用的问题,也考虑了气垫定常压力造成的内自由面高度下降的影响。在水动力计算中黏性系数取 1,其他黏性系数的结果见附录 F。

上述 4 种模型中,前 3 种模型的气动力和水动力计算方法都是现有的,而第 4 种模型的气动力和水动力计算方法都是本书新发展的。各模型对槽道气垫船的运动和气动力预报结果(包括幅值与相位)如图 6.19 至图 6.27 所示,图中“EFD”表示模型试验结果。由于试验中没有同步测量波浪的时历数据,所以取船体垂荡响应的相位作为基准相位,其他测量参数相对垂荡的相位作为对比值。

可以发现,“F - K”模型的预报结果十分不理想,无论是船体运动响应还是气垫气动力响应(包括幅值与相位),均与其他模型的预报结果或试验结果有很大的差异,具体表现在垂荡和舯加速度等被严重低估、气动力被严重夸大。主要原因是该模型忽略了气垫气动力等因素引起的内自由面非定常兴波,内自由面如同“刚性壁面”,使得因船体运动引起的气垫体积变化被夸大了,从而导致气垫气动力被夸大、船体运动响应被低估了。

与“F - K”模型相反,“EP”模型则夸大了槽道气垫船的垂荡和舯加速度的响应峰值,造成这种结果的原因有两方面:一方面是“EP”模型仅考虑了气垫气动力引起的非定常兴波而忽略了侧体的辐射兴波及侧体与气动力兴波的相互作用,使得内自由面非定常兴波仍没有获得准确计算,造成气垫的运动阻尼也被低估;另一方面是槽道气垫船 L 型船底的黏性阻尼没有计入。这两方面的因素共同导致了槽道气垫船在响应峰处的运动阻尼被低估、运动响应被夸大。不过,与“F - K”模型相比,“EP”模型对气垫气动力的预报精度尚可,仅在共振峰附近与试验结果有一定偏差。

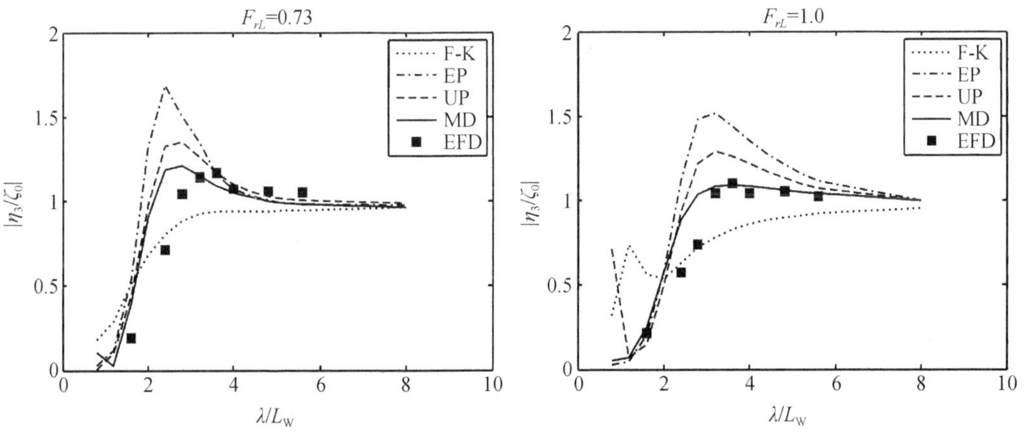

图 6.19　不同方法对垂荡运动响应的预报结果

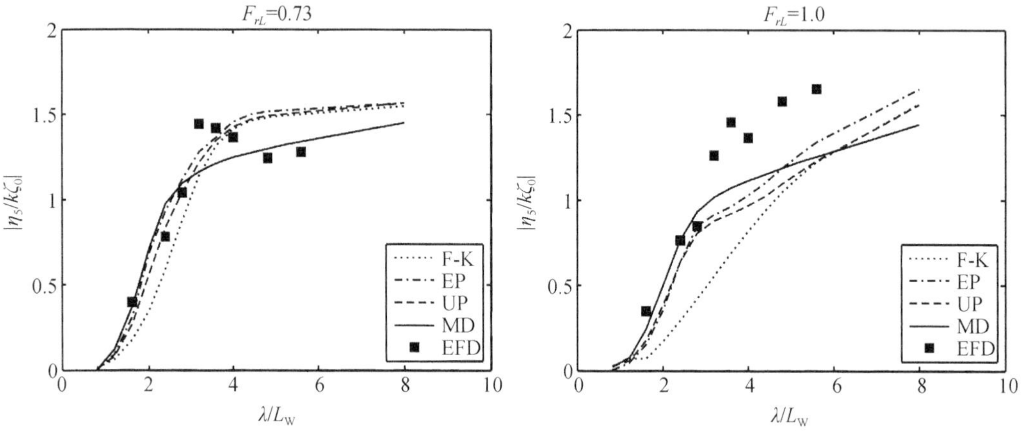

图 6.20 不同方法对纵摇运动响应的预报结果

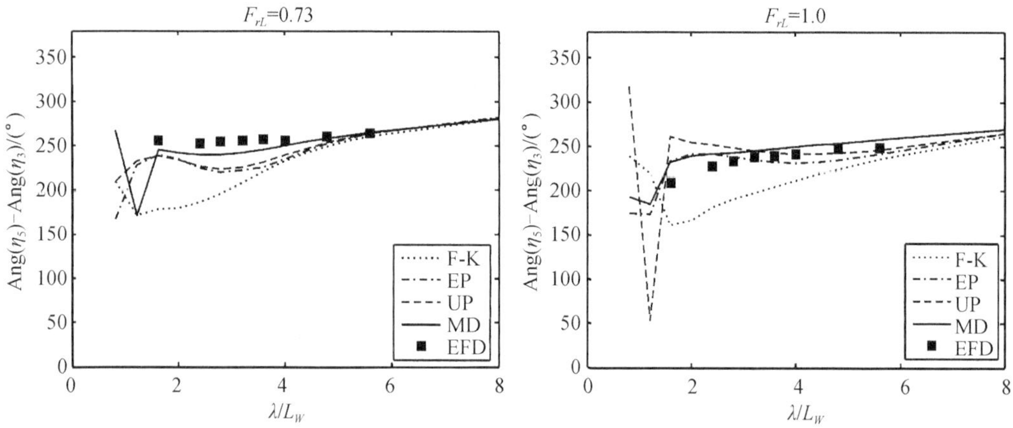

图 6.21 不同方法对纵摇与垂荡相位差的预报结果

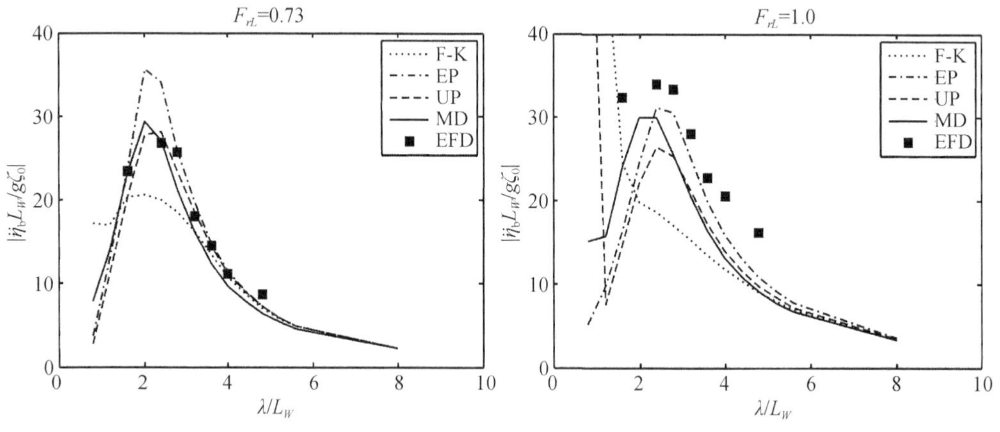

图 6.22 不同方法对艏加速度响应的预报结果

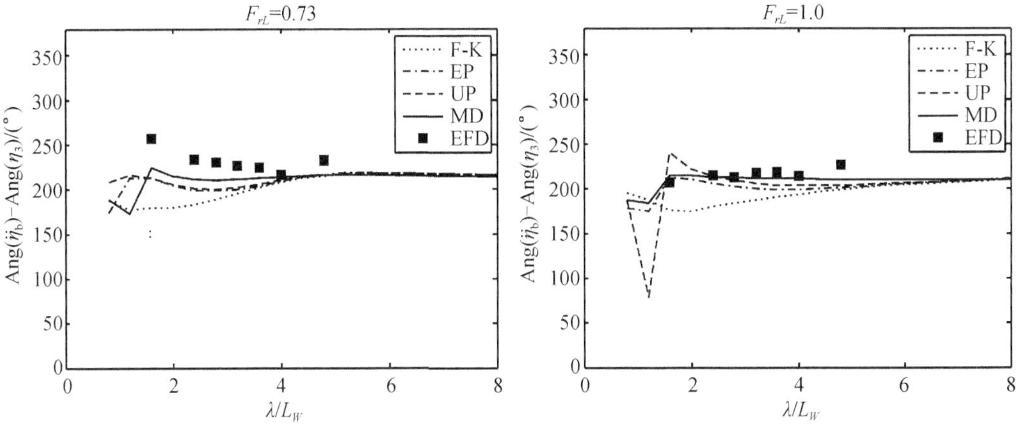

图6.23　不同方法对艏加速度与垂荡相位差的预报结果

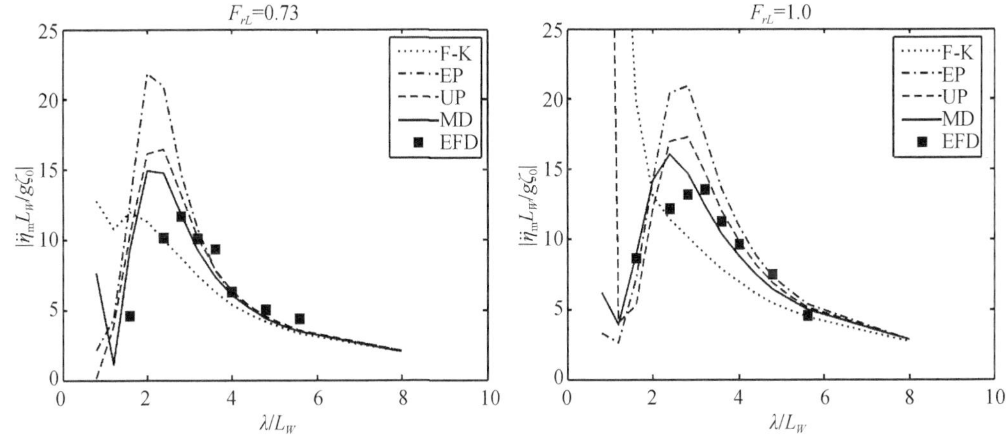

图6.24　不同方法对艉加速度响应的预报结果

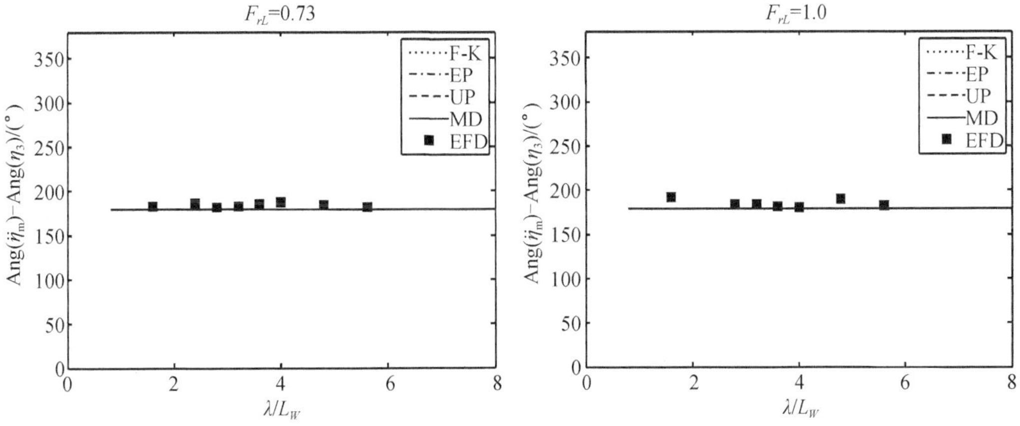

图6.25　不同方法对艉加速度与垂荡相位差的预报结果

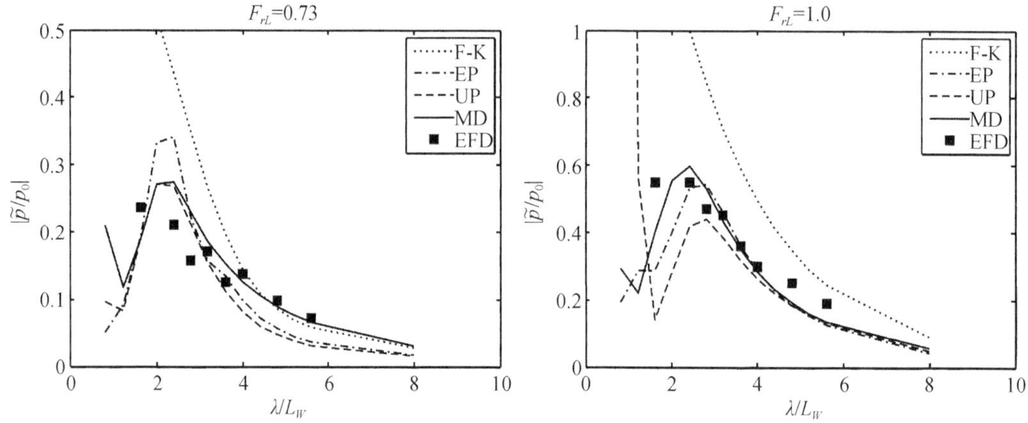

图 6.26　不同方法对气垫气动力响应的预报结果

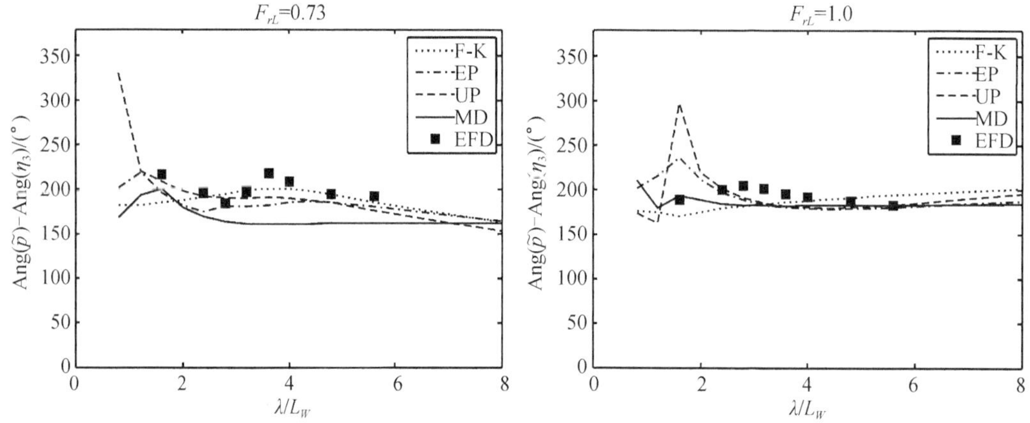

图 6.27　不同方法对气垫气动力与垂荡相位差的预报结果

与“EP”模型相比，“UP”模型由于增加考虑了气动力沿船长方向非均匀分布的特征，槽道气垫船的垂荡和艏加速度的预报精度得到了提升。但在$F_{rL}=1.0$时的短波中，“UP”模型夸大了气垫的气动力和运动响应，这表明，在短波中气动力的空间非均匀性容易被夸大，若没有考虑侧体非定常兴波等其他因素，气动力响应和运动响应也将被夸大。

与“F－K”“EP”“UP”模型的预报结果对比可以发现，本书所发展的“MD”模型对槽道气垫船的运动响应和气动力响应的预报结果与试验结果总体上吻合得更好，尤其是在垂荡运动响应和气动力响应上比其他模型的预报精度更高。仅在纵摇运动响应中，“MD”模型的结果在中长波中与试验结果有一定偏差，这一偏差可能与“MD”模型没有计入槽道气垫船首尾封的水动力有关。

本书所发展的“MD”模型对槽道气垫船在波浪中运动的预报结果与其他模型的预报结果对比，证实了：

(1)气动力兴波对气垫船的水动力性能有至关重要的影响，没有考虑该兴波的“F－K”模型的预报结果与试验结果有非常大的差别；

(2)气动力在船长方向上具有空间非均匀性，计入这种非均匀性有利于提高气动力和

运动响应的计算精度,没有计入这种因素的“EP”模型对垂荡等运动响应的预报结果不甚理想;

(3)气垫船侧体的黏性阻尼、内自由面高度、侧体与内自由面上气动力兴波的相互作用对气垫船的运动响应也有显著的影响,不考虑这些因素的“UP”模型的预报结果与试验结果相比仍有一定的偏差。

6.4.4　气垫对槽道气垫船运动性能的影响

对于槽道气垫船,气垫的首要功能是减小航行阻力,其次我们还希望它能改善耐波性。为了分析气垫对槽道气垫船耐波性运动的影响,本小节把气垫(包括静压力和气动力)从槽道气垫船模型中去掉(称之为槽道双体船),并把槽道双体船的排水量减小至侧体排水量(97.3 kg),纵摇转动惯量也缩减相应的倍数(减小至 51.9 kg · m^2),内自由面升至外自由面高度,包括吃水在内的其他参数则保持不变。采用单域准黏性二维半理论(黏性系数取1)预报该槽道双体船的运动响应,结果如图 6.28 至图 6.31 中的“No cushion”所示;图中的“With cushion”表示采用单域运动求解模型(黏性系数取 1)对槽道气垫船运动进行预报的结果。

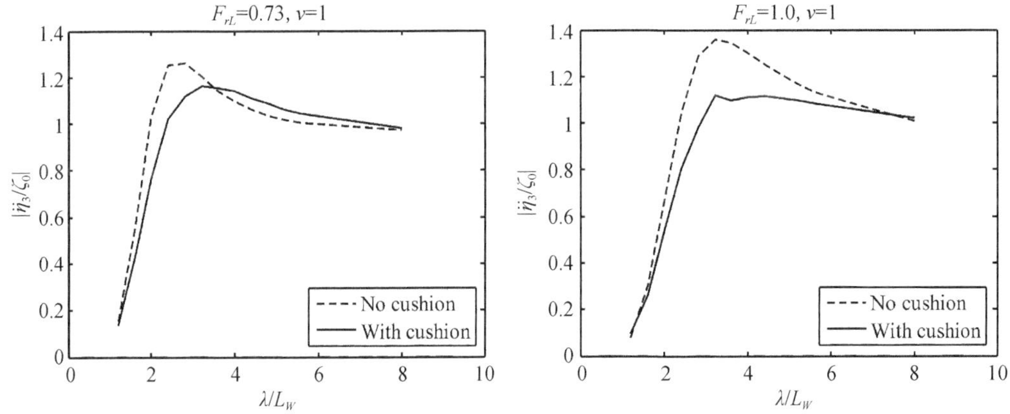

图 6.28　有无气垫时垂荡运动响应对比

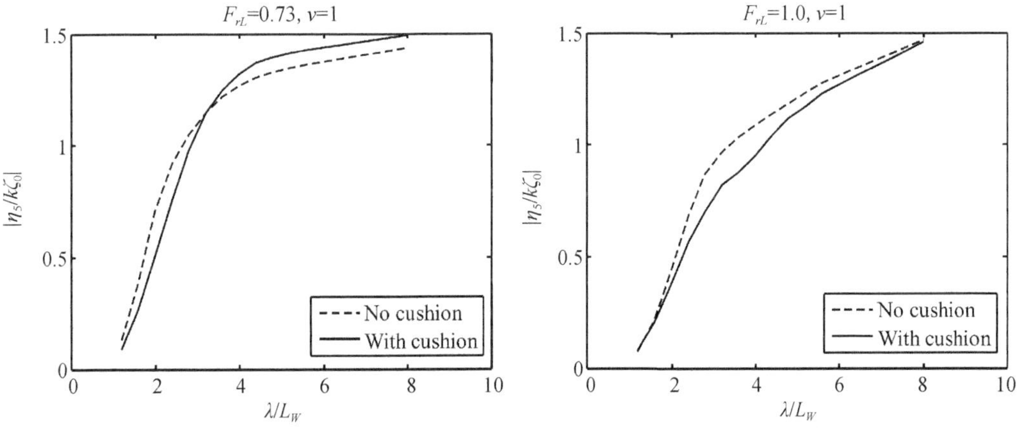

图 6.29　有无气垫时纵摇运动响应对比

对比显示，在$F_{rL}=0.73$时，槽道双体船的垂荡响应略大于槽道气垫船，且垂荡响应峰值明显向短波段偏移；而在$F_{rL}=1.0$时，槽道双体船的垂荡响应显著大于槽道气垫船，但两者的垂荡响应峰值所发生的位置没有明显区别。可见，气垫具有减小槽道气垫船垂荡运动响应的功能，且航速越高，抑制垂荡运动的效果越明显；同时，在较低航速下气垫可显著改变槽道气垫船的垂荡响应峰位置（使之往长波低频方向偏移），但在较高航速下该现象不明显。与垂荡运动响应相对应，气垫可以显著降低槽道气垫船艏部的加速度响应，如图6.31所示。从图6.30中还可以发现，气垫也显著改善了槽道气垫船的艏部加速度响应，降低了响应峰值，但在共振峰之外的其他区域内，气垫没有明显作用。

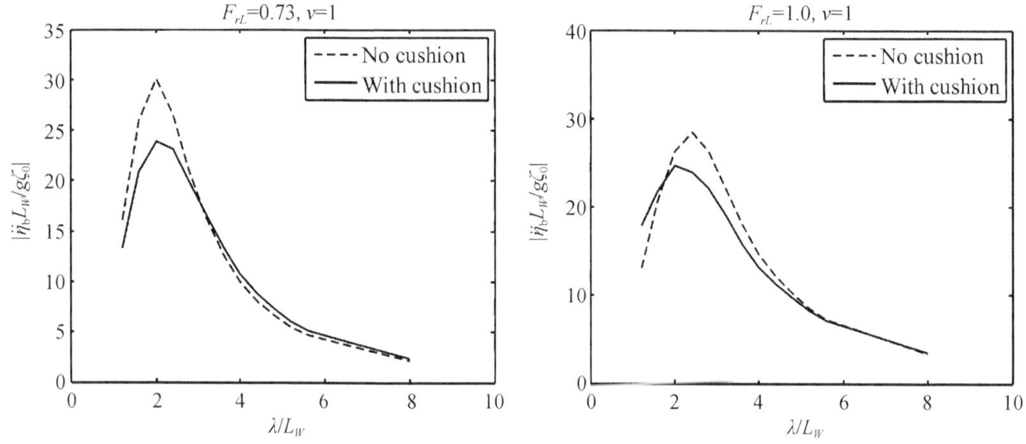

图6.30　有无气垫时艏加速度响应对比

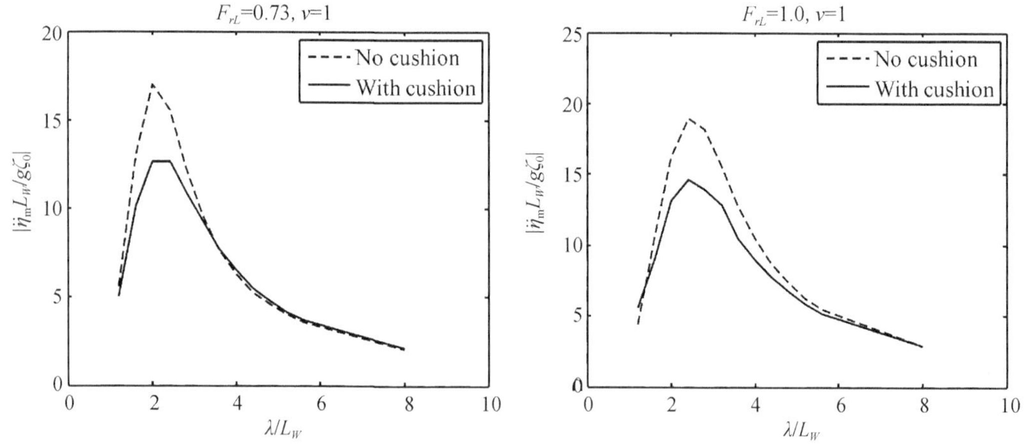

图6.31　有无气垫时舯加速度响应对比

槽道气垫船的气垫是单气室的，在船模尺度的气垫气动力对纵摇运动响应的影响相对比较小。从图6.29中可以发现，在$F_{rL}=0.73$时，在短波中气垫具有减摇的作用，但在长波中反而使运动响应变大；在$F_{rL}=1.0$时，在所研究的波长范围内均有一定的减摇效果。

6.5 本章小结

本章回顾了槽道气垫船模型的耐波性试验,介绍了模型试验工况和试验数据处理方法,归纳总结了槽道气垫船的运动求解模型,并将之用于槽道气垫船的运动性能预报,并分析了预报结果。研究结果表明,本书所发展的多域运动求解模型对槽道气垫船的运动响应和气动力响应的预报精度优于现有的气垫船运动分析模型。

本章工作的具体结论阐述如下。

(1)槽道气垫船的耐波性试验数据中,气垫气动力有显著的非线性特征,除垂荡运动数据外,其他数据受到的高频振动干扰十分明显。本章通过曲线拟合并采用傅里叶变换验证的方法提取了各数据的幅值和相位。

(2)槽道气垫船的定常兴波和气垫的定常压力对内自由面形状都有重要的影响,使得高航速下槽道气垫船的内自由面的实际形状是一个艏高艉低的倾斜曲面。在利用多域二维半理论解决槽道气垫船的水动力问题时,需要事先知道槽道气垫船的内自由面高度。本章对内自由面形状的估算方法是:内自由面是一个倾斜的平面,在艏部与外自由面相交,在重心处与内吃水位置相交。

(3)槽道气垫船的侧体对内自由面上气动力辐射兴波的波形有显著的影响。在忽略侧体的影响时,气动力辐射兴波的波形(沿气垫长度方向)平缓而稀疏;在考虑侧体的影响后,气动力辐射兴波的波形变得稠密,且波幅发生变化(一般是变大);相对于内外自由面等高的情形,内自由面高度低于外自由面时气动力辐射兴波的波形相对稀疏,但波幅更大。

(4)内自由面的高度对槽道气垫船侧体的水动力系数有复杂的影响,但对侧体受到的波浪力影响很小。侧体的附加质量一般随黏性系数的增大而减小,而侧体阻尼则随黏性系数的增大而增大。

(5)槽道气垫船的运动预报结果表明,本书所发展的多域运动求解模型对气垫船的运动响应和气动力响应的预报精度高于现有的气垫船运动分析模型。具体表现在气动力兴波对气垫船的运动性能有重要的影响,不考虑内自由面上气动力兴波的模型对船体的运动响应和气垫的气动力响应预报结果十分不理想,气动力响应将被严重夸大、船体运动响应将被显著低估;气动力在船长方向上具有空间非均匀性,计入这种非均匀性有利于提高气动力和运动响应的计算精度,没有计入这种因素的模型对垂荡等运动响应的预报结果不甚理想;气垫船侧体的黏性阻尼、内自由面高度、侧体与内自由面上气动力兴波的相互作用对气垫船的运动响应也有显著的影响,不考虑这些因素的模型的预报结果与试验结果相比也仍会有一定的偏差。

(6)气垫可以显著改善槽道气垫船的运动性能,减小槽道气垫船的垂荡、艏加速度和舯加速度的响应峰值,但在峰值之外的区域内气垫对船体运动性能的影响很小。

结　论

本书发展了可完整计入气垫泄流、风机打气、船体运动和内自由面非定常兴波的空间非均匀压力分布的气垫气动力分析模型，建立了可以稳定、高效求解内自由面非定常兴波及侧体水动力的多域准黏性二维半理论，在此基础上建立起高精度高效率的槽道气垫船耐波性运动分析模型，并将之用于预报分析槽道气垫船的耐波性运动，数值结果证实了本书所发展的槽道气垫船耐波性运动分析模型的预报精度高于现有的具有同等计算效率的气垫船运动分析模型。

本书得出的主要结论归纳如下：

1. 基于波动方程推导出了空间非均匀压力分布的气垫气动力模型，完整考虑了内自由面除入射波外的其他非定常兴波成分，包括气垫气动力兴波、船体辐射波和绕射波等，以及这些非定常兴波引起的气垫泄流面积的变化等。通过数值研究发现：

(1)在遭遇频率比较高的时候(高航速、短波)，气动力沿船长方向确实具有空间非均匀分布的特性，本书发展的空间非均匀分布的气动力模型更能反映真实的气动力分布状态；

(2)内自由面上除入射波外的非定常兴波、特别是气动力辐射兴波对槽道气垫船的气垫气动力有至关重要的影响，忽略该兴波将导致气垫气动力预报结果被严重夸大；

(3)通过双气室气垫船 T－craft 对所发展的气动力模型进行验证，结果表明气垫泄流的非线性成分对气动力有一定的影响，在短波中非线性泄流会引起气垫气动力产生高频脉动，但是在长波中气垫泄流的线性化不会对运动预报结果产生显著的影响。

2. 提出了计及黏性影响的二维时域自由面格林函数，发展了准黏性二维时域自由面格林函数法和准黏性二维半理论。相对于传统的二维时域自由面格林函数法和二维半理论，所发展的准黏性理论具有以下优势：

(1)可以避免应用时域自由面格林函数法求解大外飘角浮体水动力时出现数值发散问题，并保证时域自由面格林函数法的数值稳定性和计算精度，而传统的近自由面源强密度清零法在强奇异性问题中稳定性相对较差；

(2)在长时间的浮体运动模拟中，可以大幅缩短时域格林函数记忆项的数值积分的计算时间，这是因为准黏性记忆项中包含随奇点和场点的时间差呈指数衰减的修正项，使得在某一时刻之前的奇点对当前场点的影响可以忽略，从而无须从零时间点开始计算记忆项；

(3)可以对自由面上做耐波性运动的浮体的阻尼进行黏性修正，抑制浮体被夸大的运动响应峰值，改善浮体的运动预报结果；

(4)可以使自由面上的兴波变得光顺，避免产生不符合物理事实的具有稠密峰谷或过大波陡的自由面兴波。

3. 对混合边值二维半问题和狄里克莱边值二维半问题分别进行了求解，发展了可以求解带侧壁和不带侧壁的气垫气动力辐射兴波的二维半理论；而传统的二维半理论只能解决纽曼边值二维半问题，无法求解气垫气动力的辐射兴波。还基于狄里克莱边值二维半理论，对不带侧壁的移动脉动压力面的辐射兴波进行数值计算，并与三维势流理论的计算结果进行对比，总结出二维半理论在气垫气动力辐射兴波问题的适用条件，即气垫除了要满足高速、细长、Brard 数（$\epsilon = U\omega/g$）大于 $\sqrt{2/27}$ 外，气动力的脉动频率还不能过大，否则容易产生数值稳定性问题。

4. 发展了多域二维半理论，把流场分为内域和外域，使得内自由面完全位于内域，外自由面完全位于外域，内、外域中的局部坐标系原点分别落在内、外自由面上，从而可以在内外域中分别使用基于二维时域自由面格林函数法的二维半理论进行水动力求解，解决了传统的自由面格林函数法所不能准确处理的内、外自由面存在高度差的气垫船水动力问题。另外，为了使用点源分布法求解二维半问题，本书同时对内外域进行流场开拓（内域向外开拓，外域向内外拓），从而仅需在物面和控制面上布置点源。基于所发展的多域二维半理论研究发现，内外自由面高度差是否考虑对槽道气垫船的气动力兴波和水动力系数有显著的影响。

5. 基于槽道气垫船耐波性运动分析模型，对槽道气垫船在迎浪规则波中的运动响应和气动力响应进行预报并与其他现有的气垫船运动分析模型及试验结果进行对比，研究结果表明：

（1）本书所发展的多域运动求解模型对气垫船的运动响应和气动力响应的预报精度高于现有的气垫船运动分析模型；

（2）气动力兴波对气垫船的运动性能有重要的影响，不考虑内自由面上气动力兴波的运动分析模型对船体的运动响应和气垫的气动力响应预报结果十分不理想，气动力响应将被严重夸大、船体运动响应将被显著低估；

（3）气动力在船长方向上具有空间非均匀性，计入这种非均匀性有利于提高气动力和运动响应的计算精度，没有计入这种因素的运动分析模型将会高估垂荡等运动响应的峰值；

（4）气垫船侧体的黏性阻尼、内自由面高度、侧体与内自由面上气动力兴波的相互作用对气垫船的运动响应也有显著的影响，不考虑这些因素的运动分析模型的预报结果与试验结果相比也仍会有一定的偏差；

（5）气垫可以显著改善运动性能，减小槽道气垫船的垂荡、艏加速度和舯加速度的响应峰值，但在峰值之外的区域气垫对船体运动性能的影响很小。

由于时间和作者能力的限制，本书研究工作的不足之处及下一步亟待开展的研究工作如下：

1. 试验结果显示，槽道气垫船运动响应的非线性特征不明显，但气垫泄流具有较强的非线性，而本书在研究槽道气垫船的耐波性运动时采用的是线性泄流模型，不能预报出该非线性特性。在下一步工作中将采用非线性泄流模型研究槽道气垫船的运动特性。

2. 槽道气垫船的内自由面高度对预报结果有显著影响，本书采用的是经验方法，设置了内自由面高度，精度比较低，使得多域二维半理论的计算精度优势可能没有完全发挥出来。在下一步工作中应通过相关理论对槽道气垫船的定常兴波进行精确计算。

3. 在本书研究中，槽道气垫船的航行姿态是通过试验结果获得的。为了使所发展的运动预报模型更具工程实用价值，在下一步的工作中应能通过理论计算自动获得槽道气垫船的航行姿态。

4. 艏艉柔性气封一般也会对气垫船的运动性能产生重要的影响，本书忽略了槽道气垫船的艏艉气封的动力学问题，在下一步的工作中也应该把该问题考虑进来。

符 号 列 表

符号	说明
A	气垫的水平投影面积
A^{in}	气垫注气孔的面积
a_{ij}^{w}	侧体的附加质量，$i,j=2,\cdots,6$
a_{ij}'	无量纲化的侧体附加质量，$i,j=2,\cdots,6$
B	型宽
b	气垫宽度
b_{ij}^{w}	侧体的阻尼系数，$i,j=2,\cdots,6$
b_{ij}'	无量纲化的侧体阻尼系数，$i,j=2,\cdots,6$
C_{di}	气垫泄流流量系数（$i=1$ 表示尾部泄流，$i=2$ 表示首部泄流）
C_{d}^{a}	双气室气垫的后气室尾部泄流流量系数
C_{d}^{f}	双气室气垫的前气室首部泄流流量系数
C_{d}^{t}	双气室气垫分割气封处的泄流流量系数
c	声速
c_{ij}^{w}	侧体的静水力系数，$i,j=2,\cdots,6$
D^{K}	t 时刻源强密度的相关系数矩阵
E^{k}	τ 时刻源强密度的相关系数矩阵
F_{i}^{D}	侧体受到的绕射力，$i=2,\cdots,6$
F_{i}^{I}	侧体受到的波浪主干扰力（$F-K$ 力），$i=2,\cdots,6$
F_{i}^{P}	侧体受到的气垫气动力兴波的作用力，$i=2,\cdots,6$
F_{i}^{R}	侧体受到的辐射力，$i=2,\cdots,6$
F_{i}^{W}	侧体受到的总波浪力，$i=2,\cdots,6$
F_{rL}	船长 Froude 数
F_{rL}	气垫长 Froude 数
f_{0}	波浪频率
f_{i}'	无量纲化的侧体总波浪力，$i=2,\cdots,6$
G	二维时域自由面格林函数
$\tilde{G}$	二维时域格林函数的自由面记忆项

（续1）

符号	说明
g	重力加速度
H	单位阶跃函数
$\tilde{H}$	阶跃函数
h	气垫高度（从内自由面到湿甲板）
h_0	气垫的等效泄流高度
h_i	气垫的平均泄流高度（$i=1$ 表示尾部泄流，$i=2$ 表示首部泄流）
$\tilde{h}_i$	气垫的无量纲泄流高度（$i=1$ 表示尾部泄流，$i=2$ 表示首部泄流）
h^a	双气室气垫的后气室尾部泄流高度
h^f	双气室气垫的前气室首部泄流高度
h^t	双气室气垫分割气封处的泄流高度
I	格林函数的瞬时项
I_{55}	船体绕 y 轴转动惯量
i	虚数单位
K	二维时域中的时间段数目
k_0	入射波波数
k_{yy}	纵摇回转半径
L	船的总长
L_W	船的水线长
l	气垫长
M	船的质量（排水量）
m_i	定常兴波参数，$i=1,\cdots,6$
N	内外域边界上的线元数目之和
N_1	外域边界上的线元数目
N_2	内域边界上的线元数目
N_B	物面边界S_B上的线元数目
N_B^{e}	外域物面边界S_B^{e}上的线元数目
N_B^{i}	内域物面边界S_B^{i}上的线元数目
N_C	分割线S_C上的线元数目
N_H	物面边界S_B与内自由面S_P上的线元数目之和
N_{in}	注气孔数目
N_P	内自由面S_P上的线元数目
N_S	船体或压力面的切片数目

（续 2）

符号	说明
$n(n_i)$	气垫船平均湿表面的法向量，$i=1,\cdots,6$
$\bar{n}_i$	气垫船横剖面上的平均湿表面的法向量，$i=2,\cdots,6$
$n_{p,q}$	湿表面上 p,q 点的外法线方向
$n_p^{e,i}$	外域、内域中点 p 的外法线方向
P_a^K	t 时刻源强密度方程中与气动力空间均匀项$p_0\alpha$ 对应的气动力系数列向量
P_b^K	t 时刻源强密度方程中与气动力空间非均匀项$\rho_0\beta$ 对应的气动力系数列向量
p	气垫压力（减去大气压后的压力）或水动压力
p	场点
$\bar{p}$	气垫横截面平均压力
$\tilde{p}$	气垫气动力
$\hat{p}$	气垫气动力的空间变量
p_0	气垫平均压力
p_a	标准大气压力
p_j	$\bar{p}$中的空间非均匀压力项的幅值，$j=1,2,\cdots$
p_t	$\bar{p}$中的空间均匀压力项
p_s	$\bar{p}$中的空间非均匀压力项
Q_0	均衡状态下气垫的注气和泄流流量
Q_{in}	气垫总注气流量
Q_{out}	气垫总泄流流量
q	奇点
$\bar{q}$	奇点关于自由面的镜像点
q_{0i}^{in}	均衡状态下第 i 个注气孔的注气流量
q_{0i}^{out}	均衡状态下首部（$i=1$）或尾部（$i=2$）的泄流流量
q_i^{in}	第 i 个注气孔的瞬时注气流量，$i=1,2,\cdots,N_{\text{in}}$
q_i^{out}	首部（$i=1$）或尾部（$i=2$）的瞬时泄流流量
R^K	t 时刻速度势的相关系数矩阵
r	从原点指向气垫船平均湿表面上的点的向量
r_j	微分算子$\partial^2/\partial x^2$的特征根，$j=1,2,\cdots$
$r_{pq}(r_{ij})$	p 点到 q 点的距离
$r_{p\bar{q}}(\bar{r}_{ij})$	p 点到$\bar{q}$点的距离
r_y	纵摇回转半径
S^K	t 时刻速度势的相关系数矩阵

（续3）

符号	说明
S_B	侧体湿表面形成的边界
S_B^{e}	外域中的侧体湿表面边界
S_B^{i}	内域中的侧体湿表面边界
S_C	分割内外域的分割线
S_F	外自由面形成的边界
S_{Fi}	物体内部开拓流场的自由面
S_P	内自由面形成的边界
S_∞	无穷远处的流场分割面形成的边界
T^{off}	气垫船在非垫升状态下的吃水
T_c^{on}	气垫船在垫升状态下的内侧吃水
T_o^{on}	气垫船在垫升状态下的外侧吃水
t	时间变量
U	航速
u	气垫内气流在 x 轴方向的速度
V	气垫体积
V_0	均衡状态下气垫的体积
v	气垫内气流在 y 轴方向的速度
$\boldsymbol{v}$	气垫内气流速度，$\boldsymbol{v}=(u,v,w)$
w	气垫内气流在 z 轴方向的速度
$\boldsymbol{w}$	水流场中的定常流动速度
x_0	船首的 x 轴坐标
x_g	船体重心的 x 轴坐标
x_i^{in}	第 i 个注气孔的 x 轴坐标，$i=1,2,\cdots,N_{\mathrm{in}}$
x_i^{out}	艏部($i=1$)或艉部($i=2$)泄流处的 x 轴坐标
y^{e}	外域中点的横向坐标
y^{i}	内域中点的横向坐标
z^{e}	外域中点的垂向坐标
z^{i}	内域中点的垂向坐标
α	气垫气动力中空间均匀压力项的复系数
$\tilde{\alpha}$	气垫气动力中空间均匀压力项
β	气垫气动力中空间非均匀压力项的复系数
$\tilde{\beta}$	气垫气动力中空间非均匀压力项

（续4）

符号	说明
γ	空气的绝热系数
Δ	船的排水量(质量)
Δ_a	气垫排水量
Δ_s	侧体排水量
ΔS_j	内外域边界离散后的线元
Δt	二维时域中相邻两个时刻的时间差
Δx	侧体的相邻两个切片之间的距离
δ_{ai}	两相流中气体占流体的体积分数($i=1$ 表示尾部泄流,$i=2$ 表示首部泄流)
ε	移动脉动压力面平均兴波的二维半方法计算结果相对于三维方法的偏差
ϵ	Brard 数
ζ	内自由面非定常兴波高度(相对于内自由面的平均位置)
$\bar{\zeta}$	内自由面非定常兴波在某一横截面上的平均高度
$\bar{\bar{\zeta}}$	内自由面非定常兴波的平均高度
$\hat{\bar{\zeta}}$	内自由面非定常兴波的加权平均高度
ζ_0	入射波幅值
ζ_i	三维频域中与速度势φ_i对应的内自由面非定常兴波的空间分量,$i=2,\cdots,8$
ζ_I	入射波
ζ_R	侧体辐射兴波
ζ_D	侧体绕射兴波
ζ_P	气垫气动力兴波
η_i	船体的运动,$i=1,\cdots,6$
$\tilde{\eta}_i$	船体的运动复幅值,$i=1,\cdots,6$
θ	入射波的浪向角(迎浪为180°)
κ	无量纲化的黏性系数
Λ_{ij}	计算水动力的矩阵
λ	入射波波长
μ	与人工黏性系数 υ 相关的项,$\mu=\upsilon^2/g$
υ	水的人工黏性系数
$\bar{\nu}$	水的运动学黏性系数
ξ_i	船体的稳定姿态,$i=3$ 表示升沉,$i=5$ 表示尾倾
Π	二维时域中的气动力
Π_a^K	t 时刻速度势计算公式中与$p_0\alpha$ 对应的气动力系数列向量

（续5）

符号	说明
Π_b^K	t 时刻速度势计算公式中与$\rho_0\beta$ 对应的气动力系数列向量
π	圆周率
ρ	气垫气体的密度
ρ_0	均衡状态下气垫的空气密度
ρ_w	水的密度
χ_a^K	t 时刻源强密度σ^K中与$p_0\alpha$ 对应的列向量
χ_b^K	t 时刻源强密度σ^K中与$\rho_0\beta$ 对应的列向量
σ_8	辐射势ψ_8对应的分布点源的密度
σ_j^e	辐射势ψ_j^e对应的分布点源的密度
σ_j^i	辐射势ψ_j^i对应的分布点源的密度
σ^K	t 时刻内外域边界上的源强密度σ_8形成的列向量
ζ_8	二维时域中的气垫气动力（脉动压力）兴波
τ	时间变量
ϕ^K	三维空间中气垫作用下物面或内自由面上的速度势列向量
ϕ_a^K	三维空间中气垫作用下物面或内自由面上的速度势与$p_0\alpha$ 对应的系数向量
ϕ_a^K	三维空间中气垫作用下物面或内自由面上的速度势与$\rho_0\beta$ 对应的系数向量
ϕ_0	单位幅值入射波速度势的空间变量
ϕ_i	船体运动η_i产生的辐射势的空间变量，$i=1,\cdots,6$
ϕ_7	单位幅值入射波作用下产生的绕射势的空间变量
ϕ_8	气动力$\tilde{p}$作用下流场产生的辐射势的空间变量
ϕ_D	绕射势
ϕ_I	入射波速度势
ϕ_P	气动力$\tilde{p}$作用下流场产生的辐射势
ϕ_R	船体运动产生的总辐射势
ϕ_T	（水流场的）非定常扰动势
ψ^K	二维时域中气垫作用下物面或内自由面上的速度势列向量
ψ_8	二维时域中气垫作用下流场 Ω 产生的辐射势
ψ_{i8}	二维时域中气垫作用下开拓流场Ω_i的速度势
ψ_j^e	二维时域中外流场域的速度势，$j=2,\cdots,8$
ψ_j^i	二维时域中内流场域的速度势，$j=2,\cdots,8$
Ω	气垫船的完整的绕流场（内外自由面平均高度相等）
Ω_i	气垫船侧体内部的开拓流场（流场 Ω 的开拓流场）

（续6）

符号	说明
Ω^{e}	包含外自由面的外流场域
Ω_{i}^{e}	外流场域Ω^{i}的内部开拓流场
Ω^{i}	包含内自由面的内流场域
Ω_{e}^{i}	内流场域Ω^{i}的外部开拓流场
ω	遭遇频率
ω_0	波浪圆频率

附录 A　两种空间均匀气动力模型的等价性证明

在第 2 章第 2.3.2 中根据一维波动方程推导出来的空间均匀气动力模型，本质上与传统的基于连续性方程推导出来的空间均匀气动力模型是等价的。这里给予简要的证明。

一方面，根据式(2－40)和式(2－41)，略去各符号的上标，可得

$$\frac{\mathrm{i}\omega V_0}{\gamma(p_0+p_a)}\tilde{p}=(Q_{\text{in}}-Q_{\text{out}})-A(\dot{\eta}_3-\dot{\bar{\bar{\zeta}}}(t)) \tag{A-1}$$

式中，$V_0=Ah$。注意到 $\dot{\tilde{p}}=\mathrm{i}\omega\tilde{p}$，$\dot{V}=A(\dot{\eta}_3-\dot{\bar{\bar{\zeta}}}(t))$，$V$ 表示气垫的真实体积，上式可进一步化作

$$\frac{\dot{\tilde{p}}}{\gamma(p_0+p_a)}=\frac{(Q_{\text{in}}-Q_{\text{out}})-\dot{V}}{V_0} \tag{A-2}$$

另一方面，传统方法推导气动力表达式时，根据连续性方程

$$\rho(Q_{\text{in}}-Q_{\text{out}})=\dot{m}=\rho\dot{V}+\dot{\rho}V \tag{A-3}$$

同时，将绝热方程

$$\frac{\tilde{p}+p_0+p_a}{\rho^{\gamma}}=\frac{p_0+p_a}{\rho_0^{\gamma}} \tag{A-4}$$

对时间 t 进行求导，可得

$$\frac{\dot{\tilde{p}}}{p_0+p_a}=\gamma\frac{\rho^{\gamma}}{\rho_0^{\gamma}}\cdot\frac{\dot{\rho}}{\rho}\approx\gamma\frac{\dot{\rho}}{\rho} \tag{A-5}$$

联立式(A－3)和式(A－5)，消去 $\dot{\rho}$，可得

$$\frac{\dot{\tilde{p}}}{\gamma(p_0+p_a)}=\frac{(Q_{\text{in}}-Q_{\text{out}})-\dot{V}}{V}\approx\frac{(Q_{\text{in}}-Q_{\text{out}})-\dot{V}}{V_0} \tag{A-6}$$

式(A－2)和式(A－6)具有相同的表达式，可见分别由一维波动方程和连续性方程推导出来的线性的空间均匀气动力模型是等价的。该结果表明，传统的基于连续性方程的空间均匀气动力模型，仅是本书基于一维波动方程所求得的空间非均匀气动力模型的一种特例。

附录 B　准黏性二维时域自由面格林函数的边界积分方程

在图 $B1$ 所示的边界上对 ψ 和 $\mathrm{Re}\{E_1(-\mu \boldsymbol{R}_{p\bar{q}})-E_1(-\mu \boldsymbol{R}_{pq})\}$ 应用格林公式，得

$$\int_{S_F+S_B+S_\infty+S_\varepsilon}\left[\psi \frac{\partial \mathrm{Re}\{E_1(-\mu \boldsymbol{R}_{p\bar{q}})-E_1(-\mu \boldsymbol{R}_{pq})\}}{\partial n_q} - \mathrm{Re}\{E_1(-\mu \boldsymbol{R}_{p\bar{q}})-E_1(-\mu \boldsymbol{R}_{pq})\}\frac{\partial \psi}{\partial n_q}\right]\mathrm{d}s_q = 0 \tag{B-1}$$

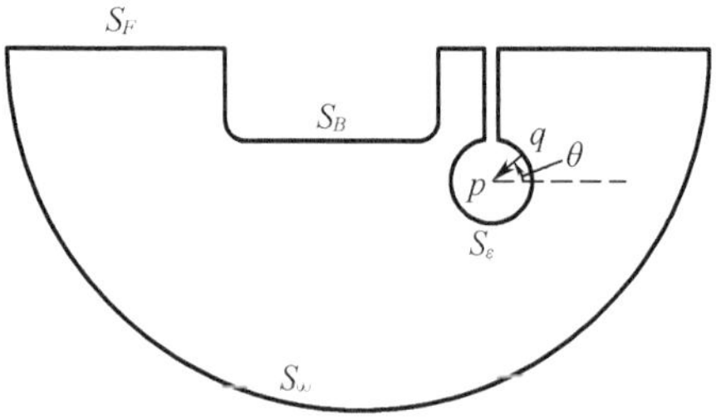

图 B1　格林函数瞬时项积分路径示意图

由复指数积分函数的无穷远渐近展开式(3-31)，易知上式在无穷远边界S_∞上的积分为 0

$$\int_{S_\infty}\left[\psi \frac{\partial \mathrm{Re}\{E_1(-\mu \boldsymbol{R}_{p\bar{q}})-E_1(-\mu \boldsymbol{R}_{pq})\}}{\partial n_q} - \mathrm{Re}\{E_1(-\mu \boldsymbol{R}_{p\bar{q}})-E_1(-\mu \boldsymbol{R}_{pq})\}\frac{\partial \psi}{\partial n_q}\right]\mathrm{d}s_q = 0 \tag{B-2}$$

在自由面S_F上 $\mathrm{Re}\{E_1(-\mu \boldsymbol{R}_{p\bar{q}})-E_1(-\mu \boldsymbol{R}_{pq})\}=0$，则有

$$\int_{S_F}\left[\psi \frac{\partial \mathrm{Re}\{E_1(-\mu \boldsymbol{R}_{p\bar{q}})-E_1(-\mu \boldsymbol{R}_{pq})\}}{\partial n_q} - \mathrm{Re}\{E_1(-\mu \boldsymbol{R}_{p\bar{q}})-E_1(-\mu \boldsymbol{R}_{pq})\}\frac{\partial \psi}{\partial n_q}\right]\mathrm{d}s_q$$
$$= \int_{S_F}\psi \frac{\partial \mathrm{Re}\{E_1(-\mu \boldsymbol{R}_{p\bar{q}})-E_1(-\mu \boldsymbol{R}_{pq})\}}{\partial \zeta}\mathrm{d}s_q \tag{B-3}$$

由于场点 $\boldsymbol{p}$ 落在S_ε关于自由面的镜像边界之外，ψ 和 $\mathrm{Re}\{E_1(-\mu \boldsymbol{R}_{p\bar{q}})\}$ 在封闭边界S_ε上的格林公式值为 0，所以有

$$\int_{S_\varepsilon}\left[\psi \frac{\partial \mathrm{Re}\{E_1(-\mu \boldsymbol{R}_{p\bar{q}})-E_1(-\mu \boldsymbol{R}_{pq})\}}{\partial n_q} - \mathrm{Re}\{E_1(-\mu \boldsymbol{R}_{p\bar{q}})-E_1(-\mu \boldsymbol{R}_{pq})\}\frac{\partial \psi}{\partial n_q}\right]\mathrm{d}s_q$$
$$= \int_{S_\varepsilon}\left[\mathrm{Re}\{E_1(-\mu \boldsymbol{R}_{pq})\}\frac{\partial \psi}{\partial n_q} - \psi \frac{\partial \mathrm{Re}\{E_1(-\mu \boldsymbol{R}_{pq})\}}{\partial n_q}\right]\mathrm{d}s_q \tag{B-4}$$

记$r_\varepsilon = |\boldsymbol{R}_{pq}|$，由复指数积分函数在零点的展开式(3-30)，得

$$\int_{S_\varepsilon}\mathrm{Re}\{E_1(-\mu\boldsymbol{R}_{pq})\}\frac{\partial\psi}{\partial n_q}\mathrm{d}s_q=\int_{S_\varepsilon}\frac{\partial\psi}{\partial n_q}(-\gamma-\ln|\mu\boldsymbol{R}_{pq}|+\mathrm{Re}\{O(R_{pq})\})\mathrm{d}s_q$$

$$\overset{r_\varepsilon\to 0}{\Rightarrow}\frac{\partial\psi(t,\boldsymbol{p})}{\partial n_q}\int_0^{2\pi}(-\gamma-\ln(\mu r_\varepsilon))r_\varepsilon\mathrm{d}\theta=0 \tag{B-5}$$

另一方面

$$\begin{aligned}\int_{S_\varepsilon}\psi\frac{\partial\mathrm{Re}\{E_1(-\mu\boldsymbol{R}_{pq})\}}{\partial n_q}\mathrm{d}s_q&=\int_0^{\pi}\psi\mathrm{Re}\left\{\frac{\partial E_1(\mu r_\varepsilon \mathrm{e}^{i(\frac{\pi}{2}-\theta)})}{\partial r_\varepsilon}\right\}r_\varepsilon\mathrm{d}\theta+\int_{\pi}^{2\pi}\psi\mathrm{Re}\left\{\frac{\partial E_1(\mu r_\varepsilon \mathrm{e}^{i(\frac{\pi}{2}+\theta)})}{\partial r_\varepsilon}\right\}r_\varepsilon\mathrm{d}\theta\\
&=-\int_0^{\pi}\psi\mathrm{Re}\left\{\frac{\exp(-\mu r_\varepsilon \mathrm{e}^{i(\frac{\pi}{2}-\theta)})}{r_\varepsilon}\right\}r_\varepsilon\mathrm{d}\theta-\int_{\pi}^{2\pi}\psi\mathrm{Re}\left\{\frac{\exp(-\mu r_\varepsilon \mathrm{e}^{i(\frac{\pi}{2}+\theta)})}{r_\varepsilon}\right\}r_\varepsilon\mathrm{d}\theta\\
&=-\int_0^{\pi}\psi\mathrm{Re}\{\exp(-\mu r_\varepsilon \mathrm{e}^{i(\frac{\pi}{2}-\theta)})\}\mathrm{d}\theta-\\
&\quad\int_{\pi}^{2\pi}\psi\mathrm{Re}\{\exp(-\mu r_\varepsilon \mathrm{e}^{i(\frac{\pi}{2}+\theta)})\}\mathrm{d}\theta\overset{r_\varepsilon\to 0}{\Rightarrow}\psi(t,\boldsymbol{p})(-\pi-\pi)\\
&=-2\pi\psi(t,\boldsymbol{p})\end{aligned} \tag{B-6}$$

联立式(B-1)至式(B-6),得

$$\begin{aligned}&\int_{S_F}\psi\frac{\partial\mathrm{Re}\{E_1(-\mu\boldsymbol{R}_{p\bar{q}})-E_1(-\mu\boldsymbol{R}_{pq})\}}{\partial\zeta}\mathrm{d}s_q\\
&=2\pi\psi-\int_{S_B}\left(\psi\frac{\partial\mathrm{Re}\{E_1(-\mu\boldsymbol{R}_{p\bar{q}})-E_1(-\mu\boldsymbol{R}_{pq})\}}{\partial n_q}-\mathrm{Re}\{E_1(-\mu\boldsymbol{R}_{p\bar{q}})-E_1(-\mu\boldsymbol{R}_{pq})\}\frac{\partial\psi}{\partial n_q}\right)\mathrm{d}s_q\end{aligned} \tag{B-7}$$

再由式(3-24),上式可化成

$$\int_{S_B}\left(\psi\frac{\partial I(\boldsymbol{p},\boldsymbol{q},\upsilon)}{\partial n_q}-I(\boldsymbol{p},\boldsymbol{q},\upsilon)\frac{\partial\psi}{\partial n_q}\right)\mathrm{d}s_q-\int_0^t\mathrm{d}\tau\int_{S_B}\left(\psi\frac{\partial\widetilde{G}}{\partial n_q}-\widetilde{G}\frac{\partial\psi}{\partial n_q}\right)\mathrm{d}s_q-2\pi\psi=0 \tag{B-8}$$

其中

$$I(\boldsymbol{p},\boldsymbol{q},\upsilon)=\mathrm{Re}\{E_1(-\mu\boldsymbol{R}_{p\bar{q}})-E_1(-\mu\boldsymbol{R}_{pq})\}$$

附录 C　移动脉动压力面兴波的三维线性势流理论

假设作用在自由面上的矩形脉动压力面$\tilde{p}(\xi,\eta,t)=e^{i\omega t}$的尺寸为$l\times b$(在伴随坐标系$o-xyz$中的坐标区间为$-l/2\leqslant\xi\leqslant l/2$,$-b/2\leqslant\eta\leqslant b/2$),以速度$U$沿$x$轴正方向移动,水深无限,则脉动压力面$\tilde{p}(\xi,\eta,t)$在流场中引起的辐射势为

$$\phi_P(x,y,z,t)=\frac{i\cdot e^{i\omega t}}{4\pi^2\rho_w U^2}\sum_{m=1}^{8}(-1)^m$$

$$\left[-\int_0^{\frac{\pi}{2}}\frac{d\theta}{(k_1-k_2)\sin\theta\cos^3\theta}\int_{0\atop L_1}^{\infty}\frac{Uk\cos\theta-\omega}{k^2}e^{kz}\sum_{n=1}^{2}\frac{(-1)^{n+1}k_n}{k-k_n}e^{iks_m}dk+\right.$$

$$\int_{\theta_c}^{\frac{\pi}{2}}4\frac{d\theta}{(k_3-k_4)\sin\theta\cos^3\theta}\int_{0\atop L_2}^{\infty}\frac{Uk\cos\theta+\omega}{k^2}e^{kz}\sum_{n=3}^{4}\frac{(-1)^{n+1}k_n}{k-k_n}e^{-iks_m}dk+$$

$$\left.\int_0^{\theta_c}\frac{d\theta}{(k_3-k_4)\sin\theta\cos^3\theta}\int_{0\atop L_3}^{\infty}\frac{Uk\cos\theta+\omega}{k^2}e^{kz}\sum_{n=3}^{4}\frac{(-1)^{n+1}k_n}{k-k_n}e^{-iks_m}dk\right]\tag{C-1}$$

式中

$$\theta_c=\begin{cases}\cos^{-1}\dfrac{1}{4\epsilon}, & \epsilon>0.25\\ 0, & \epsilon<0.25\end{cases}\tag{C-2}$$

$$s_m=\begin{cases}(x\cos\theta+y\sin\theta)-\dfrac{1}{2}(l\cos\theta\pm b\sin\theta), m=1,2\\ (x\cos\theta+y\sin\theta)+\dfrac{1}{2}(l\cos\theta\pm b\sin\theta), m=3,4\\ (x\cos\theta-y\sin\theta)-\dfrac{1}{2}(l\cos\theta\pm b\sin\theta), m=5,6\\ (x\cos\theta-y\sin\theta)+\dfrac{1}{2}(l\cos\theta\pm b\sin\theta), m=7,8\end{cases}\tag{C-3}$$

$$k_n=\begin{cases}\dfrac{g}{2U^2\cos^2\theta}\left[1+2\epsilon\cos\theta-\sqrt{1+4\epsilon\cos\theta}\right], n=1\\ \dfrac{g}{2U^2\cos^2\theta}\left[1+2\epsilon\cos\theta+\sqrt{1+4\epsilon\cos\theta}\right], n=2\\ \dfrac{g}{2U^2\cos^2\theta}\left[1-2\epsilon\cos\theta-\sqrt{1-4\epsilon\cos\theta}\right], n=3\\ \dfrac{g}{2U^2\cos^2\theta}\left[1-2\epsilon\cos\theta+\sqrt{1-4\epsilon\cos\theta}\right], n=4\end{cases}\tag{C-4}$$

式(C－1)中积分路径$L_1\sim L_3$如图 C1 所示;式(C－2)中$\epsilon=U\omega/g$是 Brard 数。

由式(C－1)结合伯努利方程,可求得自由面或压力面上的脉动压力兴波

$$\zeta_P(x,y,0,t)=\zeta_8(x,y)e^{i\omega t}=-\frac{\tilde{p}(\xi,\eta,t)}{\rho_w g}-\frac{1}{g}\left(\frac{\partial}{\partial t}-U\frac{\partial}{\partial x}\right)\phi_P(x,y,0,t) \qquad (C-5)$$

上述公式的数值计算方法可参考文献。还需要指出的是，上述公式在推导过程中仅要求脉动压力面的移动速度 U 和脉动频率 ω 大于零，除此之外没有更多的限定条件。

图 C2 显示的是正方形（$l=b$）移动脉动压力面在边线 $y=b$ 上的兴波波形，Brard 数为 $\epsilon=0.275$，压力面的移动速度为 $\sqrt{2gl}/2$。图中“Re”“Im”分别表示兴波的实部和虚部，“Present”“Doctors’”“Xie’s”分别表示本书、Doctors、Xie 采用三维线性势流理论方法的预报结果，可见三者的吻合程度相当好，从而验证了本书算法的正确性。

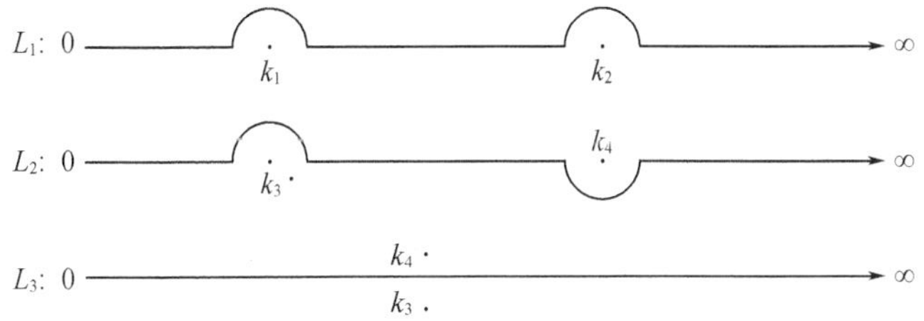

图 C1 计算脉动压力辐射势的积分路径示意图

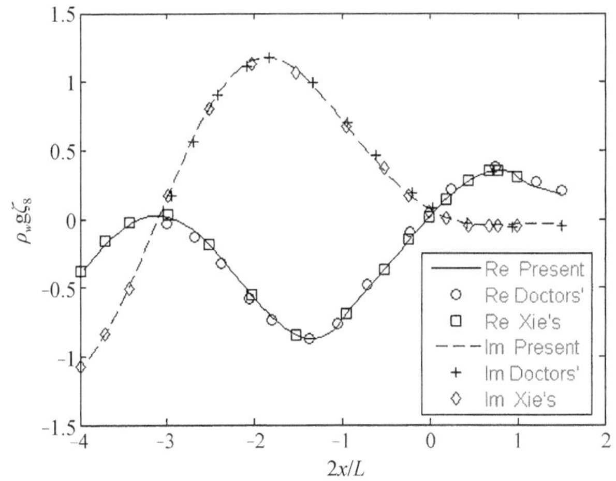

图 C2 移动脉动压力兴波在剖面 $y=b$ 上的投影（$b/l=1.0$，$U=\sqrt{2gl}/2$，$\epsilon=0.275$）

附录 D　边界积分方程中系数矩阵的表达式

D.1　源强密度方程中系数矩阵的表达式

正文第 5.3.2 小节中的源强密度方程(5－19)内的系数矩阵$\boldsymbol{D}^K$、$\boldsymbol{E}^k$、$\boldsymbol{P}_a^K$、$\boldsymbol{P}_b^K$的具体计算公式如下。

记$r_{ij}=r_{pq}$，$\bar{r}_{ij}=r_{p\bar{q}}$，$\boldsymbol{R}_{ij}=\boldsymbol{R}_{pq}$，$\overline{\boldsymbol{R}}_{ij}=\boldsymbol{R}_{p\bar{q}}$，$\partial/\partial n_i=\partial/\partial n_p$，且

$$I_{ij}=\begin{cases}\ln\dfrac{r_{ij}}{\bar{r}_{ij}}, & \upsilon=0\\ \mathrm{Re}\{E_1(-\mu\overline{\boldsymbol{R}}_{ij})-E_1(-\mu\boldsymbol{R}_{ij})\}, & \upsilon>0\end{cases}\tag{D-1}$$

$$I_{ij}^1=\begin{cases}-\ln\bar{r}_{ij}, & \upsilon=0\\ \mathrm{Re}\{E_1(-\mu\overline{\boldsymbol{R}}_{ij})\}, & \upsilon>0\end{cases}\tag{D-2}$$

则系数矩阵 $\boldsymbol{D}$ 可写成如下形式

$$\boldsymbol{D}^K=\begin{bmatrix}(\boldsymbol{D}_{11}^K)_{N_B^e\times N_1} & \boldsymbol{0}_{N_B^e\times N_2}\\ (\boldsymbol{D}_{21}^K)_{N_C\times N_1} & (\boldsymbol{D}_{22}^K)_{N_C\times N_2}\\ \boldsymbol{0}_{N_B^i\times N_1} & (\boldsymbol{D}_{32}^K)_{N_B^i\times N_2}\\ (\boldsymbol{D}_{41}^K)_{N_C\times N_1} & (\boldsymbol{D}_{42}^K)_{N_C\times N_2}\end{bmatrix}\tag{D-3}$$

其中，$\boldsymbol{0}$ 表示内部元素全为 0 的矩阵；$\boldsymbol{D}_{mn}^K(m=1,\cdots,4,n=1,2)$表示分块矩阵，内部各元素的表达式如下

$$(\boldsymbol{D}_{11}^K)_{ij}=\begin{cases}\displaystyle\int_{\Delta S_j}\frac{\partial I_{ij}^1}{\partial n_i}\mathrm{d}s-\pi, & i=j\\ \displaystyle\int_{\Delta S_j}\frac{\partial I_{ij}}{\partial n_i}\mathrm{d}s, & i\neq j\end{cases}\quad i=1,\cdots,N_B^e;j=1,\cdots,N_1\tag{D-4}$$

$$(D_{21}^K)_{ij}=-\int_{\Delta S_j}I_{ij}\mathrm{d}s,\quad i=N_B^e+1,\cdots,N_1;j=1,\cdots,N_1\tag{D-5}$$

$$(\boldsymbol{D}_{22}^K)_{ij}=\int_{\Delta S_j}I_{\hat{i}j}\mathrm{d}s,\quad i=N_B^e+1,\cdots,N_1;\hat{i}=i+N_2;j=N_1+1,\cdots,N\tag{D-6}$$

$$(\boldsymbol{D}_{32}^{K})_{ij}=\begin{cases}\int_{\Delta s_j}\dfrac{\partial I_{ij}^{1}}{\partial n_i}\mathrm{d}s-\pi, & i=j\\ \int_{\Delta s_j}\dfrac{\partial I_{ij}}{\partial n_i}\mathrm{d}s, & i\neq j\end{cases}\quad i=N_1+1,\cdots,N_1+N_B^{\mathrm{i}};j=N_1+1,\cdots,N \tag{D-7}$$

$$(\boldsymbol{D}_{41}^{K})_{ij}=\begin{cases}\int_{\Delta s_j}\dfrac{\partial I_{\hat{i}j}^{1}}{\partial n_{\hat{i}}}\mathrm{d}s-\pi, & \hat{i}=j\\ \int_{\Delta s_j}\dfrac{\partial I_{\hat{i}j}}{\partial n_{\hat{i}}}\mathrm{d}s, & \hat{i}\neq j\end{cases}\quad i=N_1+N_B^{\mathrm{i}}+1,\cdots,N;\hat{i}=i-N_2;j=1,\cdots,N_1 \tag{D-8}$$

$$(\boldsymbol{D}_{42}^{K})_{ij}=\begin{cases}\int_{\Delta s_j}\dfrac{\partial I_{ij}^{1}}{\partial n_i}\mathrm{d}s-\pi, & i=j\\ \int_{\Delta s_j}\dfrac{\partial I_{ij}}{\partial n_i}\mathrm{d}s, & i\neq j\end{cases}\quad i=N_1+N_B^{\mathrm{i}}+1,\cdots,N;j=N_1+1,\cdots,N \tag{D-9}$$

记$\widetilde{G}_{ij}^{k}=\widetilde{G}(\boldsymbol{p},t;\boldsymbol{q},\tau;\upsilon)$，则系数矩阵$\boldsymbol{E}^{k}$可写成如下形式

$$\boldsymbol{E}^{k}=\begin{bmatrix}(\boldsymbol{E}_{11}^{k})_{N_B^{\mathrm{e}}\times N_1} & \boldsymbol{0}_{N_B^{\mathrm{e}}\times N_2}\\ (\boldsymbol{E}_{21}^{k})_{N_C\times N_1} & (\boldsymbol{E}_{22}^{k})_{N_C\times N_2}\\ \boldsymbol{0}_{N_B^{\mathrm{i}}\times N_1} & (\boldsymbol{E}_{32}^{k})_{N_B^{\mathrm{i}}\times N_2}\\ (\boldsymbol{E}_{41}^{k})_{N_C\times N_1} & (\boldsymbol{E}_{42}^{k})_{N_C\times N_2}\end{bmatrix} \tag{D-10}$$

其中，分块矩阵$\boldsymbol{E}_{mn}^{k}(m=1,\cdots,4;n=1,2)$内部各元素的表达式如下

$$(\boldsymbol{E}_{11}^{k})_{ij}=\int_{\Delta s_j}\frac{\partial\widetilde{G}_{ij}^{k}}{\partial n_i}\mathrm{d}s,i=1,\cdots,N_B^{e};j=1,\cdots,N_1 \tag{D-11}$$

$$(\boldsymbol{E}_{21}^{k})_{ij}=-\int_{\Delta s_j}\widetilde{G}_{ij}^{k}\mathrm{d}s,i=N_B^{\mathrm{e}}+1,\cdots,N_1;j=1,\cdots,N_1 \tag{D-12}$$

$$(\boldsymbol{E}_{22}^{k})_{ij}=\int_{\Delta s_j}\widetilde{G}_{\hat{i}j}^{k}\mathrm{d}s,i=N_B^{\mathrm{e}}+1,\cdots,N_1;\hat{i}=i+N_2;j=N_1+1,\cdots,N \tag{D-13}$$

$$(\boldsymbol{E}_{32}^{k})_{ij}=\int_{\Delta s_j}\frac{\partial\widetilde{G}_{ij}^{k}}{\partial n_i}\mathrm{d}s,i=N_1+1,\cdots,N_1+N_B^{\mathrm{i}};j=N_1+1,\cdots,N \tag{D-14}$$

$$(\boldsymbol{E}_{41}^{k})_{ij}=\int_{\Delta s_j}\frac{\partial\widetilde{G}_{\hat{i}j}^{k}}{\partial n_{\hat{i}}}\mathrm{d}s,i=N_1+N_B^{\mathrm{i}}+1,\cdots,N;\hat{i}=i-N_2;j=1,\cdots,N_1 \tag{D-15}$$

$$(\boldsymbol{E}_{42}^{k})_{ij}=\int_{\Delta s_j}\frac{\partial\widetilde{G}_{ij}^{k}}{\partial n_i}\mathrm{d}s,i=N_1+N_B^{\mathrm{i}}+1,\cdots,N;j=N_1+1,\cdots,N \tag{D-16}$$

设N_P为内自由面S_P上离散的线元数目，以$\widetilde{G}_{ij}^{k}(i=1,\cdots,N;j=1,\cdots,N_P)$表示$\widetilde{G}(\boldsymbol{p},t;\boldsymbol{q},\tau;\upsilon)$（$\boldsymbol{p}$为内外域边界上第$i$段线元的中点，$\boldsymbol{q}$为内自由面$S_P$上第$j$段线元上的点），则列向量$\boldsymbol{P}_{a}^{K}$的元素$P_{ai}^{K}$可写成如下形式

$$\boldsymbol{P}_{ai}^{K}=\begin{cases}0, & i=1,\cdots,N_B^{\mathrm{e}}\\ \dfrac{\Delta t}{\rho_w g}\sum_{k=0}^{K-1}\left(\varepsilon_k \mathrm{e}^{\mathrm{i}\omega k\Delta t}\sum_{j=1}^{N_P}\int_{\Delta S_j}\dfrac{\partial\,\widetilde{G}_{ij}^{k}}{\partial\tau}\mathrm{d}s\right), & i=N_B^{\mathrm{e}}+1,\cdots,N_1;\hat{i}=i+N_2\\ \dfrac{\Delta t}{\rho_w g}\sum_{k=0}^{K-1}\left(\varepsilon_k \mathrm{e}^{\mathrm{i}\omega k\Delta t}\sum_{j=1}^{N_P}\int_{\Delta S_j}\dfrac{\partial^2\,\widetilde{G}_{ij}^{k}}{\partial z\partial\tau}\mathrm{d}s\right), & i=N_1+1,\cdots,N\end{cases}$$

(D－17)

列向量$\boldsymbol{P}_b^K$的元素P_{bi}^K可写成如下形式

$$P_{bi}^{K}=\begin{cases}0, & i=1,\cdots,N_B^{\mathrm{e}}\\ \dfrac{-\Delta t}{\rho_w g}\sum_{k=0}^{K-1}\left(\varepsilon_k\cos\dfrac{\pi Uk\Delta t}{l}\mathrm{e}^{\mathrm{i}\omega k\Delta t}\sum_{j=1}^{N_P}\int_{\Delta S_j}\dfrac{\partial\,\widetilde{G}_{ij}^{k}}{\partial\tau}\mathrm{d}s\right), & i=N_B^{\mathrm{e}}+1,\cdots,N_1;\hat{i}=i+N_2\\ \dfrac{-\Delta t}{\rho_w g}\sum_{k=0}^{K-1}\left(\varepsilon_k\cos\dfrac{\pi Uk\Delta t}{l}\mathrm{e}^{\mathrm{i}\omega k\Delta t}\sum_{j=1}^{N_P}\int_{\Delta S_j}\dfrac{\partial^2\,\widetilde{G}_{ij}^{k}}{\partial z\partial\tau}\mathrm{d}s\right), & i=N_1+1,\cdots,N\end{cases}$$

(D－18)

D.2　速度势计算公式中系数矩阵的表达式

正文第 5.3.2 节中的速度势计算公式(5－24)内的系数矩阵$\boldsymbol{S}^K$、$\boldsymbol{R}^k$、$\boldsymbol{\Pi}_a^K$、$\boldsymbol{\Pi}_b^K$的具体计算公式如下。

$\boldsymbol{S}^K$为$N_H\times N$的矩阵，其内部元素S_{ij}^K的表达式为

$$S_{ij}^{K}=-\frac{1}{2\pi}\int_{\Delta S_j}I_{ij}\mathrm{d}s,\ i=1,\cdots,N_H;j=1,\cdots,N \qquad \text{(D－19)}$$

$\boldsymbol{R}^K$为$N_H\times N$的矩阵，其内部元素R_{ij}^K的表达式为

$$R_{ij}^{K}=\frac{1}{2\pi}\int_{\Delta S_j}\widetilde{G}_{ij}^{k}\mathrm{d}s,\ i=1,\cdots,N_H;j=1,\cdots,N \qquad \text{(D－20)}$$

$\boldsymbol{\Pi}_a^K$为$N_H\times 1$的列向量，其内部元素Π_{ai}^K的表达式为

$$\boldsymbol{\Pi}_{ai}^{K}=\begin{cases}0, & i=1,\cdots,N_B^{\mathrm{e}}\\ \dfrac{\Delta t}{2\pi\rho_w g}\sum_{k=0}^{K-1}\left(\varepsilon_k\mathrm{e}^{\mathrm{i}\omega k\Delta t}\sum_{j=1}^{N_P}\int_{\Delta S_j}\dfrac{\partial\,G_{ij}^{k}}{\partial\tau}\mathrm{d}s\right), & i=N_B^{\mathrm{e}}+1,\cdots,N_H\end{cases} \qquad \text{(D－21)}$$

$\boldsymbol{\Pi}_b^K$为$N_H\times 1$的列向量，其内部元素Π_{bi}^K的表达式为

$$\boldsymbol{\Pi}_{bi}^{K}=\begin{cases}0, & i=1,\cdots,N_B^{\mathrm{e}}\\ \dfrac{-\Delta t}{2\pi\rho_w g}\sum_{k=0}^{K-1}\left(\varepsilon_k\cos\dfrac{\pi Uk\Delta t}{l}\mathrm{e}^{\mathrm{i}\omega k\Delta t}\sum_{j=1}^{N_P}\int_{\Delta S_j}\dfrac{\partial\,G_{ij}^{k}}{\partial\tau}\mathrm{d}s\right), & i=N_B^{\mathrm{e}}+1,\cdots,N_H\end{cases}$$

(D－22)

附录 E 单域运动求解模型对槽道气垫船的运动预报结果

选取黏性系数 $\upsilon=0,\upsilon=0.1,\upsilon=0.5,\upsilon=1.0$，研究本书所发展的单域（准黏性）运动求解模型对槽道气垫船的运动预报精度，以及黏性系数对预报结果的影响。在单域运动求解模型中完整考虑了内自由面的非定常兴波，包括入射波、气垫气动力辐射波、船体辐射和绕射波，也考虑了侧体与气垫气动力辐射波的相互作用，但忽略了因气垫定常压力造成的内自由面高度下降所带来的影响。预报结果如图 E.1 至图 E.9 所示。

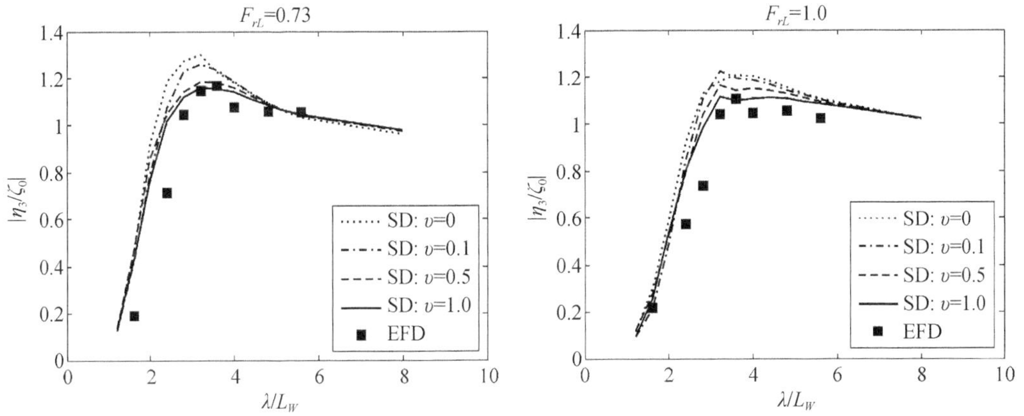

图 E.1 单域运动求解模型对垂荡运动响应的预报结果

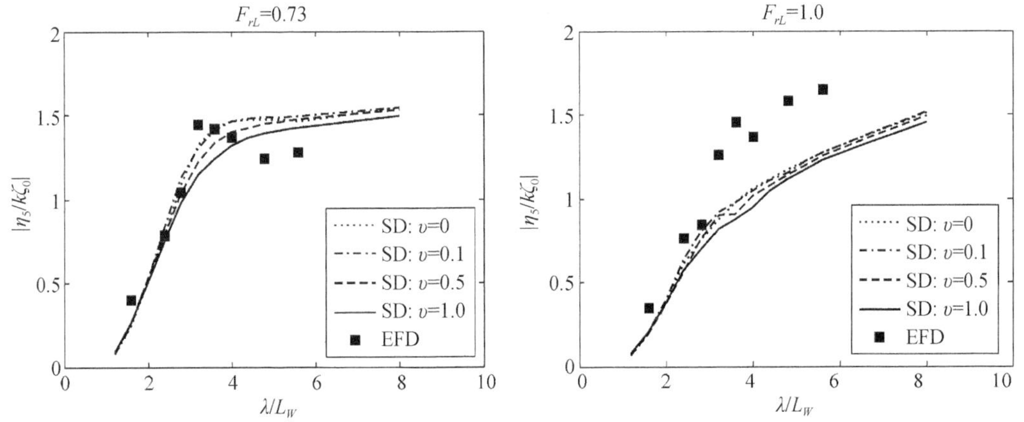

图 E.2 单域运动求解模型对纵摇运动响应的预报结果

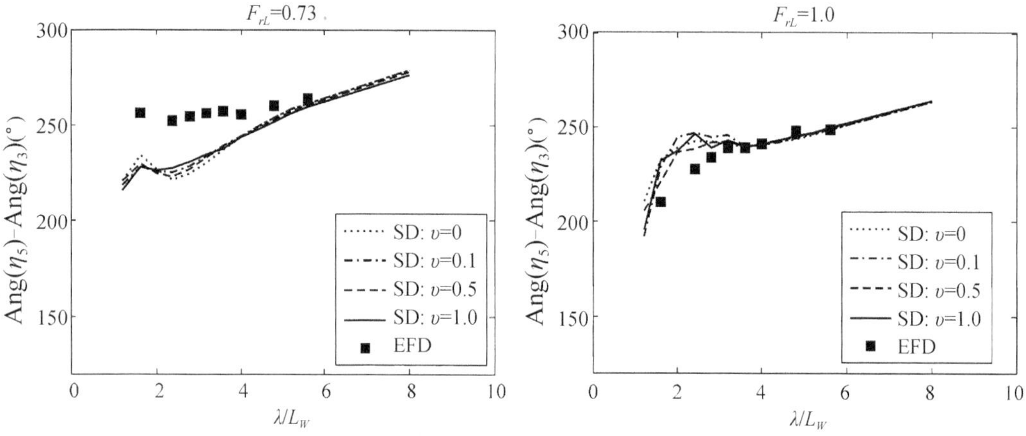

图 E.3　单域运动求解模型对纵摇与垂荡相位差的预报结果

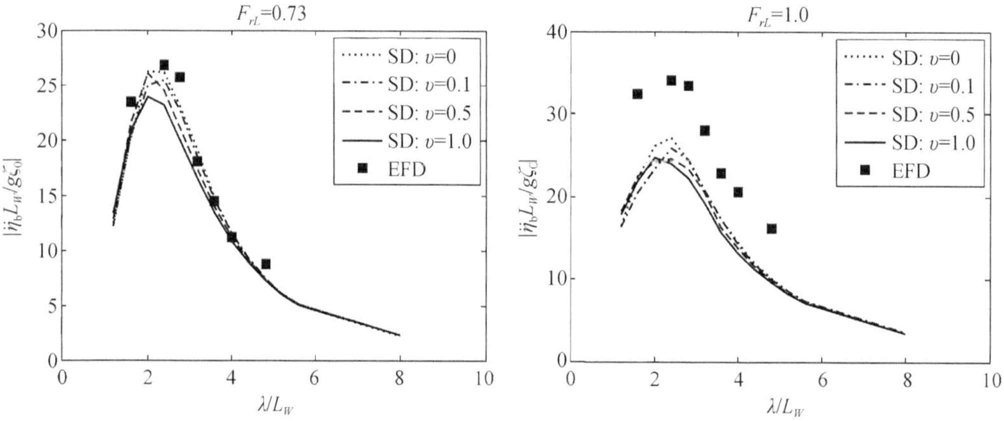

图 E.4　单域运动求解模型对艏加速度响应的预报结果

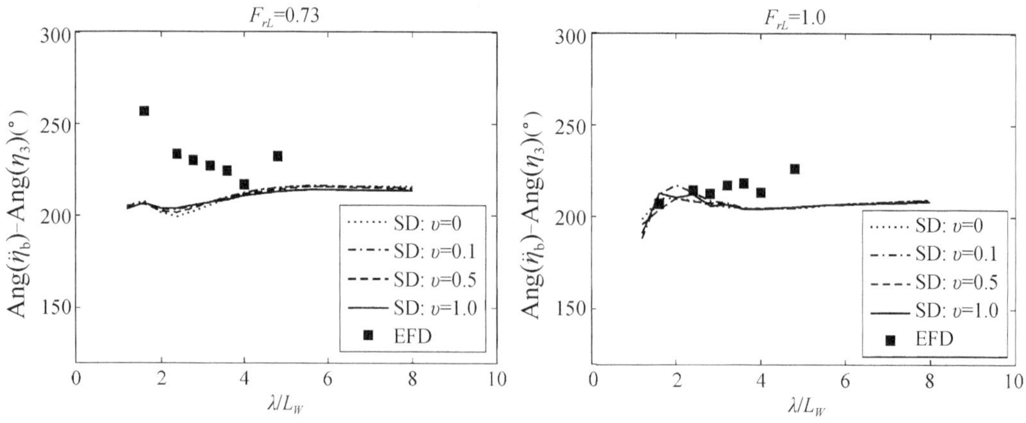

图 E.5　单域运动求解模型对艏加速度与垂荡相位差的预报结果

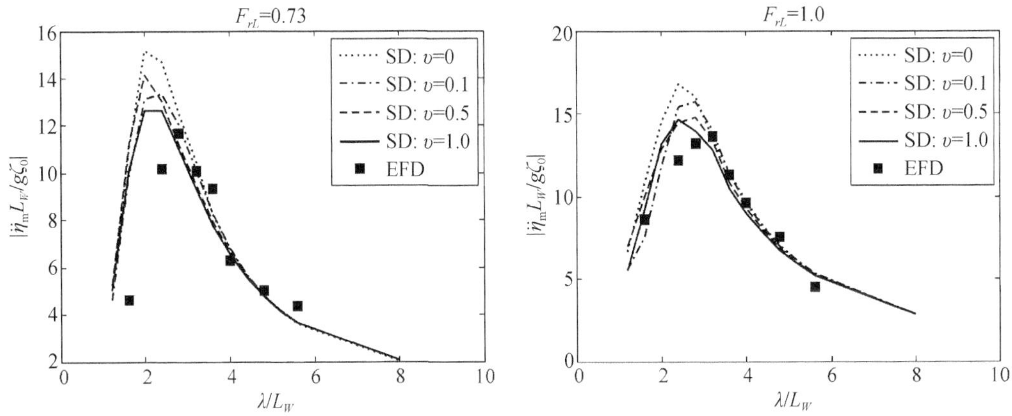

图 E.6 单域运动求解模型对艄加速度响应的预报结果

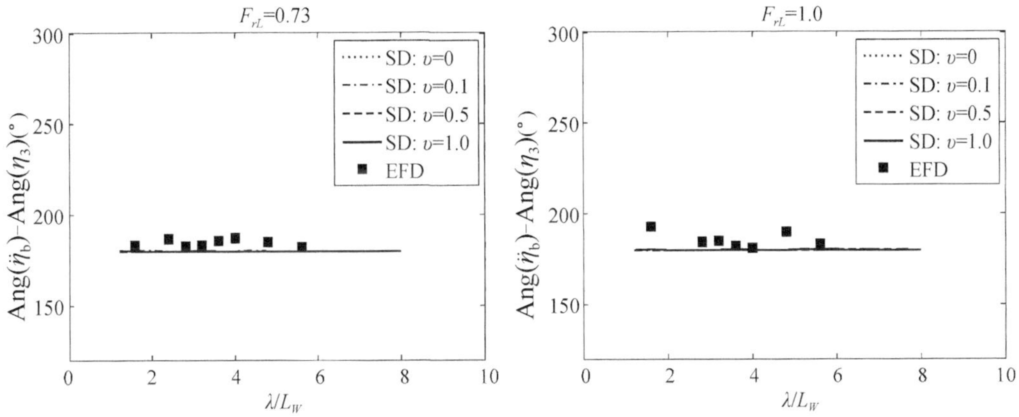

图 E.7 单域运动求解模型对艄加速度与垂荡相位差的预报结果

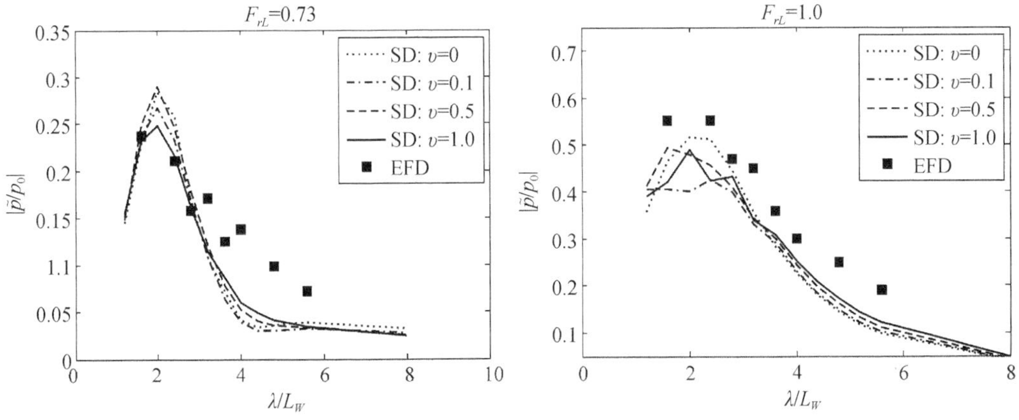

图 E.8 单域运动求解模型对气垫气动力响应的预报结果

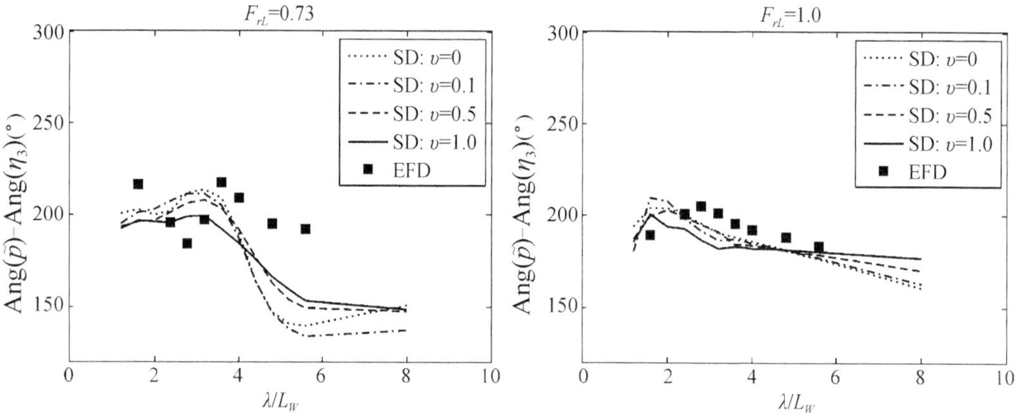

图 E.9　单域运动求解模型对气垫气动力与垂荡相位差的预报结果

由图 E.1 看到,单域运动求解模型对垂荡运动的预报精度较高,在考虑黏性修正后,垂荡运动的峰值与试验结果基本一致,艏部加速度也有相似的结果。但是垂荡运动预报结果与试验结果之间存在的微小差异,在艏部加速度中得到了放大。

对于纵摇运动响应,在$F_{rL}=0.73$时,尽管纵摇响应峰值的预报结果与试验结果相比相差不大,但是在峰值领域内,响应曲线的形状有较大的差异(如图 E.2 所示),从图 E.3 也可以看到,在短波中纵摇相对垂荡运动的相位与试验值相比存在显著差异;而在$F_{rL}=1.0$时,尽管纵摇预报结果的幅值与试验结果相差较大,但响应曲线的走势基本相同,图 E.3 所示的相位也基本吻合。艏部加速度也有类似的结果。另外,黏性修正对纵摇、艏加速度运动的预报结果没有明显的改进,在$F_{rL}=1.0$时,反而降低了本已偏小的幅值结果。

在$F_{rL}=0.73$时的长波中,气垫气动力响应的幅值与相位均有一定的偏差,但此时气动力幅值较小,因而对运动响应的影响也比较小。而在$F_{rL}=1.0$时,气动力响应的幅值和相位与试验结果都吻合得较好。黏性修正对气垫气动力响应的影响相对较小。

附录 F　多域运动求解模型对槽道气垫船的运动预报结果

选取黏性系数 $\upsilon=0, \upsilon=0.1, \upsilon=0.5, \upsilon=1.0$，研究本书所发展的多域（准黏性）运动求解模型对槽道气垫船的运动预报精度，以及黏性系数对预报结果的影响。在多域运动求解模型中完整考虑了内自由面的非定常兴波，包括入射波、气垫气动力辐射波、船体辐射和绕射波，也考虑了侧体与气垫气动力辐射波的相互作用，此外还计入了因气垫定常压力造成的内自由面高度下降所带来的影响。预报结果如图 F.1 至图 F.9 所示。

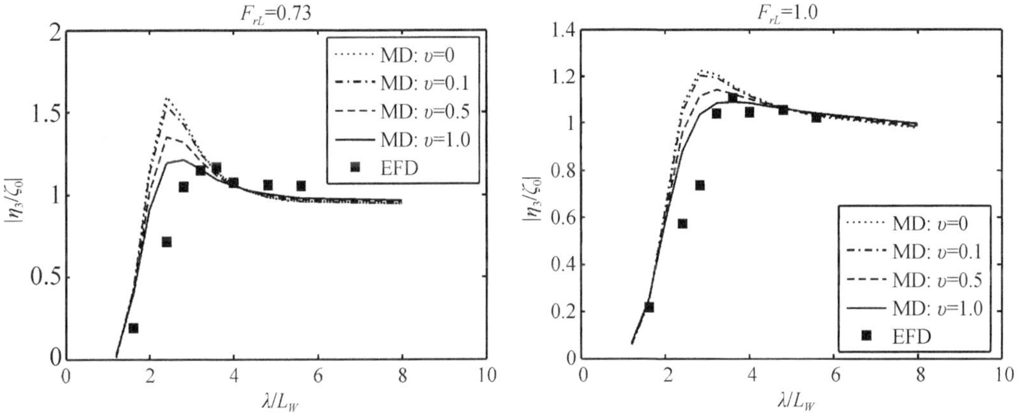

图 F.1　多域二维半理论对垂荡运动响应的预报结果

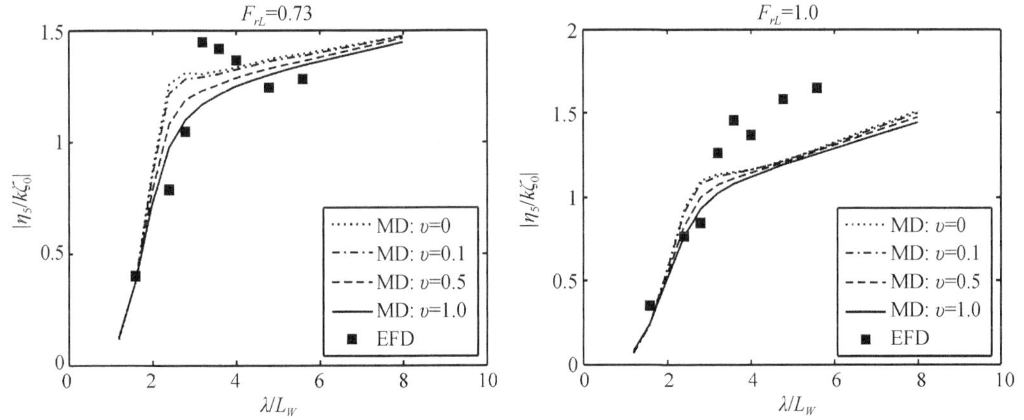

图 F.2　多域二维半理论对纵摇运动响应的预报结果

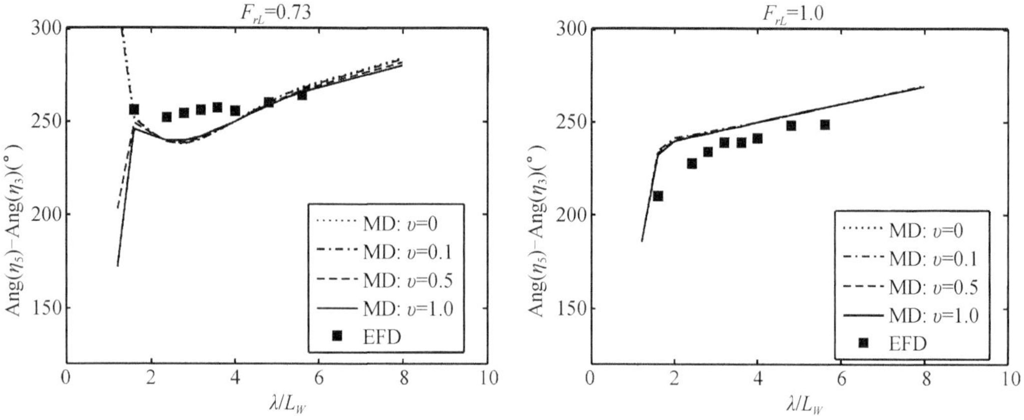

图 F.3　多域二维半理论对纵摇与垂荡相位差的预报结果

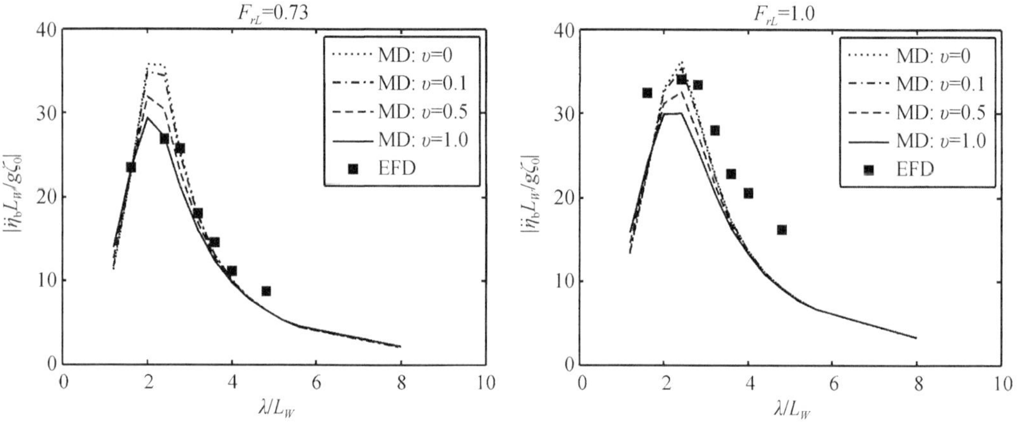

图 F.4　多域二维半理论对艏加速度响应的预报结果

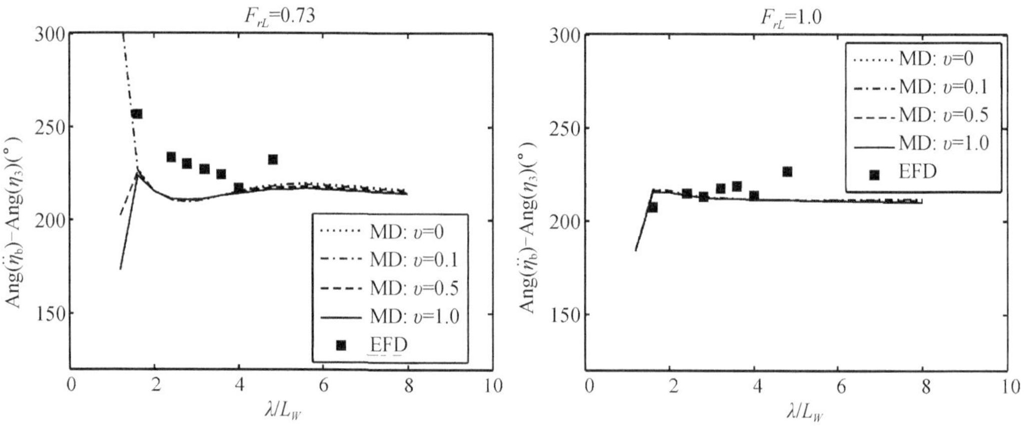

图 F.5　多域二维半理论对艏加速度与垂荡相位差的预报结果

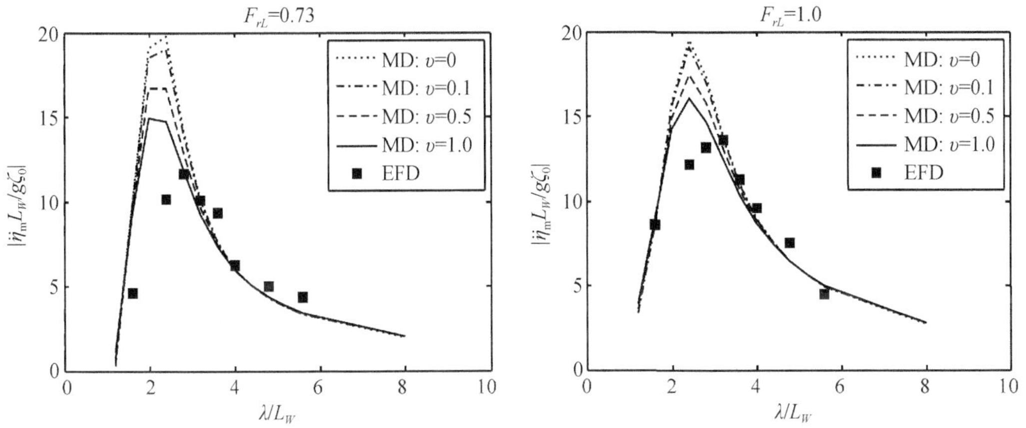

图 F.6 多域二维半理论对舯加速度响应的预报结果

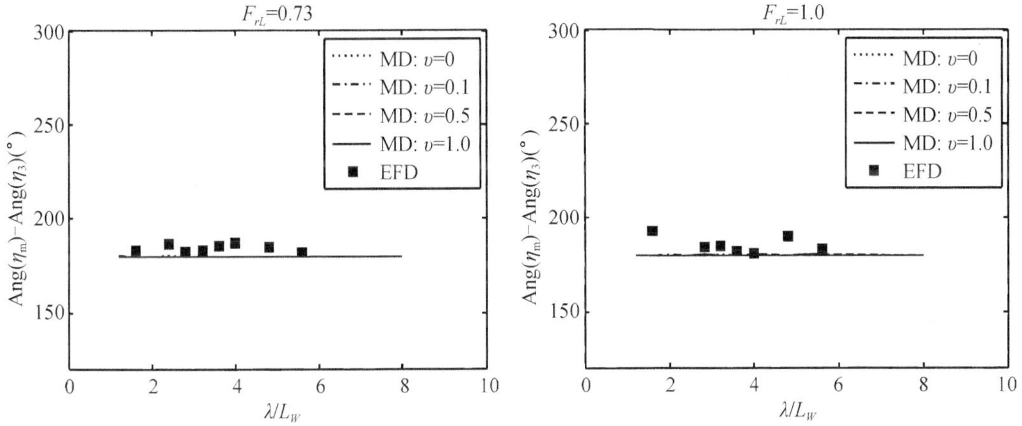

图 F.7 多域二维半理论对舯加速度与垂荡相位差的预报结果

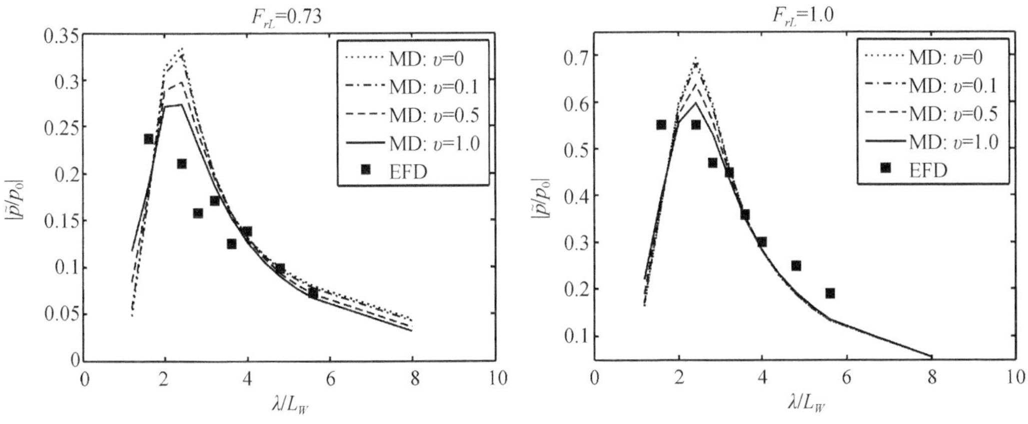

图 F.8 多域二维半理论对气垫气动力响应的预报结果

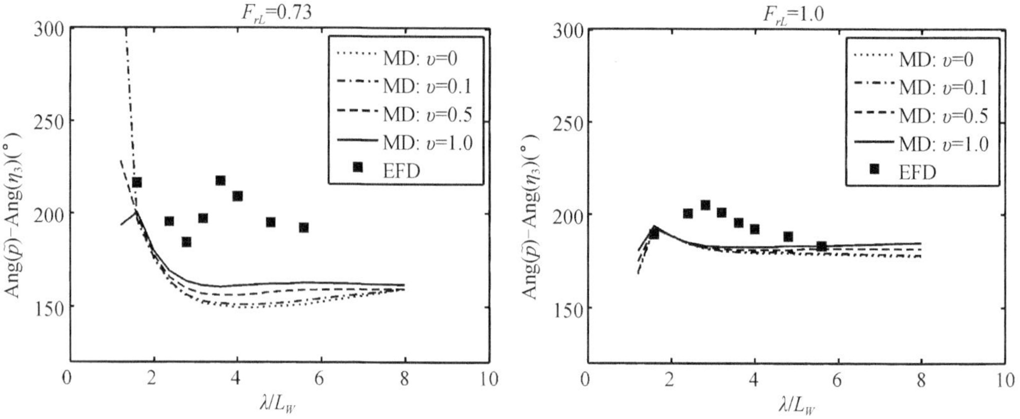

图 F.9　多域二维半理论对气垫气动力与垂荡相位差的预报结果

由图 F.1 看到，在$F_{rL}=1.0$ 时多域运动求解模型对垂荡运动的预报精度较高，在考虑黏性修正后，垂荡运动的峰值与试验结果基本一致。在$F_{rL}=0.73$ 时，没有黏性修正的预报结果有较为尖锐的响应峰值，经过黏性修正后峰值下降至与试验结果比较接近的值，不过预报结果的峰值出现的位置与试验结果略有不同。艏部加速度也有相似的结果。

对于纵摇运动响应，在$F_{rL}=0.73$ 时，纵摇响应的预报值曲线和试验值曲线的形状有较大差异（如图 F.2 所示），不过纵摇相对垂荡运动的相位与试验值相比存在的差异比较小；而在$F_{rL}=1.0$ 时，尽管纵摇预报结果的幅值与试验结果有一定偏差，但响应曲线的走势基本相同，图 F.3 所示的相位也基本吻合。艏部加速度也有类似的结果。另外，黏性修正在$F_{rL}=0.73$时改进了纵摇、艏加速度运动的预报结果，但在$F_{rL}=1.0$ 时对预报结果没有改进作用。

在$F_{rL}=0.73$ 时，气垫气动力响应的幅值预报结果在共振峰上偏大，而相位与试验值相比也有偏差。在$F_{rL}=1.0$ 时，气动力响应的幅值与试验结果吻合得较好，但共振峰处的相位有一定偏差。黏性修正可以降低气垫气动力响应在共振峰处的幅值。

参考文献

[1] YUN L,BLIAULT A. Theory and design of air cushion craft[M]. London :Bath Press,2000.

[2] CONNELL B,MILEWSKI W,GOLDMAN B,et al. Single and multi – body surface effect ship simulation for T – Craft design evaluation [C]. Hawaii:Proceedings of the 11th International Conference on Fast Sea Transportation,2011.

[3] CLARK C G. Comparison of single and overset grid techniques for CFD simulations of a surface effect ship [C]. San Francisco:Proceedings of the 33rd International Conference on Ocean,Offshore and Arctic Engineering(OMAE2014),2014.

[4] CHAMPMAN R B. Numerical solution for hydrodynamic forces on a surface – piercing plate oscillating in yaw and sway in proceedings of the 1st International Conference on Numerical Ship hydrodynamics[C]. Betheda:David W. Talor ship R&D Center,1975.

[5] FALTINSEN O,ZHAO R. Numerical predictions of ship motions at high forward speed[J]. Philosophical transactions physical sciences & engineering,1991,334(1634):241 – 252.

[6] DUAN W Y,HUDSON D A,PRICE W G. Theoretical prediction of the motions of fast displacement vessels in long – crested head seas [C]. Shanghai:Proceedings of the 3rd international conference for high performance marine vehicles,2000.

[7] MA S,DUAN W Y,SONG J Z. An efficient numerical method for solving "2. 5D" ship seakeeping problem[J]. Ocean engineering,2005,32(8/9):937 – 960.

[8] 段文洋. 船舶大幅运动非线性水动力研究[D]. 哈尔滨:哈尔滨工程大学,1995.

[9] 段文洋,马山. 船舶运动水动力线性解二维、二维半和三维方法的比较 [C]. 上海:第 17 届全国水动力学研讨会论文集, 2004.

[10] CLEMENTS R J,WILSON P A,LEWTHWAITE J C,et al. The potential for the use of a novel craft,PACSCAT(Partial Air Cushion Supported CATamaran),in inland European waterways [J]. Institute of marine engineering science & technology,2005:1 – 7.

[11] 邹劲,孟庆杰,林壮,等. 局部气垫登陆艇概念研究[J]. 舰船科学技术,2012(7):30 – 34.

[12] 邹劲,韩颖骏,施亚光,等. 局部气垫双体船试验方案设计[J]. 舰船科学技术,2014(11):14 – 17.

[13] 杨静雷,林壮,杨东梅,等. 体船阻力与航态性能试验研究[J]. 华中科技大学学报(自然科学版),2016(7):36 – 39.

[14] 杨静雷,孙寒冰,郭志群. 局部气垫双体船在规则波中的运动研究[J]. 华中科技大学学报(自然科学版),2015(11):104 – 109.

[15] NEU W,BLOXOM A,DONNELLY D. Numerical simulation of free surface interactions with surface effect ships T – Craft tool development review meeting[C]. Florida:[s. n.],2010.

[16] DONNELY D J,NEU W L. Numerical simulation of flow about a surface – effect ship [C]. Honolulu:Proceedings of the 11th international conference on fast sea transportation (FAST2011),2011.

[17] CLARK C G. Numerical simulation of surface effect ship characteristics and dynamics[D]. Virginia:Virginia polytechnic institute and state university,2014.

[18] CARRICA P M,WILSON R V,STERN F. An unsteady single - phase level set method for viscous free - surface flows[J]. International journal of numerical methods in fluids,2007, 53(2):229 - 256.

[19] BHUSHAN S,STERN F,DOCTORS L J. T - craft calm water resistance and motions and seakeeping in regular waves [C]. Hawaii:Proceedings of the 11th international conference on fast sea transportation(FAST2011),2011.

[20] HARVEY P,LUNDBLAD W,SWIFT M R. Analytical models for ACV seakeeping:ADA065522 [R]. Littleton:Mining engineering,1978.

[21] DOCTORS L J. The effect of air compressibility on the nonlinear motion of an air - cushion vehicle over waves [J]. Surface Effect Ships,1976.

[22] 周伟麟,华怡. 全垫升气垫船耐波性理论[J]. 舰船科学技术,1984(4):1 - 10.

[23] 诸葛凌波,马涛. 全垫升气垫船的气垫压缩性研究[J]. 船舶,2014(4):82 - 86.

[24] LIN W M, COLLETTE M, LAVIS D, et al. Recent hydrodynamic tool development and validation for motions and slam loads on ocean - going high - speed vessels [C]. Houston: Proceedings of the 10th international symposium on practical design of ships and other floating structures,2007.

[25] MAGNUSON A H. Seakeeping trials of the BH - 7 hovercraft [J]. Southeast asian journal of tropical medicine & public health,1975,23(2):269 - 272.

[26] MORAN D D,FEIN J A,RICCI J J. Seakeeping characteristics of a high length - to - beam ratio surface effect ship[J]. Journal of hydronautics,1977,11(3):74 - 84.

[27] 俞忠德. 侧壁式气垫船首鳍模型耐波性试验研究[J]. 舰船科学技术,1993(1):36 - 49.

[28] KINDEL M W,DHANAK M R. Seakeeping response of a surface effect ship in near - shore transforming seas[J]. Oceans,2012,10:14 - 19.

[29] REYNOLDS A J,WEST R P,BROOKS B E. Heaving and pitching response of a hovercraft moving over regular waves[J]. Journal Mechanical Engineering Science,1972,14(5):340 - 352.

[30] DOCTORS L J. The hydrodynamic influence on the non - linear motion of an acv over waves [C]. Cambridge:Proceedings of the 10th symposium on naval hydrodynamics,1974.

[31] DOCTORS L J. Nonlinear motion of an air - cushion vehicle over waves[J]. Journal of hydronautics,1975,9(2):44 - 57.

[32] CARRIER R,MAGNUSON A H,SWIFT M R. Seakeeping dynamics of a single cushion, peripheral cell - stabilized air cushion vehicle [J]. Journal of hydronautics, 1978, 12 (2):49 - 55.

[33] 周佳,唐文勇,张圣坤. 气垫船三维耐波性分析[J]. 船舶力学,2009,13(4):557 - 565.

[34] SOWAYAN A S,ALSAIF K A. Investigation of the heave dynamics of air cushion vehicles (ACV): parametric and chaotic studies [J]. Latin American journal of solids and structures,,2013(10):725 - 745.

[35] 邬廷芳,恽良,程炎南. 侧壁式气垫船在横浪中的横摇与升沉耦合运动[J]. 中国造船, 1987(4):6 - 17.

[36] 恽良.气垫船原理与设计[M].北京:国防工业出版社,1990.

[37] SϕRENSEN A J,EGELAND O. Design of ride control system for surface effect ships using dissipative control[J]. Auromadca,1995,31(2):183 – 199.

[38] FALTINSEN O M. Hydrodynamics of high – speed marine vehicles[M]. Cambridge : Cambridge university press,2005.

[39] DHANAK,WORD R M. SES seakeeping motion in transforming near – shore head seas [C]. Hawaii:Proceedings of the 11th international conference on fast sea transportation (FAST 2011),2011.

[40] MILEWSKI B,CONNELL B,WILSON J,et al. Dynamics of ACV operating in a seaway [C]. Ann Arbor:Ninth international conference on numerical ship hydrodynamics,2007.

[41] MILEWSKI W M,CONNELL B,PETERSEN B,et al. Initial validation of the ACVSIM model for dynamics of air cushion vehicles[C]. Seoul:Proceedings of 27th symposium on naval hydrodynamics,2008.

[42] LEE C H,NEWMAN J N. An extended boundary integral equation for structures with oscillatory free – surface pressure [J]. International journal of offshore and polar engineering,2016,26(1):41 – 47.

[43] HIRATA N,FALTINSEN O M. Computation of cobblestone effect with unsteady viscous flow under a stern seal of a SES[J]. Journal of fluids and structures,2000,14:1053 – 1069.

[44] 李根林.侧壁气垫船在短波上的升沉特性分析[J].江苏船舶,1996,13(3):1 – 7.

[45] BANDAS J C,FALZARANO J M. A numerical investigation into the linear seakeeping ability of the T – Craft[C]. Hawaii:Proceedings of the 11th international conference on fast sea transportation(FAST 2011),2011.

[46] XIE N,VASSALOS D,JASIONOWSKI A,et al. A Seakeeping analysis method for an air – lifted vessel[J]. Ocean Engineering,2008,35:1512 – 1520.

[47] LIN W M,ZHANG S,WEEMS K,et al. Hydrodynamics and dynamic simulation of multiple ships in waves including surface effect ship and air cushion vehicle[C]. Florida:T – Craft tool development review meeting, 2010.

[48] 刘宁,王晓强,任慧龙,等.全垫升气垫船在波浪中运动的非线性理论研究[J].华中科技大学学报(自然科学版),2014,42(4):91 – 95.

[49] CAPTAIN K M,BOGHANI A B,WORMLEY D N. Dynamic heave – pitch analysis for air cushion landing systems[R]. New York:NASA CR – 2530,1975.

[50] CHUNG J,SULLIVAN P A,MA T. Nonlinear heave dynamics of an air cushion vehicle bag and finger skirt[J]. Journal of ship research,1996,43(2):79 – 94.

[51] KIM C H,TSAKONAS S. An analysis of heave added mass and damping of a surface effect ship[J]. Journal of ship research,1981,25(1):44 – 61.

[52] SΦRENSEN A J,STEEN S,FALTINSEN O M. SES dynamics in the vertical plane[J]. Journal ship technology research,1993,40(2):71 – 94.

[53] GUO Z Q,MA Q W,HU X F. Seakeeping analysis of a wave – piercing catamaran using URANS – based method[J]. International journal of offshore and polar engineering,2016, 26:48 – 56.

[54] TOTH F, KALTENBACHER M. Fully coupled linear modeling of incompressible free - surface flow, compressible air and flexible structures[J]. International journal for numerical methods in engineering, 2016.

[55] PINKSTER J A, FAUZI A, INOUE Y, et al. The behavior of large air cushion supported structures in waves[C]. Fukuoka, Japan: Proceedings of the second international conference on hydroelasticity in marine technology, 1998.

[56] PINKSTER J A, SCHOLTE E J A M. The behavior of a large air - supported MOB at sea [J]. Marine structures, 2001(14): 163 - 179.

[57] GUÉRET R. Interaction of free surface waves with elastic and air - cushion platforms[D]. Delft: Technische universiteit delft, 2002.

[58] KESSEL J L F V. Air cushion supported mega - floaters[D]. Delft: Technische universiteit delft, 2010.

[59] SILVER A L, HUGHES M J. A method of evaluating multi - vessel surface effect ship motion prediction codes [C]. Toronto: Proceedings of the 2010 conference on grand challenges in modeling & simulation(GCMS10), 2010.

[60] NAKOS D E, NESTEGARD A. Seakeeping analysis of surface effect ships[C]. Trondheim: Proceedings of 1st international conference on fast sea transportation(FAST1991), 2001.

[61] LIN W M, ZHANG S, WEEMS K. Numerical simulations of surface effect ship in waves [C]. Toronto: Proceedings of the 2010 conference on grand challenges in modeling & simulation(GCMS10), 2010.

[62] ZHANG S G, WEEMS K, LIN W M. Solving nonlinear wave - body interaction problems with the pre - corrected fast Fourier transform(pFFT) method[C]. Honolulu: Proceedings of the 11th international conference on fast sea transportation(FAST2011), 2011.

[63] KRING D C, MILEWSKI W M, FINE N E. Validation of a nurbs - based BEM for multihull ship seakeeping[C]. Newfoundland and labrador: proceedings of the 25th symposium on naval hydrodynamics, St. John, 2004.

[64] BASTURK H I, DOBLACK J, KRSTIC M. Air cushion adaptive disturbance cancellation for the reduction of wave induced motion of ramp - connected ships[C]. Honolulu: Proceedings of the 11th international conference on fast sea transportation(FAST2011), 2011.

[65] HIRT C W, NICHOLS B D. Volume of fluid (VOF) method for the dynamics of free boundaries[J]. Journal of computational physics, 1981, 39(1): 201 - 225.

[66] STOKER J J. Water waves[M]. New York: Interscience, 1957.

[67] WEHAUSEN J V, LAITONE E V. Surface waves in fluid dynamics III[M]. Berlin: springer publishing company, 1960.

[68] 刘宪庆,辜文杰,别明娟,等.箱型气浮结构的垂荡水动力系数解析研究[J].应用力学学报,2015,32(6):1012 - 1018.

[69] 吴望一.流体力学:下册[M].北京:北京大学出版社,1982.

[70] KEENER J P. Principles of applied mathematics[M]. Redwood: Addison wesley, 1988.

[71] DAUGHERTY R L, FRANZINI J B. Fluid mechanics [M]. New York: Mcgraw - hill press, 1965.

[72] DOCTORS L J, TREGDE V, JIANG C, et al. Optimization of a split – cushion surface – effect ship[C]. Saint Petersburg: Proceedings eighth international conference on fast sea transportation(FAST2005), 2005.

[73] DAY A H, CLELLAND D, DOCTORS L J, et al. Resistance of a compartmented surface – effect ship[J]. Journal of ship production and design, 2010, 26(3): 219 – 230.

[74] SALVESEN N, TUCK E O, FALTINSEN O. Ship motions and sea loads[J]. Transactions SNAME, 1970, 78: 250 – 287.

[75] BISHOP R C, SILVER A L, TAHMASIAN D, et al. T – Craft seabase seakeeping model test data report[R]. West Bethesda: Naval surface warfare center carderock division, technical report, 2009.

[76] 吴国. 考虑黏性影响的时域格林函数法[D]. 哈尔滨:哈尔滨工程大学,2007.

[77] 段文洋,周正全. 外飘型船舶横剖面水动力时域解[C]. 哈尔滨:全国水动力学学术会议,1997.

[78] 马山. 高速船舶运动与波浪载荷计算的二维半理论研究[D]. 哈尔滨:哈尔滨工程大学,2005.

[79] 韩旭亮,段文洋. 时域匹配直接边界元方法及其数值特性[J]. 哈尔滨工程大学学报(英文版),2013,7:837 – 843.

[80] 唐恺,朱仁传,缪国平,等. 波浪中浮体运动的时域混合格林函数法[J]. 上海交通大学学报,2014,48(4):508 – 514.

[81] CHEN X B. Hydrodynamics in offshore and naval applications – part Ⅰ[C]. Perth, Australia: Keynote Lecture at the 6th International Conference on Hydrodynamics, 2004.

[82] CHEN X B, DUAN W Y. Multi – domain boundary element method with dissipation[J]. Journal of marine science and application, 2012, 11(1): 18 – 23.

[83] Yao C B, Dong W C. Modeling of fluid resonance in – between two floating structures in close proximity[J]. Journal of Zhejiang University science (Applied physics & engineering), 2015, 16(12): 987 – 1000.

[84] QIN H D, SHEN J. Green function with dissipation and side wall effect in wave tanks[C]. Harbin: The 25th international workshop on water waves and floating bodies (IWWWFB), 2010.

[85] CHEN X B, DIAS F. Visco – potential flow and time – harmonic ship waves[C]. Harbin: The 25th international workshop on water waves and floating bodies(IWWWFB), 2010.

[86] LEAL L G. Advanced transport phenomena: fluid mechanics and convective transport processes[M]. Cambridge shire: Cambridge university press, 2007.

[87] BATCHELOR G K, YOUNG A D. An introduction to fluid mechanics[M]. Cambridge shire: Cambridge University Press, 2013.

[88] ŠKERGET L, RAMŠAK M. A multidomain boundary element method for two equation turbulence models[J]. Engineering analysis with boundary elements, 2005, 29(12): 1086 – 1103.

[89] BOUSCASSE B, BROGLIA R, STERN F. Experimental investigation of a fast catamaran in head waves[J]. Ocean engineering, 2013, 72: 318 – 330.

[90] BROGLIA R, JACOB B, ZAGHI S, et al. Experimental investigation of interference effects

for high - speed catamarans[J]. Ocean engineering,2014,76:75 - 85.

[91] VAN'T VEER R. Experimental results of motions, hydrodynamic coefficients and wave loads on the 372 catamaran model[R]. Delft:TUDelft Report,1998.

[92] VAN'T VEER R. Experimental results of motions and structural loads on the 372 catamaran model in head and oblique waves[R]. Delft:TUDelft Report,1998.